广东小康
大事记
(1978—2020)

中共广东省委党史研究室 ◎ 编

南方出版传媒
花城出版社
中国·广州

图书在版编目（CIP）数据

广东小康大事记：1978-2020 / 中共广东省委党史研究室编. -- 广州：花城出版社，2020.11
ISBN 978-7-5360-9255-6

Ⅰ.①广… Ⅱ.①中… Ⅲ.①小康建设－广东－大事记－1978-2020 Ⅳ.①F127.65

中国版本图书馆CIP数据核字（2020）第205936号

出 版 人：肖延兵
策划编辑：张 懿　李 谓
责任编辑：陈宾杰　黄玉雯
营销统筹：蔡 彬
技术编辑：薛伟民　凌春梅
责任校对：汤 迪
封面设计：水玉银文化

书　　　名	广东小康大事记（1978—2020）	
	GUANGDONG XIAOKANG DASHIJI（1978—2020）	
出版发行	花城出版社	
	（广州市环市东路水荫路11号）	
经　　　销	全国新华书店	
印　　　刷	广东鹏腾宇文化创新有限公司	
	（广东省珠海市高新区唐家湾镇科技九路88号10栋）	
开　　　本	880毫米×1230毫米　32开	
印　　　张	12.125　2插页	
字　　　数	250,000字	
版　　　次	2020年11月第1版　2020年11月第1次印刷	
定　　　价	68.80元	

如发现印装质量问题，请直接与印刷厂联系调换。
购书热线：020-37604658　37602954
花城出版社网站：http://www.fcph.com.cn

献给新时代
献给在小康路上不懈奋斗的人们

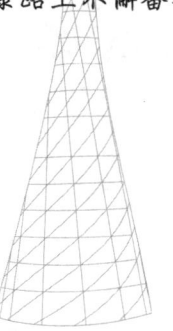

广东小康大事记（1978—2020）编委会

主　审　王　涛
主　编　王　莹
撰　稿　杨宇斌　杨海霞　洪晓霓

目录

辑一 | **1978—1991**

1978年 // 003

1979年 // 005

1980年 // 019

1981年 // 030

1982年 // 040

1983年 // 047

1984年 // 054

1985年 // 065

1986年 // 075

1987年 // 082

1988年 // 093

1989年 // 102

1990年 // 114

1991年 // 121

辑二 | 1992—2001

1992年 // 133

1993年 // 147

1994年 // 156

1995年 // 165

1996年 // 172

1997年 // 178

1998年 // 186

1999年 // 196

2000年 // 202

2001年 // 210

辑三 | **2002—2011**

2002年 // 217

2003年 // 225

2004年 // 234

2005年 // 242

2006年 // 249

2007年 // 256

2008年 // 263

2009年 // 273

2010年 // 282

2011年 // 289

辑四 | **2012—2020**

2012年 // 297

2013年 // 305

2014年 // 310

2015年 // 315

2016年 // 322

2017年 // 328

2018年 // 337

2019年 // 347

2020年 // 360

辑一

1978—1991

1978 年

- **12月11日** 中共广东省委（简称"省委"）通知：中央决定韦国清不再兼任广东省委、省革命委员会（简称"省革委会"）的职务，改由习仲勋任省委第一书记、省革委会主任，杨尚昆任省委第二书记、省革委会副主任。

- **12月18日至22日** 中共十一届三中全会在北京举行。全会批判了"两个凡是"的错误方针，充分肯定必须完整地、准确地掌握毛泽东思想的科学体系，高度评价关于实践是检验真理的唯一标准问题的讨论；果断地停止使用"以阶级斗争为纲"的口号，做出把党和国家工作中心转移到社会主义现代化建设上来的历史性决策。全会标志着中国共产党重新确立了马克思主义的思想路线、政治路线和组织路线，实现新中国成立以来党的历史上具有深远意义的伟大转折，开启了改革开放和社会主义现代化的伟大征程。习仲勋参加了这次会议，并被增补为中共中央委员。

- **12月24日** 省委发出《关于认真学习党的十一届三中全会公报的通知》，要求立即在全省范围内开展对三中全会公报的学习和宣传，使人们的思想和工作迅速跟上当前的形势，在建设社会主义现代化强国而进行新的长征中，做出应有的贡献。

- **1978年** 广东省地区生产总值为185.85亿元（按当年价计算），第一产业增加值55.31亿元，第二产业增加值86.62亿元，第三产业增加值43.92亿元。农业总产值为85.94亿元（按当年价计算），工业总产值为206.56亿元（按当年价计算），社会消费品零售总额为79.86亿元，进出口总额为15.92亿美元，财政收入为41.82亿元，职工平均工资为615元。

1979 年

- 1月6日　省革委会、国家交通部向国务院报送《关于我驻香港招商局在广东宝安建立工业区的报告》。1月31日，中共中央、国务院决定在广东省宝安县蛇口建立全国第一个对外开放工业区——蛇口工业区。7月8日，蛇口工业区动工兴建。
- 1月8日至25日　省委召开四届二次常委扩大会议。中心议题是研究如何贯彻党的十一届三中全会和中央工作会议精神，实现工作重点的转移，着重讨论了如何把广东农业搞上去的问题。习仲勋在总结发言时代表省委常委提出广东需要解决的"文化大革命"中和"反地方主义"等11个重大历史遗留问题。
- 1月20日　省委转发省委摘掉右派分子帽子工作领导小组《关于全省全部摘掉右派分子帽子工作会议的情况报告》，要求各级党委要认真贯彻中央的指示精神，坚持实事求是的原则，不要搞"唯成分论"，要看他的一贯表现，抓紧在第一季度做好全部摘掉右派分子帽子的各项工作。至1980年全省原划为右派分子36808人，经复查改正36550人，占99.3%；

需要安置的16132人,已安置16042人,占99.4%。2月6日,省委在广州召开群众大会,公开为"文化大革命"期间被打成"反革命集团"的"李一哲"案平反,因该案受牵连被审查的其他人的问题,也应实事求是地予以解决。2月11日,省委批转省委统战部《关于落实党对民族资产阶级若干政策问题的意见》,在全省工商界进行拨乱反正,落实对原工商业者的各项政策。划为"资产阶级工商业者"8.86万人中,区分为"三小"(小商贩、小手工业者、小业主)的有5.23万人。这些措施为广东改革开放增添了积极因素,调动了包括知识分子在内的群众积极性。

- **1月20日** 国务院批准宝安县文锦渡口岸正式对外开放,并与香港正式直通货运车辆。截至2018年年末,全省共有一类口岸58个,其中水运37个,陆运16个,空运5个。

- **1月23日** 省委决定:将宝安县改为深圳市,珠海县改为珠海市;成立中共深圳市委和中共珠海市委。任命张勋甫为深圳市委书记,任命吴健民为珠海市委书记。3月5日,国务院批复省革委会,同意两县改设为市。11月26日,省革委会决定,将深圳市和珠海市原来由省和惠阳、佛山地区双重领导体制改为地区一级的省辖市,直属省领导。

- **1月** 中共中央副主席、国务院副总理邓小平在一份关于外商要求回家乡广州办厂的来信摘报上批示:"这种事,我看广东可以放手干。"

- **1月** 广东省广播事业管理局成立太平洋影音公司。这是国内第一家拥有整套国际先进水平的全新录音录像制品出版生产公司。

- **2月3日** 黄埔发电厂12.5万千瓦的2号机组投产发电。该厂是广东电网负荷中心的主力电厂之一，至1981年6月，4台12.5万千瓦发电机全部建成。1989年12月5日，广东省第一台30万千瓦汽轮发电机组——黄埔发电厂5号机组投产。1984年、1990年黄埔发电厂发电量分别占省统调电厂发电量的33.2%与25.2%。

- **2月4日** 省委批转省委农村工作部《关于建立"五定一奖"生产责任制问题的意见》，开始在全省农村普遍推行"五定一奖"的经营管理制度，按照社员劳动的数量和质量计算报酬。5月20日，《人民日报》刊发《调动农民积极性的一项有力措施——关于广东农村实行"五定一奖"生产责任制的调查》，对这一做法给予肯定，指出这是我国农业体制改革的最初实验。

- **2月7日** 省革委会发出《关于国营商业、供销社开展计划外农副产品购销业务的通知》，要求积极开展计划外农副产品购销业务，经营允许进入集市贸易的农副产品。

- **2月10日** 省革委会批准广东省劳动局组建广东省劳动服务公司。劳动服务公司同时负责对外劳务输出工作，成为全国首家对外输出劳务的公司。

- **2月14日** 国务院下发《关于宝安、珠海两县外贸基地和市政建设规划设想的批复》，同意宝安、珠海两县建立外贸基地，并从国家预算内投资1.5亿元。要求经过三五年的努力，把宝安、珠海两个县建设成为具有相当水平的工农业结合的出口商品基地、吸引港澳游客的游览区、新型的边防城市。

- **3月20日** 省委批转省委组织部《关于落实干部政策的情况和意见》。文件指出，到3月上旬，全省共平反各种集团假案598宗，个人冤错假案1.23万人。
- **3月20日** 铁道部广州铁路局与香港广九铁路局签订协议，决定开行广州至九龙直通旅客特别快车。同年4月4日，在广州火车站举行通车典礼并正式通车。
- **3月23日至29日** 广东省侨务工作会议和第二次全省归侨代表大会在广州召开。广东按照中央有关文件的精神，纠正"文化大革命"和历次政治运动因"海外关系"而造成的冤假错案5481宗，平反一万余人，落实了47752家"侨改户"的政策，加快落实侨房政策进度。9月7日，省委批转省侨务办党组《关于抓紧落实侨务政策若干问题的意见》，指出：凡因所谓"海外关系"问题而造成的一切冤假错案均应彻底纠正；侨眷因为成分问题在"文化大革命"中被迫害致死的，应予平反昭雪，恢复名誉；被没收的房屋、财物和罚款，应予退还；被占用的华侨房屋，应在1979年内退还。从1978年至1999年，省委、省政府先后颁发11份政策性文件。至1998年，全省用于落实侨房政策的专款达8亿多元，累计退还侨房使用权1702万平方米；基本完成落实城镇侨房产权1213多万平方米。通过正确处理侨务问题，落实侨务政策，极大地激发了归侨、华侨的爱国热情和参与改革开放事业的积极性。

- 4月1日至2日，省委召开两次常委会议，讨论准备出席中央工作会议的报告《关于广东经济工作汇报材料》和拟向中央上报的文件《充分利用广东有利条件，开展对外经济技术交流》，常委们一致要求，根据广东毗邻港澳以及华侨众多的优势，适当扩大地方自主权，让广东在现代化建设中先走一步，并建议中央批准广东在深圳、珠海、汕头试办加工贸易区，或称贸易合作区。

- 4月4日 广东省旅行游览事业管理局（简称省旅游局）与香港知名人士霍英东、彭国珍签署在广州市合作兴建白鹅潭宾馆的初步协议书。6月，省旅游局与香港维昌发展公司正式签订合约，双方出资合作兴建白鹅潭宾馆（即白天鹅宾馆）。这是中国第一家中外合作经营的五星级宾馆，也是中国第一家由中国人自行设计、建造和管理的大型现代化酒店。宾馆1982年10月15日建成，1983年2月6日全面营业。2003年2月6日，白天鹅宾馆的合约正式到期。按协定，合约期满后的白天鹅宾馆资产收归省政府所有。

- 4月5日至28日 中央工作会议决定对国民经济实行"调整、改革、整顿、提高"的方针。习仲勋、省委书记王全国在会上提出，希望中央给点权，让广东能够充分利用自己的有利条件在"四个现代化"中先走一步，"建议将深圳、珠海和汕头划为对外加工贸易区"。会议期间，中央领导人对习仲勋等提出的在邻近香港、澳门的深圳、珠海以及汕头兴办出口加工区的意见，表示赞同。

- **4月** 国务院批准，中国出口商品交易会（简称"广交会"）机关改为企业，国家不再拨款。1980年4月，参展商可与来自中国港澳地区和旅居海外的华商洽谈祖国大陆与台湾之间的贸易。1993年4月结束已实行37年的由专业总公司组团的历史，实行省市组团、按交易团设馆的组团方式。自2007年4月第101届起，"广交会"更名为"中国进出口商品交易会"，由单一出口平台变为进出口双向交易平台。

- **5月1日** 广东第一个合作经营的运输企业——广州集装箱货物运输公司成立。合作经营是广东首创的利用外资方式。

- **5月14日至20日** 中央书记处书记、国务院副总理谷牧率领中央工作组到广东，进行视察和帮助省委起草关于对外经济活动实行特殊政策和灵活措施的报告。

- **5月14日至24日** 省委在广州召开四届三次常委扩大会议；5月25日至6月10日，召开省、地、县三级干部会议，传达贯彻4月中央工作会议精神和中央拟对广东省实行特殊政策和灵活措施的精神，研究广东在经济体制管理上先走一步等问题。

- **5月27日** 国家交通部批准，广州远洋运输公司的"眉山"轮在黄埔港装货启航北上，打通海上南北航线，首航台湾海峡，于31日抵达日本名古屋。从此，被封锁30年的台湾海峡恢复通航。

- **6月6日** 省委向中共中央、国务院报送《关于发挥广东优越条件，扩大对外贸易，加快经济发展的报告》（中央1979

年50号文件），正式提出希望实行新的经济管理体制，扩大对外经济贸易，在深圳、珠海、汕头试办"出口特区"的要求。7月15日，中共中央、国务院批转广东和福建两个省委的报告，决定对两省的对外经济活动实行特殊政策和灵活措施，以充分发挥两省的优越条件，扩大对外贸易。实行外贸"大包干"和财政"大包干"，试办深圳、珠海、汕头出口特区，在计划、物资、商业、物价、劳动工资、企业管理等方面，也都实行新的经济体制和灵活措施。

- **6月14日**　国务院、中央军委发出《关于坚决制止广东省大量群众偷渡外逃的指示》，指出广东外逃人数超过历史上最多的1962年全年人数。21日，省革委会发出《关于坚决制止偷渡外逃的布告》，规定一切人员出境，都必须经过批准，对干部偷渡外逃者，要从严处理。1980年1月8日，省政府公布《关于处理偷渡外逃的规定》。全省党政机关和部门迅速采取措施，加强堵截，制止群众性偷渡外逃现象，全年共堵截偷渡外逃人数49万多人。

- **6月17日至21日**　澳大利亚青年交响乐团一行74人到广州市访问演出。这是中华人民共和国成立后到广东演出的第一个西方艺术团体。

- **6月29日**　省革委会发出《关于做好利用外资建民房的通知》。7月，省内第一家房地产开发企业——广州市东山区住宅建设指挥部在广州市成立。10月15日，广州市东山区革委会与香港宝江公司正式签约兴建东山区东湖新村，是改革开放后广东最早的商品房。

- **7月19日** 省委做出《关于加强青少年教育的决定》，指出：为促进青少年一代健康成长，从此时起到往后一段时间内，要以城镇学校、工商企业和知青较集中的地方为重点，开展加强青少年教育的活动。近期主要是进行坚持四项基本原则的教育，并结合进行革命理想和共产主义道德品质教育。

- **7月27日** 省革委会发出《关于开展市场物价大检查、严禁随意提高销售价和变相涨价的紧急通知》。随后，各地、市、县均迅速组织力量，开展市场物价大检查。

- **8月11日至23日** 省委、省革委会在广州召开全省工业交通增产节约工作会议。会议肯定和推广了"清远经验"，决定在全省工业交通企业中，选择100家企业作为第一批进行扩大企业自主权的试点，选择300家企业试行利润留成，并要求各地在县属工业企业中，推广清远县超计划利润提成奖的办法。11月22日，省革委会批转广东省经济委员会（简称"省经委"）《关于扩大企业自主权试点工作中有关问题的意见》，就关于外汇分成和对外经济活动、择优录用招工和任免企业中层干部等问题做了明确规定。

- **8月13日** 南海珠江口盆地5号井钻探成功，获得原油。这是我国自20世纪70年代在南海、黄海进行海洋石油钻探以来，打出的第一口有工业油流的探井。

- **8月17日** 省委向中共中央报送《关于复查地方主义案件的请示》，并发出《关于复查地方主义案件的通知》。10月

19日，中共中央批复广东省委，同意上述请示。至1980年年底，全省在反地方主义中受处分的党员干部1226人（其中省管干部126人），经复查后，撤销原处分的有1211人，其余15人在否认地方主义的问题之后，也分别减轻原处分。

- **8月20日** 惠东县盐洲镇海水养殖公司与香港京洲海产公司签订补偿贸易合同。这是广东签订的第一个补偿贸易项目。1978年6、7月间，广东第一批"三来一补""来料加工、来样加工、来件装配和补偿贸易"项目进入了定协议、签合同的阶段。例如，广东省纺织品进出口公司与香港信孚手袋制品有限公司合作成立东莞太平手袋厂；珠海一家毛纺厂与澳门纺织品有限公司合作成立香洲毛纺厂；中国纺织品进出口总公司广东分公司和香港大进（国际）贸易有限公司在顺德合作兴建大进制衣厂。1978年，全省"三来一补"工缴费1820万美元，1979年达到8898万美元，1980年达到13861万美元。东莞、宝安、中山、顺德、新会、南海县和惠州市"三来一补"均取得极大进展。

- **8月27日** 省革委会发出《关于在广州等六个城市开设友谊商店的通知》，决定在广州、汕头、佛山、肇庆、深圳、珠海等城市开设友谊商店和餐厅，以适应旅游事业发展的需要，方便外宾、华侨和港澳同胞，争取更多外汇。1981年4月12日，全国第一家超级商场——广州市友谊公司超级商场开业，面积600平方米。

- **8月31日** 美国驻广州总领事馆开馆。正在广州访问的美国副总统蒙代尔和夫人出席开馆仪式。至2019年年末，共有65个国家在广州开设总领事馆。

- 9月11日 省革委会发出《关于进一步协调工商工贸关系促进工业生产发展的若干规定》，强调：加强工商、工贸协作；实行计划调节与市场调节相结合；搞好物资供应；实行产销合同制；疏通商品流通渠道；加强物价管理；等等。

- 9月13日 省委在广州市召开"实践是检验真理的唯一标准"报告会。习仲勋要求全省各级党委带领群众重新学习中共十一届三中全会文件，补好学习"实践是检验真理的唯一标准"这一课。10月16日，省委批转肇庆地委《关于开展真理标准问题学习讨论的情况报告》，要求各地运用"实践标准"分析形势，指导工作。

- 9月18日 省革委会决定由广东电子工业局负责将地处粤北山区3个省属电子工业工厂迁入深圳，组建深圳华强电子工业公司（即华强集团公司）。1980年7月3日，省编制委员会批准成立深圳华强电子工业公司。

- 9月26日 省委决定设立广东省对外经济工作委员会（简称"省外经委"），统一规划管理广东省对外经济工作。同时，设立特区筹备处，负责深圳、珠海、汕头3个特区的各项筹备工作。1984年8月6日，省政府批准省外贸局与省外经委合并，组建广东省对外经济贸易委员会（简称"省外经贸委"），统一归口管理全省对外经济贸易工作。

- 9月 广东省选举委员会成立，开始首次县级直接选举。至

1980年10月，全省基本完成选举工作，召开县、社两级人民代表大会，并依法将革命委员会改为人民政府。

- 9月　广州市交通局与香港羊城的士服务有限公司合作经营广州白云小汽车出租公司，港方提供有空调、自动计费的小汽车100辆，在全国首创小汽车出租无线电调度、日夜营运、凭表计费、扬手即停等服务及司机按营业收入定额承包的制度，10月1日正式投入运营。该公司也是全国首家引进港资的企业。10月3日，省交通局与香港招商局、英之杰集团有限公司合资组建粤港汽车运输联营有限公司，经营广东—香港客货汽车运输，为粤港首个合营汽运公司。1980年5月1日正式运营。

- 10月3日　省委、省革委会决定成立广东省驻香港办事处和驻澳门办事处（对外称粤海公司和南粤公司）。1981年1月5日，粤海企业有限公司在香港开业；1月12日，南粤贸易有限公司在澳门开业。

- 10月22日　《南方日报》报道，在全省范围内已完成对"四类分子"的摘帽工作。在原有的"四类分子"中，摘掉帽子的为91.8%；纠正错戴帽子的为3.9%；有多种破坏活动而须继续监督改造的为4.3%。同时，给100多万地主、富农家庭出身的人及他们的子女重新定成分。1980年11月2日，省检察院党组向省委报告，全省普遍开展对"四类分子"的摘帽工作，并给全部地、富子女评定成分。原有31.2万多名"四类分子"中，摘帽、纠错的有30.2万多人。

- **10月22日**　改革开放后中国最早的广告公司之一——广东省广告公司成立，主要办理港澳及国外商人利用国内电视、广播等媒体刊登商品广告业务。

- **10月31日**　省委召开"出口特区工作座谈会"，讨论研究创办特区的方针、政策和做法，并建议中央将"出口特区"改称为"经济特区"。12月12日，省委向中共中央、国务院上报《关于建立经济特区几个问题的汇报提纲》。

- **10月**　广东省根据国务院批准的调整农产品收购价格方案，在本年度先后提高24类主要农产品的收购价格，全省农民增加收益约4.5亿元。

- **10月**　交通部四航局承建深圳蛇口港建设工地，为调动工人积极性，规定完成定额后每超一车奖励4分钱。这是国内首先实施的定额超产奖励制度。

- **10月**　广州市艳芳照相馆从美国柯达公司引进全国第一套彩色冲印系统，广东摄影界开始从黑白逐步转向彩色时代。

- **11月1日**　根据国家的统一部署，广东省提高猪肉、牛肉、羊肉、禽、蛋、蔬菜、水产品、牛奶等8种主要副食品销售价格，并同时补贴每个职工每月5元。这次副食品的提价，使农民增产增收，生活也随之改善。城市居民副食品开始供应充足，生活也显著改善。

- **11月2日**　省革委会批转省商业局《关于开展商业企业扩大自主权试点的报告》，同意在韶关等5个市、县的商业系统和广州市的百货行业开展企业扩大自主权试点。11月22日，批转省经委《关于扩大企业自主权试点工作中有关问题的意见》。12月13日，批转省供销社《关于开展扩大基层供销社自主权试点的报告》，对计划、财务、物价、人事等管理权和基层供销社的义务作明确规定。

- **11月15日**　省粤剧院赴香港首次商业性演出圆满成功，为内地第一个赴香港作商业演出的艺术团体。

- **11月**　港澳地区知名人士霍英东、马万祺、何鸿燊与中山县革委会合作筹建中山温泉宾馆。宾馆于1980年12月开业，1984年投资建设中国第一个国际标准高尔夫球场。12月2日，经省革委会批准，珠海石景山旅游中心酒店是日奠基，第一期工程于1980年2月动工，1980年10月开业。该项目由澳门珠海旅游发展有限公司与珠海市国贸集团合资兴建，是全国第一家与港澳合作建成开业的旅游企业，开创了全省旅游宾馆饭店现代化建设和管理的先河，为广东省旅游饭店管理体制改革做出了重要探索。

- **12月6日**　邓小平会见日本首相大平正芳。在回答大平首相关于中国将来会是什么样的情况，整个现代化的蓝图是如何构思的问题时，他提出"小康"概念。邓小平指出：我们要实现的四个现代化，是中国式的四个现代化，我们的四个现代化的概念，不是像你们那样的现代化的概念，而是"小康之家"。到本世纪末，中国的四个现代化即使达到了某种目标，我们的国民生产总值人均水平也还是很低的，比如，国民生产总值人均1000美元，也还得付出很大的努力，就算达到那样的水平，同西方来比也还是落后的。邓小平第一次以"小康之家"来诠释中国式现代化并指出中国20世纪的目标是实现小康。这个概念的提出，也意味着对前两年提出的"在本世纪末实现四个现代化"战略目标做出了重大修改。

- **12月8日** 省人民医院成功进行广东省首例肝脏移植手术。
- **12月11日** 省革委会批转省财贸办公室《关于开展农副产品议价购销情况和意见的报告》，指出开展农副产品议价购销业务，是在国家计划调节为主的原则下，充分发挥市场调节作用，把经济搞活的一种经济手段和购销形式。
- **12月17日至26日** 广东省五届人大二次会议通过关于设立省人大常务委员会的决议，决定从1980年1月起，将广东省革命委员会改为广东省人民政府（简称"省政府"）。会议选举李坚真为省五届人大常委会主任，选举习仲勋为省长。
- **1979年** 广东省地区生产总值为209.34亿元（按当年价计算），第一产业增加值66.62亿元，第二产业增加值91.65亿元，第三产业增加值51.06亿元。农业总产值为91.53亿元，工业总产值为221.46亿元，社会消费品零售总额为92.69亿元，进出口总额为19.45亿美元，实际利用外资额0.91亿美元，财政收入为36.25亿元，职工平均工资为685元。

1980年

- 1月10日　省政府发出《关于农副产品采购若干问题的决定》，对农副产品流通体制进行改革，重新划定农副产品分类管理范围，将原来实行统购派购和计划收购的118种一、二类产品减为47种，在完成交售任务后可自行处理；三类产品生产单位和个人有权自行处理。1981年10月21日，省政府颁发《关于加强农副产品收购和管理工作若干问题的规定》，统购派购产品从1982年起由现行的25种缩减为17种。1984年8月29日，省政府发出《进一步放宽农副产品购销政策的通知》，进一步减少统购派购品种；全面放开粮食市场，允许多渠道经营，允许出省出县；城市蔬菜放开经营，逐步改为产销见面，议价成交。到1985年，只有粮、糖、油、麻、烟、木材6种由国家合同定购或合同收购。
- 1月11日　中断近30年的广州—香港水上客运航线由省航运局省港澳航运公司复航。至1985年，汕头、江门、湛江、开平三埠、肇庆、中山到香港的客运航线通航（或复航）。
- 1月29日　广东省大城市郊区第一个农工商联合企业——广州

市白云农工商联合公司宣告成立。

- **1月30日** 省委向中共中央报告，去年全省城镇待业人员共安置47万人，为全省待业总人数（包括下乡插队知识青年）的51%。是年计划再安排40万人。

- **1月** 根据中国人民银行通知，广东省将原来"统收统支"的信贷计划管理体制，改为"统一计划，分级管理，存贷挂钩，差额控制"的体制。

- **2月2日** 省人大常委会举行第二次会议，审议通过《广东省计划生育条例》，首开全国计划生育地方立法的先河。对晚婚年龄、生育政策、奖励措施、手术假期与保健等做出规定。10月12日，省计划生育领导小组对《广东省计划生育条例》做补充规定：终生只生1个孩子的干部、工人享受加发5%的退休金。1986年6月1日，省人大常委会公布修改后的《广东省计划生育条例》，规定干部、职工、城镇居民除有特殊情况外，每对夫妇只准生育1个孩子；农村提倡1对夫妇生育1个孩子，对二胎生育要有计划、按指标、够间隔，严格控制，严禁计划外二胎和多胎生育。

- **2月** 省政府决定，全省文教科卫事业、水产企业、物资企业、水利工程管理单位、国营商业企业、农、林、水事业单位等，从1980年起实行财务包干办法。地方国营工、交企业分别实行"利润留成""利润包干上交""减亏分成"等包干办法。

- **3月17日至22日** 省各民主党派和工商联的代表大会在广州

同时举行，选举产生"文化大革命"结束后省一级新的领导机构。

- **3月24日至30日** 广东、福建两省会议在广州召开，检查总结中央1979年50号文件对两省对外经济活动中实行特殊政策和灵活措施的指示的贯彻执行情况，确定深圳、珠海经济特区的范围，并同意把原拟"出口特区"的名称改为"经济特区"。5月16日，中共中央、国务院对《广东、福建两省会议纪要》做出批示，指出：一年来的实践证明，中央决定广东、福建两省在对外经济活动中，实行特殊政策和灵活措施是正确的。两省进行的经济体制改革，不但有利于加快两省经济的发展，而且有利于促进全国的经济体制改革。

- **3月28日** 广州市政府与香港著名企业家利铭泽代表的港澳投资方在广州签订《关于在广州合作建造与经营花园酒店协议书》。花园酒店于1985年8月8日正式开业。

- **3月** 广州东方宾馆出现全国第一家音乐茶座，内设全国第一支轻音乐队——紫罗兰轻音乐队，表演节目和风格基本来自港澳和海外的流行音乐。1981年11月17日，省政府颁发《关于开办舞会、音乐茶座和专业艺术人员参加对外演出录音活动的暂行规定》，允许举行音乐茶座和组织乐队演出。随后，广州东方宾馆成立全国第一家企业办的专业文艺团队——东方乐队，在该宾馆音乐茶座演出。

- **4月14日至16日** 省五届人大常委会举行第三次会议，通过《广东省经济特区条例（草案）》。8月26日，第五届全国人大常委会第十五次会议审议批准《广东省经济特区条例》，宣布在深圳、珠海、汕头分别划出一定区域，设置经济特区，明确包括"总则""注册和经营""优惠办法""劳动管理""组织管理""附则"共6章26条内容。这为广东经济特区的建立和发展提供了法律层面的支持和保障。

- **4月15日** 广州市邮政局与香港敦豪速递公司联合试办国际速递文件业务。7月15日，广州市邮政局与新加坡、中国香港等地正式开办特快专递业务。至1990年，全省开办国际快递业务邮政局达20个，可通达137个国家和地区。

- **4月** 香港新合成发展有限公司与广州市政府所属的羊城服务发展公司在广州签署合作经营合同，投资1.25亿美元，共同兴建中国大酒店。中国大酒店于1984年1月开业。

- **5月5日** 省政府印发《关于财政体制试行收支挂钩增收分成实施办法》，对市、县普遍实行"定收定支，收支挂钩，增收分成，结余留用，两年不变"的办法，根据各地不同情况，确定不同的增收比例；对深圳、珠海两市，实行"收入全留，支出按基数拨给"的特殊财政体制。对海南行政区、自治州和连山、连南、乳源3个民族自治县实行"收支包干，定额补贴，一定五年"的办法。

- **5月12日** 省委印发《关于当前农村工作几个问题的讨论纪要》，强调要抓好多种经营，广开生产门路，加强经营管理，全面建立健全生产责任制等措施。强调推广"五定一奖（定劳力、定地段、定产量、定成本、定工分、超产奖励）

联产到组责任制", "三靠(生产靠贷款、吃粮靠返销、生活靠救济)队"可以允许"包产到户",坚决制止分田单干。此后,广东大力推进多种形式的农业生产责任制。

- **5月** 省知识青年办公室合并于省劳动局(对外仍保留"省知青办"名称),以统筹解决上山下乡知识青年和城镇青年就业问题。至年底,全省上山下乡知识青年共100.54万人,当年安置回城青年45.6万人。至1984年2月,全省已安置城镇待业人员192万人,其中包括近百万名上山下乡知识青年,使这一历史遗留问题基本得到解决。

- **5月** 中国海洋石油公司南海西部石油公司与法国道达尔公司在北京签订北部湾海域勘探开发石油的共同风险合同。1986年8月8日,涠洲10-3油田投入试产。这是中国海上石油开展对外合作以后,在南海海域第一个投入试生产的油田。之后,中美、中法签订多个协议,在南海海域合作成立勘探、开发和生产石油、天然气公司。

- **6月7日** 省委批转省委统战部、省公安厅党组《关于当前我省宗教工作情况和今后工作意见的报告》,强调要进一步贯彻党的宗教政策,恢复和健全宗教爱国组织。省委决定:广东省和广州市、汕头、梅县地区,恢复"文化大革命"前宗教工作机构,开展工作。

- **7月13日** 省委、省政府发出《关于坚决打击走私和投机倒把活动的指示》,强调要切实加强口岸和市场管理,把打击走私和炒卖进口物品活动作为一项经常性的重要工作来抓紧抓好。

- **7月22日** 6月、7月间，邓小平专程到几个省调查研究。7月22日，邓小平乘专列前往郑州视察途中说：这次出来最感兴趣的是两个问题：一个是如何实现农村奔小康，达到人均1000美元，一个是选拔青年干部。对如何实现小康，我作了一些调查，让江苏、广东、山东、湖北、东北三省等省份，一个省一个省算账。我对这件事最感兴趣。8亿人口能够达到小康水平，这就是一件很了不起的事情。

- **7月27日** 由广州医学院第一附属医院与珠江华侨港澳同胞医院香港联络办事处有限公司合作兴办的广东省第一家中外合资经营医院——广州珠江华侨港澳同胞医院开业。

- **7月29日** 省委、省政府批转清远县委《清远县国营工业企业试行超计划利润提成奖和改革工业管理体制的情况报告》，在全省范围内推广"清远经验"，并确定100户国营工交企业进行扩大企业自主权试点。年末，扩权试点由100户扩大到179户，部分商业企业也加入试点行列。在8月1日《人民日报》和在8月2日《南方日报》，分别详细报道清远率先试行企业承包制的做法，在全国、全省引起很大的反响。1982年5月8日，省政府批转省经委《关于进一步学习推广清远经验的意见》，强调进一步完善企业内部的经济责任制，继续推广清远改革工业管理体制的经验。

- **8月1日** 省政府决定，广州市在省内首先试行"划分收支、分级包干"的财政体制，确定广州市工商税收入全部上缴数，固定收入留给广州市82%，上缴省18%，固定收入分成从1980年开始一定两年不变。

- **9月2日** 省政府发出《关于在国家计划指导下搞好市场调节的试行办法》，就搞活全省工业生产和城乡市场做出10项规定。30日，省政府发出《关于疏通商品流通渠道，促进商品生产，搞活市场的十二项措施》，要求放开多种经济成分的市场主体，大幅度放开自由买卖、自由议价的商品种类范围，完全废除国内商品流通的地域和批零层次的限制。10月，省政府又制定一系列开放市场、搞活流通的具体政策和办法。主要有：允许生产企业自购自销、代购代销；扩大商品流通渠道；大中城市向省内外和农村集体、个体经济单位敞开；逐步开放资金市场、技术市场、劳务市场等。

- **9月5日至11日** 省政府召开全省劳动就业工作会议，决定调整现行政策，敞开"两扇门"（政府介绍就业和群众自行就业相结合），发展集体经济和个体经济，广开就业门路。

- **9月24日至25日** 中共中央主席胡耀邦在中央书记处召开的会议上听取了习仲勋、杨尚昆、刘田夫关于广东工作的汇报。会议就如何在广东实行特殊政策和灵活措施进行讨论。28日，形成《中央书记处会议纪要》，授权广东省对中央各部门指令和要求可以采取灵活办法，适合的就执行，不适合的可以不执行或变通办理。

- **9月** 国内第一家工贸公司——广东省冶金进出口公司成立。广东在全国率先下放进出口经营权，大力培育和发展地方外贸经营主体，打破外贸垄断经营。

- **10月8日** 全国第一个基层司法行政组织——紫金县蓝塘公社司法办公室成立。其主要任务是指导和管理辖区内的人民调解委员会工作，调处矛盾纠纷等。随后，顺德、海康、紫金、茂名等地相继设立公社司法办公室，配备2至3名司法助理员。至1983年年底，全省大部分公社都设立司法办公室。

- **10月14日** 省政府发出《关于日用工业品购销问题的试行办法》，调整日用工业品分类管理范围（一二类由原来的95种缩减为51种）；实行计划调节与市场调节相结合，把商品生产和流通搞活；允许工业部门按国家的物价政策自销产品。

- **10月18日** 省委发出通知，要求各级党委认真贯彻落实中共中央《关于进一步加强和完善农业生产责任制的几个问题》中提出的在边远山区和贫困落后地区可以搞包产到户、包干到户的精神。

- **11月8日** 省政府发出《关于在国营工业企业中进行"自负盈亏"试点的通知》，决定在广州缝纫机工业公司、广州自行车工业公司、广州绢麻厂、韶关齿轮厂、佛山棉织二厂、佛山无线电一厂、江门塑料厂、江门南方食品厂和高州县国营工业企业进行独立核算、国家征税、自负盈亏试点。1980年，8个试点企业完成工业总产值3.8578亿元，比上年分别增长29.2%和39.6%。1981年2月16日，省政府批转省经委《关于八厂一县开展"独立核算、国家征税、自负盈亏"试点工作情况的报告》，肯定前段试点工作，要求继续把试点搞好。

1984年7月17日，广东省实行"以税代利，自负盈亏"的8个试点工业企业3年试点期满，试点期延长3年。这8个企业在3年试点期内经济效益显著，其中有6个企业实现利润翻一番。

- **11月9日** 中共中央决定：习仲勋、杨尚昆调中央工作。任命任仲夷为中共广东省委第一书记，梁灵光为广东省委书记兼广州市委第一书记。

- **11月15日** 省政府决定改革货物限运办法，除主要统购物资外，其他商品不再限制外运。

- **12月4日** 《南方日报》发表《正确对待包产到户》的评论文章，认为实行包产到户，是联系群众、发展生产、解决温饱问题的一种必要措施。在社会主义工商业和集体农业占绝对优势和在生产队领导下实行包产（包干）到户，不会脱离社会主义轨道，没有复辟资本主义的危险。

- **12月10日** 任仲夷在省政协四届常委会第十一次会议上强调，搞好特区建设，必须把党风搞好。广东经济建设在实行特殊政策、灵活措施的同时，一定要反对三个"特"字：共产党员不能搞特权；不能搞生活特殊化；共产党内，特别是领导干部中，不允许有特殊共产党员，都要严格按照十二条《准则》办事，模范执行党纪国法。

- **12月11日** 广东电力公司与香港中华电力有限公司在广州就《在广东合营核电站可行性研究联合报告》举行签字仪式。1985年1月18日，广东核电合营有限公司合同在北京签字，它由广东核电投资有限公司和香港中华电力投资有限公司合资经营,是中国第一座中外合资建设的大型商业核电站,位于深圳大亚湾,总装机容量180万千瓦,投资额约40亿美元。1986年9月23日,有关建设广东大亚湾核电站的贷款协议和供货合同等7个文件在北京人民大会堂签字。1994年2月6日,广东大亚湾核电站举行投产庆典仪式。两台机组分别于2月、5月投入商业运行。大亚湾核电站电量70%销往香港,30%销往广东。到2008年7月,大亚湾核电站已按期全部偿还贷款本息。

- **12月20日** 省政府发布《广东省粮油购销调拨包干办法》,指出粮油购销调拨包干,是粮食工作的一项体制改革。规定汕头、梅县、惠阳、韶关、佛山、肇庆、湛江7个地区,粮油购销调拨实行包干到户,一定三年不变;海南区和自治州粮食调拨,一定五年不变;广州、韶关、深圳、珠海四市粮油征购,一定3年。

- **12月24日** 由胡耀邦主持召开广东、福建两省实行特殊政策、灵活措施座谈会。1981年1月21日,中共中央办公厅印发《广东、福建两省实行特殊政策、灵活措施座谈会纪要》,重申中央在广东、福建实行特殊政策、灵活措施的方针不动摇。

- **12月26日** 省委、省政府作出《关于在对外开放中加强反腐蚀斗争的决定》,要求各级党委、政府机关和工厂、企业、学校、街道、人民公社都要克服忽视思想政治工作,对歪风邪气不愿意管的倾向,认真抓好反腐蚀的思想教育,健全规章制度,堵塞各种漏洞,对违法乱纪和犯罪案件要抓紧调查处理。同时要加强反腐蚀斗争的领导,防止和克服自由主义、惩办主义两种偏向。翌年1月16日，《人民日报》报道了广东这一决定。

- **12月29日**　省重点基建项目之一——22万伏枫（树坝）梅（县）汕（头）输变电工程建成投产，大电网电力开始送到汕头，改善汕头、梅县地区供电状况。

- **1980年**　广州市及中等城市猪肉敞开供应；过去10年长期脱销的红豆、绿豆、黄豆等也敞开供应（议价）；长期紧俏的肥皂、香皂、灯泡、光管、圆钉、铁线、自行车内外胎等日用工业品，基本敞开供应。

- **1980年**　根据国家教育部指示，省重点中学开始恢复初中高中六年制。1981年，全省初中和县、市重点中学高中开始恢复三年制。1983年，一般高中开始恢复三年制。1984年，小学五年制开始恢复为六年制，城市小学和企事业小学本年恢复，农村小学下年恢复。

- **1980年**　广东省地区生产总值为249.65亿元（按当年价计算），第一产业增加值82.97亿元，第二产业增加值102.53亿元，第三产业增加值64.14亿元。农业总产值为126.25亿元（按当年价计算），工业总产值为248.68亿元（按当年价计算），社会消费品零售总额为117.67亿元，进出口总额为25.51亿美元，实际利用外资额2.14亿美元，财政收入为37.79亿元，职工平均工资为789元。

1981 年

- **1月9日至17日** 中共广东省代表会议在广州举行。会议一致拥护中共中央关于在经济上实行进一步调整、政治上实现进一步安定的重大方针,强调要解决3个问题:(一)把经济调整和实行特殊政策统一起来;(二)把"集中"和"搞活"统一起来;(三)把"退够"和"前进"统一起来。任仲夷做了题为《经济要调整,政治要安定》的总结讲话。

- **1月10日** 省政府转发《国务院批转国家计委等单位关于实行基本建设拨款改贷款的报告》,基本建设由财政拨款改为建设银行贷款。

- **1月14日** 琼海、化州、开平、佛山、江门、肇庆成为首批实现普及小学教育的县、市。

- **1月29日** 深圳建筑工程施工实行工程招标承包制的重大改革。第一个招标工程国际商业大厦,由第一冶金建筑公司中标,工程造价节约22%共530万元,工期由2年缩短为1年。

- **1月** 广州造船厂集装箱分厂建成。该分厂是经国家计委批准利用外资的补偿贸易项目,是中国第一家按国际标准生产集装箱的专业厂。

- **2月2日** 省政府发出《关于贯彻执行〈国务院批转全国城市规划工作会议纪要〉的通知》，规定：凡是涉及城市建设的规划布局等重大问题，要经过集体讨论决定，不得由个别领导人擅自决定；强调要切实贯彻"控制大城市规模，合理发展中等城市，积极发展小城市"的方针，严格控制城市规模。

- **2月14日** 省政府颁布《关于实行"划分收支，分级包干"财政管理体制的实施办法》，决定从1981年起，除广州市、海南行政区、自治州、自治县、深圳、珠海市另有规定外，省对地、市、县实行"划分收支，分级包干"的新的财政管理体制。财政收支包干比例或定额补贴数，一定五年不变。

- **2月24日至3月4日** 省五届人大第三次会议在广州召开，选举刘田夫为省长。

- **2月26日** 省政府印发《广东省排污超标准收费暂行规定》，采用经济手段加强环境管理。从颁布之日起，凡在本省的一切企业、事业单位，排放污染物（包括废气、废水、废渣）超过规定排放标准的，均应缴纳排污费。8月17日，省财政厅和省环保局联合发出《广东省超标准排污费征收管理办法》。1982年7月10日，省政府颁布《广东省征收排污费实施办法》。

- **2月26日至28日** 国务院、中央军委在福州召开东南沿海三省第一次打击走私工作会议。同年，国务院和广东、福建、浙江相继成立了打击走私领导小组和办公室。3月27日，国务院、中央军委发出《关于坚决打击走私活动的指示》。7月6日至15日，国务院在北京召开东南沿海三省第二次打击走私工作会议，指出坚决打击走私、贩私活动是关系到维护国家主权和社会主义法制，坚持四项基本原则的大事。各级领导干部对此必须保持清醒的头脑，对走私、贩私活动进行坚决打击，绝不允许以任何理由容忍、姑息。

- **3月7日** 省物价局制订计划外物资保本经营作价办法，规定对水泥等计划外物资可实行以进货价加合理实际费率保本作价经营，允许工厂自销超计划产品，实行生产资料计划内外双轨价格。

- **3月17日** 省政府召开全省海洋渔业工作会议。会议强调发展海洋渔业要走多种作业、多种经营的道路，要完善各种经营形式和责任制，纠正追求"一大二公"和"吃大锅饭"的错误做法。

- **3月** 深圳蛇口工业区建设指挥部内设立"时间就是金钱，效率就是生命"标语牌，不到1个月拆除，11月重新竖立在蛇口微波山下路边。1983年9月，再次竖立在蛇口港客运站外，港务公司办公楼拐弯处。1984年2月24日，邓小平在与中央有关负责人谈话中，明确肯定这一口号。

- **4月8日** 广州市电信局正式开通国内微波长途电话。1986年3月14日，广州经湛江至海口的1800路微波通讯系统开通使用。至此，一个联结全省和港澳地区以及京广、粤桂的微波通信网建成。

- **4月10日至18日** 省委召开地（市）委农业书记会议，传达全国林业会议精神，研究部署在全省开展稳定山权林权、落实林业生产责任制工作。6月17日，省委、省政府发出《关于稳定山权林权和落实林业生产责任制的决定》。

- **4月14日** 邓小平明确提出了"小康社会"。他在会见古井喜实为团长的日中友好议员联盟访华团，在介绍中国国内情况时指出，1979年我跟大平首相说到，在本世纪末，我们只能达到一个小康社会，日子可以过。经过我们的努力，设想10年翻一番，两个10年翻两番，就是达到人均国民生产总值1000美元。经过这一时期的摸索，看来达到1000美元也不容易，比如说800、900，就算800，也算是一个小康生活了。

- **4月14日** 省政府批转省经委《关于对工业企业关停并转的意见》，指出全省共有工业企业33000个，其中县属以上工业企业5361个。全省共关停并转县属以上工业企业617个。同时，就工业进一步调整的重点，企业关停并转的界限、政策和措施等作了具体的规定；并强调要加强对工业调整工作的领导，妥善做好关停企业的善后处理工作。

- **5月27日至6月14日** 国务院在北京召开广东、福建两省和经济特区工作会议。会议检查总结了近两年贯彻执行中央文件的情况和经验，讨论研究了两省实行特殊政策、灵活措施和设置经济特区的理论、体制、政策和管理等问题，提出10条重要政策和措施。7月19日，中共中央、国务院批转这次会议纪要，要求充分发挥两省发展经济的自主权，制定适合本省情况的法规或条例，把特区建设好。

- **5月29日**　《人民日报》加按语刊载题为《一场关于承包鱼塘的争论》的文章，报道高要县沙浦公社社员陈志雄跨队承包355亩鱼塘增产，集体和个人收益显著增加，以及所引起对若干问题争论的情况。随后开辟专栏，展开为期4个月的讨论。

- **6月5日**　省物价局对经营计划外一、二类日用工业品作价问题作出规定，对城乡普遍紧缺的自行车等计划外一、二类日用工业品，可按保本微利的原则由市物价主管部门制定高于牌价的幅度，对计划外的工业品采取灵活变通的作价办法。

- **6月10日**　广州铁路局向铁道部报送增建复线的《广深铁路改造设计任务书》。1984年1月1日，广深铁路公司成立。这是全国铁路系统第一个独立的经济实体，它突破了中国铁路沿袭了几十年之久的"国有国营"的旧体制模式，实行全面承包，开创以路建路、"自主经营、自负盈亏、自我发展、自我约束"的新体制。1987年9月30日，国内第一条利用自筹资金进行双线建设的铁路——广深铁路双线全线开通。1994年12月22日，中国自行设计、自行修建的第一条时速160公里的准高速铁路——广深准高速铁路通车。1994年7月7日，广深铁路总公司因改革成效显著，荣获中国企业管理协会等颁发的"金马奖"。铁道部向全国推广其经验。1998年5月28日，全长139.46公里、中国第一条时速达200公里的广深电气化铁路全线竣工。

- 6月14日　省出版事业管理局、省新华书店、广州市新华书店在广州联合举办第一届"羊城书市",全国各地103家出版社一万多种图书参加展出。

- 6月25日　省委、省政府发出《关于加强对包干到户社、队领导若干问题的指示》,强调要维护基本生产资料公有制,社、队原有的土地、鱼塘、山林等基本生产资料,一律归集体所有,决不准变为私人所有。1982年上半年农村实现家庭承包责任制,"双包到户"的生产队达92%。

- 6月30日　省委发出《关于认真学习党的十一届六中全会精神的通知》。7月16日,省委召开常委会议,任仲夷传达六中全会精神,常委一致表示衷心拥护六中全会通过的《关于建国以来党的若干历史问题的决议》,要在《决议》的基础上,统一思想、增强团结、振奋精神、搞好工作。会议认为,这次全会妥善地解决了关系我党我国前途命运的重大问题。

- 8月4日至10日　省政府在广州召开打击走私工作会议,强调各级领导要态度坚决、旗帜鲜明地领导好反走私斗争,狠狠打击走私集团和其他重大走私、贩私分子,严禁任何单位和干部职工走私、贩私和买私货。8月31日,省政府发出《关于坚决停止收购走私物品和经营华侨、港澳同胞携带进出口物品的几个问题的通知》。

- 8月18日　省政府发出《关于对县、市财政实行超收分成的通知》,规定凡是省直接对县、市实行"划分收支,分级包干"财政管理体制,其调剂收入、固定收入或定额分成的留成比例在40%以下的，在1981年按省（地）下达的收入计划考核，超收部分一律按40%的比例计提超收分成；留成比例在40%以上的，仍按原核定的比例分成。

- **8月21日** 省冶金厅、机械厅、国防工业办公室，以及江门、韶关、茂名、佛山、惠州、梅州、潮州7个市和21个县的经济委员会，分别与同级的财政部门签订经济合同，试行按行业、按部门大面积上缴利润包干和亏损包干的办法，鼓励企业改进经营管理。

- **8月26日** 国务院批准成立汕头大学。1983年9月汕头大学开学。1984年元旦，汕头大学举行奠基典礼，校舍建设全面展开。1989年，学校基建工程基本完成。汕头大学自筹办开始就得到了香港长江实业（集团）有限公司董事局主席李嘉诚资助，是全球唯一一所由私人基金会——李嘉诚基金会持续资助的公立大学。

- **8月29日** 广东省公路建设公司与澳门南联公司在广州签订《关于贷款建设广珠公路四座大桥协议书》。协议书订明建成后实行过桥收费，以收费偿还本息，开创引进外资兴建交通基础设施和贷款修路、收费还贷的先河。从此，广东投资体制走出一条"以路养路，以桥养桥，以电养电，以通信养通信"和"谁投资谁受益"的新路。1982年初，广珠公路（三洪奇、容奇、细滘、沙口）四座大桥工程先后动工，后于1984年1月、3月、8月、11月竣工。至此，广珠公路全线实现无渡口通车。

- **9月2日至9月7日** 省委召开建设社会主义精神文明座谈会,着重研究如何以清洁卫生、文明礼貌为重点,把广东省社会主义精神文明建设深入持久地开展下去的问题。10月16日,省委发出《关于印发〈建设社会主义精神文明座谈会纪要〉的通知》,提出应当把对社会主义精神文明建设工作做得是否有成效,作为评价一个城市、地区、单位的工作和考核领导班子、领导干部的重要条件之一。

- **9月9日** 邓小平会见竹入义胜为团长的日本公明党第十次访华代表团。邓小平指出实现四个现代化是相当大的目标,要相当长的时间。本世纪末也只能搞一个小康社会,要达到西方比较发达国家的水平,至少还要再加上30年到50年的时间,恐怕要到21世纪末。在到本世纪末的20年中,还不能浪费,不能把经济发展的成果通通分掉,那样再生产、再发展就没有希望了。

- **9月14日** 国务院批准广州、深圳、珠海、汕头四市通信建设计划。四市市内电话建设,在企业经营上,实行"独立经营、单独核算"的办法,暂定8年不变。

- **9月25日至10月5日** 省委、省政府在广州召开省三级干部会议,传达国务院召开的广东、福建两省和经济特区工作会议精神。任仲夷指出,实行特殊政策、灵活措施必须以敢于实验、敢于创新的精神,坚持"三个更加"(又称"三放"):对外更加开放,对内更加放宽,对下更加放权。同时强调搞活经济和加强管理监督同步进行。

- **11月1日** 京广铁路衡广复线关键工程——大瑶山隧道正式开工。隧道横穿粤北瑶山山区，全长14.295公里，是当时中国最长的双线电气化铁路隧道。1988年12月16日，衡广铁路复线通车典礼在韶关市举行。

- **11月21日** 省委、省政府批转汕头地委、行署《关于办好汕头经济特区的请示报告》，同意汕头经济特区面积1.6平方公里。1984年11月29日，国务院批复同意汕头经济特区范围由原来的1.6平方公里扩大为52.6平方公里，调整后的汕头经济特区分为龙湖、广澳两个片区。1991年4月6日，国务院批准将汕头经济特区的范围扩大到汕头市区，面积234平方公里。2011年5月1日，国务院批准汕头经济特区范围扩大至汕头全市。

- **11月26日** 第五届全国人大常委会第二十一次会议通过决议，授权广东、福建两省人民代表大会及其常务委员会制定所属经济特区的各项单行经济法规。至1992年6月，省人大及其常委会制定的经济特区单行经济法规共19件。

- **11月28日** 省政府发出《广东省利用外资审批权限和分工的规定》，第一次在全省范围内下放利用外资审批权。利用外资300万美元以下，由各市、地自行审批；利用外资在50万美元以下的项目，各县和县级市审批。1984年6月再次下放利用外资审批权限。

- **1981年** 按照中央指示，各地对中小学开始进行"校校无危房，班班有教室，学生人人有课桌凳"（简称"一无两有")的建设。省政府决定从1981年起,每年拨出3200万元作为实现"一无两有"的补助款。

- **1981年** 省政府实行外贸"大包干"管理体制,逐步形成多层次、多渠道的出口经营格局。1981年至1983年"大包干"期间,广东出口总值达到71.3亿美元,完成上缴国家外汇额度任务后,本省外汇留成22.7亿美元。在"大包干"期间,由于港币贬值,人民币也大幅贬值。广东外贸亏损,在此情况下,中央对广东停止"大包干",广东重返国家统负盈亏体制。

- **1981年** 广东省地区生产总值为290.36亿元(按当年价计算),第一产业增加值94.30亿元,第二产业增加值120.34亿元,第三产业增加值75.71亿元。农业总产值为133.85亿元(按当年价计算),工业总产值为282.95亿元(按当年价计算),社会消费品零售总额为142.38亿元,进出口总额为48.80亿美元,实际利用外资额2.88亿美元,财政收入为41.01亿元,职工平均工资为873元。

1982 年

- **1月5日** 邓小平在陈云批转的《广东一些地区走私活动猖獗》一文及其严惩严重的经济犯罪分子的批语上加批："雷厉风行，抓住不放。"陈云的批语是："对严重的经济犯罪分子，我主张要严办几个，判刑几个，以至杀几个罪大恶极的，并且登报，否则党风无法整顿。"1月11日，中共中央发出《紧急通知》，要求认真查处广东、福建、浙江、云南等省经济领域中违法犯罪问题。1月14日，省委常委举行会议，决定组成5人小组（后改为6人小组），负责抓好贯彻中央《紧急通知》的工作，全省进行打击走私、贩私活动。2月11日至13日，中共中央书记处在北京召开广东、福建两省座谈会。讨论两省贯彻执行中央《紧急通知》，进一步开展打击经济领域中违法犯罪活动的斗争，端正对外经济活动的指导思想，更好地实行特殊政策和灵活措施，进一步发展两省经济。任仲夷、刘田夫等18人出席会议。2月19日，任仲夷、刘田夫再赴北京，听取中央政治局常委碰头会对广东贯彻《紧急通知》问题的意见及胡耀邦的指示。

- 1月9日　香港南洋商业银行深圳分行开业，成为改革开放后内地引进的第一家港资银行营业性机构。

- 1月20日至2月7日　邓小平到广州视察。其间，邓小平听取了任仲夷、刘田夫的工作汇报。邓小平就广东实行特殊政策、灵活措施和试办经济特区问题表态说："你们觉得好就继续办下去。"

- 2月16日　国务院批准第六届全运会在广东举行。这是首次由一个省承办全国运动会。1984年7月4日，为举办第六届全运会而兴建的广州天河体育中心动工兴建，1987年8月30日举行落成典礼。

- 2月22日　省委召开常委会议，2月26日，省委召开省直局以上单位和地、市、县委党员负责干部会议，传达中共中央政治局常委会议和中央领导人的重要指示，并强调指出，要严肃处理经济领域里的犯罪活动和纠正自由化倾向，抓紧大案要案的查处，不能手软，不能姑息。对经济工作，既要搞活，又要管严，做到活而不乱，管而不死。3月2日，省委常委听取各地市负责人关于贯彻中共中央《紧急通知》的情况汇报。任仲夷要求各地必须做到执法更严，纪律更严，管理更严，用"三严"保证"三放"的贯彻执行。3月30日，省委抽调省直机关科以上干部67人，组成12个检查组，分赴汕头、惠阳、深圳、珠海、湛江、肇庆和海南行政区等地市以及省直一些单位，检查和帮助各地市各单位搞好经济领域里大案要案的查处工作。4月14日，省委、省政府发出《关于认真学习和贯彻执行〈中共中央、国务院关于打击经济领域中严重犯罪活动的决定》的通知》；并再从省直机关抽调局、处、科级党员干部共200人，组成第二批工作组，参加办案工作。

- **3月11日** 省委、省政府发出关于贯彻中共中央、国务院《关于进一步做好计划生育工作的指示》的通知，指出70年代以后，广东省人口自然增长率高于全国平均水平，属于后进地区，并决定县以上建立计划生育委员会。

- **3月20日至4月3日** 全省三级干部会议在广州召开。任仲夷在会上提出"两个坚定不移"的方针，即对外开放和对内搞活经济坚定不移，打击经济领域的违法犯罪活动坚定不移。连同随后提出的"执行让人民群众富裕起来的政策坚定不移"，成为"三个坚定不移"方针。

- **3月** 上海《文汇报》发表《旧中国租界的由来》，4月8日《解放日报》发表《痛哉！〈租地章程〉》，两文相互呼应，将社会上把经济特区等同于旧社会租界的非议公开化。1984年1月24日至2月5日，邓小平视察深圳、珠海、厦门经济特区后，对特区取得的成就予以充分肯定，此后"特区是新租界论"才慢慢退潮。

- **4月20日** 邓小平会见几内亚比绍国家元首、革命委员会主席若奥·贝尔纳多·维埃拉，提出我们搞的现代化不是西方的现代化，是中国式的现代化，就是小康社会的现代化。没有30年到50年不行。现在正在努力实现第一阶段20年的目标，就是在本世纪末，人均国民生产总值达到800美元。实现了这个目标，我们的日子就好过多了，我们前进的基础就比较好、比较扎实了。

- **5月1日** 当日为全国人大常委会《关于严惩严重破坏经济犯罪的决定》所规定的坦白从宽之期限日。据广东省人民检察院的不完全统计，从《决定》公布之日至4月30日止的50天时间内，全省各地有1502名经济犯罪者投案自首，坦白交代问题，其中77名为县科局级以上的国家工作人员。万元以上的大案有46人，交代的赃款共265万元，已清退的赃款157万元，另有贵重赃物一批。截至11月，全省揭露出经济犯罪案件6800多宗，其中大案要案622宗。

- **5月12日** 省委宣传部发出《关于在全省范围深入开展"五讲四美"活动的意见》。7月13日，省委批转省委宣传部、团省委《关于深入持久地开展"五讲四美"活动的意见》，对开展"五讲四美三热爱"（讲文明、讲礼貌、讲卫生、讲秩序、讲道德，心灵美、语言美、行为美、环境美，热爱祖国、热爱社会主义、热爱中国共产党）活动提出5条意见。1983年2月10日，省委在广州召开座谈会，部署1983年继续开展"五讲四美三热爱活动"。

- **6月2日** 国务院批准国家计委等单位《关于广东省深圳经济特区二线设防和管理方案意见的报告》。国务院就特区二线设防原则、位置、投资、经费、外汇和人员编制等问题做了原则规定，并强调二线设防应做到严密控制，综合管理。

- **7月1日** 广东省按照全国统一规定的标准时间进行第三次人

口普查。普查结果：全省总人口为5929.9万人。

- **9月1日至11日** 中国共产党第十二次全国代表大会在北京举行。邓小平致开幕词，提出把马克思主义的普遍真理同我国的具体实际结合起来，走自己的道路，建设有中国特色的社会主义。胡耀邦作题为《全面开创社会主义现代化建设的新局面》的报告，提出分两步走，在20世纪末实现工农业年总产值翻两番的目标。其中前十年主要是打好基础，积蓄力量，创造条件，后十年要进入一个新的经济振兴时期。9月16日，省委常委举行会议，传达、学习十二大精神和胡耀邦在十二届一中全会上的讲话、邓小平在中国共产党中央顾问委员会（简称"中顾委"）第一次全体会议上的讲话以及陈云在中国共产党中央纪律检查委员会（简称"中纪委"）第一次全体会议上的讲话。

- **10月22日** 省委、省政府向中共中央、国务院报送了《关于试办经济特区的初步总结》。30日，陈云在《总结》上批示："看了广东10月22日试办特区初步总结，很好。""要不断总结，因走私分子会用各种方法。此件上说的不能以罚代刑很好，必须既有罚又用刑。""特区要办，必须不断总结经验，力求使特区办好。"

- **10月** 中国最早建成的综合性超高层楼宇——深圳国际贸易中心大厦动工，施工单位中建三局一公司创造3天建1层楼的中国建筑史新纪录，"三天一层楼"成为"深圳速度"的象征。大厦高160米，53层，总面积约为10万平方米，1985年12

月29日竣工。

- **11月3日** 加快海南岛开发建设问题座谈会在广州召开。通过讨论，形成了《关于加快海南岛开发建设问题座谈会纪要》。12月12日，谷牧、王震在北京约请国务委员张劲夫和任仲夷、刘田夫以及农村部门的负责人，讨论如何充分利用国内外的有利条件，采取有力措施，扩大对外开放，加快开发建设海南岛的问题。这次会议研究了给海南以比广东、福建两省更为放宽的政策和自主权，让其参照经济特区办法，以及解决海南岛燃料和发展规划等问题。

- **11月16日** 中共中央政治局常委李先念、陈云听取中央书记处关于广东、福建实行特殊政策、灵活措施与试办特区的情况汇报。陈云指出：上次批语中说必须不断总结经验的意思是，走私分子、投机倒把分子以及各种经济犯罪分子会针对我们工作的不断改善而不断变换手法。因此，我们不能满足于总结一次两次经验，也必须针对出现的新情况、新问题，不断拿出新办法。

- **12月1日** 根据国务院、中央军委决定，中国人民解放军担负内卫执勤任务的部队移交公安部门，与实行兵役制的武警、边防、消防警合并组建武装警察部队。省公安厅召开武警、边防、消防全体干部大会，宣布三警合并成立"中国人民武装警察部队广东省总队"。

- **12月6日** 省委、省人大常委会、省政府联合举行座谈会，学习讨论新宪法。8日，省委发出《关于认真学习宣传〈中华人民共和国宪法〉的通知》，要求各地把学习新宪法和党的十二大文件结合起来，对群众进行一次广泛深入的法制教育。

- **12月10日** 全国人大对地方组织法作第一次修改，规定省会市人大可以拟订地方性法规提请省人大常委会审议制定。1984年9月21日，广州市八届人大常委会通过广州市拟订的第一个地方性法规草案——《广州市征用土地和拆迁房屋实施办法（草案）》，广州市人大常委会地方立法的探索迈出第一步。1986年12月2日，地方组织法第二次修改，规定省会市人大常委会在本级人民代表大会闭会期间可以制定地方性法规，报省人大常委会批准后颁布施行。1987年1月17日，广州市八届人大常委会表决通过本市制定的第一部地方性法规——《广州市饮用水污染防治条例》。

- **1982年** "橡胶树在北纬18度至24度大面积种植技术"获1982年国家发明一等奖。该项目由全国橡胶科研协作组共同完成，广东参加协作组的单位是：华南热带作物研究院、华南热带作物学院、省农垦总局及其下属科研单位、农场。

- **1982年** 广东省地区生产总值为339.92亿元（按当年价计算），第一产业增加值118.17亿元，第二产业增加值135.37亿元，第三产业增加值86.39亿元。农业总产值为135.52亿元（按当年价计算），工业总产值为313.76亿元（按当年价计算），社会消费品零售总额为164.23亿元，进出口总额为48.60亿美元，实际利用外资额2.81亿美元，财政收入为42.23亿元，职工平均工资为961元。

1983 年

- 1月4日　省政府发出《广东省城镇个体商业户管理试行办法》，要求各地有关部门积极扶持个体工商户的发展。对个体工商户所需要的原材料和资源，属于计划供应部分，应根据统筹兼顾、一视同仁的原则，纳入计划，合理分配。在政策许可范围内，允许个体户到外地购进所需要的原材料和商品。
- 1月16日　广东在全国率先成立省人才交流服务中心，负责组织和指导全省人才交流工作。11月12日，省引进国外人才领导小组及办公室成立。
- 2月4日　省委、省政府发出《关于实施〈广东省省级机关机构改革方案〉的通知》。5月26日，发出《关于进一步改革省级党政机关机构的通知》，改革后省级党政机关机构由原有的87个减为56个。
- 2月24日至3月4日　中共广东省第五次代表大会在广州举行。大会讨论并通过了任仲夷代表第四届省委作的题为《改革，前进，开创新局面》的报告。报告总结了广东贯彻十一届三中全会的路线以来所取得的成绩和主要经验，提出了往后的主要任务和经济建设的奋斗目标：到2000年，全省工农业总产值由1980年的339亿元增加到1356亿元，每年平均递增7.2%，力争超过这个速度，提前实现翻两番，达到小康水平。大会选举产生中共广东省第五届委员会委员73名，候补委员21名；中共广东省顾问委员会委员56名；中共广东省纪律检查委员会委员34名。3月5日，省委五届一次会议选举任仲夷、林若、梁灵光、谢非、吴南生、王宁、彭士禄、李建安、叶澄海、杨应彬、杜瑞芝、凌伯棠、宋志英为常委，选举任仲夷为省委第一书记。省顾委五届一次会议选举寇庆延为主任。省纪委五届一次会议选举王宁为书记。

- **3月11日** 省政府发出通知，要求各地改革日用工业品城乡分类的流通体制，积极搞活城乡日用工业品市场，允许工业企业有一定比例的产品自销权。

- **3月22日** 经省委和省政府同意，省委办公厅和省政府办公厅联合发出《关于进行政社分设试点工作的通知》，要求各地、市都要选择一个县或若干个公社进行政社分设试点，并要加强对试点工作的领导。6月14日至22日，省委召开地（市）委农业书记会议，研究下半年农业生产和政社分开，建立乡政权等问题。政社分设后，原来的公社干部大致分为：党委、政府机构和社队企业及经济班子。8月1日，省委、省政府发出《关于政社分开、建立乡政权的通知》，对乡的规模、机构设置、人员编制、干部安排及待遇职权范围等作了明确规定。1984年6月政社分设工作完成，全省1892

个人民公社改建成1836个区公所，26553个生产大队改建成19955个乡政府。1986年5月29日，省委、省政府发出《关于撤区建乡（镇）完善农村基层政权建设的通知》，提出在搞好农村整党的基础上在全省范围内撤区建乡（镇），实行与全国一致的乡（镇）管村的行政管理体制。这项工作在1987年3月完成，共设立建制镇1454个、建制乡483个。

- **4月3日至10日** 省六届人大第一次会议在广州举行。选举罗天为省六届人大常委会主任，选举梁灵光为省长。

- **4月** 广东省选定首批10个农村初级电气化试点县，1989年达标；1991年3月，批准第二批10个农村电气化线建设，1995年分批达标；1995年3月，第三批13个农村初级电气化县建设，2000年10月达标。"十五"期间，全省建成22个水电农村电气化县。

- **5月10日** 教育部通知，经国务院批准，同意创办深圳大学。

- **5月12日** 省委、省政府向中共中央、国务院报送了《关于打击走私贩私等经济犯罪活动的情况和意见的报告》，指出截至是年3月底止，全省共立案查处经济违法犯罪案件7675宗，已结案处理4768宗，占62%。上述案件共涉及1.2万多人，其中党员5300人，国家干部4800多人。

- **5月14日** 省心血管病研究所兴建的中国第一间现代化生产生物心脏瓣膜研究室建成投产。

- **5月24日** 省政府决定，组织本省经济发达地区同少数民族地区开展对口支援和经济技术协作。确定广州市支援海南黎族苗族自治州，南海县支援连南瑶族自治县，中山县支援连山壮族瑶族自治县，顺德县支援乳源瑶族自治县。

- 5月25日　省政府发出批转省劳动局《全省劳动工作会议纪要》，提出劳动保险制度应朝着社会统筹保险的方向改革。基金来源主要由企业、事业单位按工资总额的一定比例提取一部分，个人缴纳一部分。广东省在全国率先开始改革企业用工制度，对从社会上新招的职工和补充职工，除个别工种经省批准招收固定工外，均实行劳动合同制，并建立劳动合同制职工退休养老保险制度。

- 6月4日　省政府贯彻财政部《关于国营企业利改税试行办法》，对全省大中型国营企业实行利改税，按55%的比例税率征收所得税，国营小型企业按8级超额累进税率征收所得税。

- 6月5日　个体户容志仁当选为广州市人大代表。1979年容志仁在广州创立了"容光"饮食店。1980年高德良在广州经营"周生记太爷鸡"，他们成为改革开放后广东的第一批个体户。

- 6月19日　省委、省政府发出《关于加强对经济特区工作领导的通知》，决定：由梁灵光、吴南生主管经济特区的工作；建立省经济特区办公室，在省主管特区的负责人直接领导下，经办有关经济特区的日常工作。

- 6月28日　经国家卫生部批准，中山医学院成立中国第一家专业从事眼科医学研究、医疗、教育服务的机构——中山眼科中心。

- 8月25日至31日　省委召开全省地、市打击严重经济犯罪活动领导小组组长、纪委书记会议，总结广东省打击经济领域犯罪活动斗争的经验和教训。截至是年8月底，全省主案要案的经济犯罪案件8000多宗，已结案6300宗，占主案总数的77.3%，依法判刑1000多人，沉重打击了严重的经济犯罪分子，公开的大规模走私贩私活动之风已基本刹住。

- **9月1日** 省委、省政府向中共中央书记处和国务院报送《关于恳请将中山大学列为全国首先装备的5所重点大学之一的请示》，指出中山大学创办近60年，在国内外都有较大影响，将中山大学定为首先装备的5所大学之一，加强领导和建设，对扩大爱国统一战线，争取台湾回归祖国，引进先进科学技术和人才，发展我国的经济文化、科学技术，都有重大作用。

- **9月29日** 省委印发《关于贯彻〈中共中央关于严厉打击刑事犯罪活动的决定〉的实施方案》。《方案》提出了具体方法和措施：（一）认真做好行动前的各项准备工作；（二）搜捕行动要雷厉风行、神速果断；（三）充分发动群众，组织群众；（四）强化各种专政手段，充分发挥专政机关的职能作用。至1986年12月，共组织3次"严打"，破获刑事案件10万多宗，积案3.5万多宗；查处经济案件7000多宗，为国家挽回经济损失1.8亿元；查获各类犯罪团伙1.2万多个，查处团伙成员5.2万多名。

- **11月1日至7日** 省委召开市、地委书记会议，传达中共十二届二中全会的精神，并对搞好整党、防止和清除精神污染、提高经济效益等工作作出部署。会议决定从是年冬季起，全省在

3年内分两期完成整党工作。1985年7月28日，省委向中央并中央整党工作指导委员会报送《关于广东省第一期整党工作主要情况的报告》，报告这次整党进一步清除了"左"的影响，端正了业务工作的指导思想，整顿了作风，提高了广大党员的思想政治素质，纯洁组织工作取得了进展，加速了改革、开放，促进了经济和各项工作的开展。1987年7月，省委召开全省整党工作总结会议，宣布全省历时三年半的整党工作全面结束。

- **11月15日**　由省旅游局委托广东省旅游服务公司（简称"省旅游公司"）和广东（香港）旅游有限公司首创联合经营的"香港游"开始试办，第一批"香港游"由广州出发前往香港。11月上旬，省政府发出《关于开办广东省内居民赴香港旅游业务的通知》。"香港游"改变了过去长时期严格限制内地居民走出内地、接触外面世界的状况，使内地居民能有机会合法、方便地出去了解外面的世界；促进了粤港两地旅游业的发展，也活跃了香港市场。1984年4月27日，省旅游公司和广东（澳门）旅游有限公司联合开办经营广东省内居民赴澳门探亲旅游业务。

- **12月3日**　广州区庄立交桥建成交付使用。这是国内首座四层双环形互通式立体交叉桥，获1985年国家建设部科技进步一等奖。该桥最大的通行能力为机动车每小时9000辆，非机动车每小时3000辆，基本上解除了这一路口的塞车现象。

- **12月22日**　国务院批复省政府，同意广东省撤销佛山、汕头、韶关、湛江4个地区；在广州、佛山、江门、汕头、湛江、茂名、韶关等9市实行市领导县的体制。此外，撤销中山县、梅县和梅州市，设立中山市、梅县市（均为县级市）；撤销潮安县，将其行政区域并入潮州市。

- **12月** 广东省首次组织人才招聘小组，分赴北京、上海、天津、武汉、西安五大城市招聘人才。

- **1983年** 民航广州管理局通过集中掌握的飞机购置基金，向省人民银行贷款0.8亿元人民币，引进5架波音737-200型飞机。这是地方政府第一次向民航投入巨额贷款，打破以往飞机靠民航局统一购买调拨的做法。

- **1983年** 广东省地区生产总值为368.75亿元（按当年价计算），第一产业增加值121.24亿元，第二产业增加值152.27亿元，第三产业增加值95.24亿元。农业总产值为169.96亿元（按当年价计算），工业总产值为356.91亿元（按当年价计算），社会消费品零售总额为183.62亿元，进出口总额为56.5亿美元，实际利用外资额4.07亿美元，财政收入为44.29亿元，职工平均工资为1021元。

1984 年

- 1月1日　中国人民银行广东省分行开始专门行使中央银行职能。广东初步形成以中央银行为领导，国家专业银行为主体，其他金融机构为补充的银行体系。
- 1月24日　由中国科学院广州能源研究所和广州市农业机械研究所共同研制的中国第一座大型太阳能干燥装置在广州建成。
- 1月24日至2月5日　邓小平到广东视察。1月25日下午，邓小平参观深圳渔民村，在看到这个村先富起来的情况后说：经过长期奋斗，全国广大农村都可以达到这样的生活水平。1月29日，他为珠海经济特区题词："珠海经济特区好。"2月1日，邓小平在广州为深圳特区题词："深圳的发展和经验证明，我们建立经济特区的政策是正确的。"2月24日，邓小平指出：我们建立经济特区，实行开放政策，有个指导思想要明确，就是不是收，而是放。特区是个窗口，是技术的窗口，管理的窗口，知识的窗口，也是对外政策的窗口。我们还要开发海南岛。

- 1月27日　由社会集资兴建的东莞县高埗大桥建成通车。该桥总投资250万元，通车后实行车辆过桥收费，为全国第一座"集资建桥，收费通车"的地方公路桥。

- 2月18日　中央绿化委员会在北京召开第三次全体会议。会议审定和通过了"中国植树节节徽"和《中国绿化基金会章程》，表彰了全国211个全民义务植树先进单位，其中广东省受表彰的有广州市、深圳市和斗门、东莞、新会、河源、乐昌等5个县。

- 2月22日　省政府办公厅转发省工商局《关于全省个体工商业管理工作会议的情况报告》，指出到1983年9月底止，广东省城乡已发证的个体工商业有349771户。

- 3月18日　全省电子工业系统领导干部会议召开，确定电子工业为全省支柱工业，其发展重点是大规模集成电路、微型电脑和彩色电视机。

- 3月20日至24日　省委、省政府在广州召开全省侨务工作会议，为新中国成立以来广东省规模最大的侨务工作盛会。12月19日，省政府发布《广东省华侨、港澳同胞捐办公益事业支援家乡建设优待办法》。1978年至1987年，全省侨眷、归侨和港澳同胞家属利用外资、侨汇等兴办的各类企业4万多家，投资总额在10亿元以上，引进各种生产设备1.5万台（套），解决50余万人的就业问题；自愿支援家乡建设、兴办各种公益事业的款项达23.8亿元。

- 3月25日　邓小平同日本首相中曾根的谈话中明确提出：翻

两番，国民生产总值人均达到800美元，就是本世纪末在中国建立一个小康社会。这个小康社会，叫做中国式的现代化。翻两番、小康社会、中国式的现代化，这些都是我们的新概念。翻两番，分成前10年和后10年，前10年主要是为后10年的更快发展做准备。这种准备包括四个方面，一个是能源，一个是交通，一个是原材料，一个是智力。这需要大量的资金，我们很缺乏，所以必须坚持开放政策，欢迎国际资金的合作。

- **3月26日至4月6日** 中共中央书记处、国务院在北京召开全国沿海部分城市座谈会。会议建议研究进一步开放14个沿海港口城市并设立经济技术开发区，扩大地方权限和给予外商投资者若干优惠政策。这14个沿海港口城市包括广东的广州市、湛江市。5月4日，中共中央、国务院批转《沿海部分城市座谈会纪要》，指出进一步开放14个沿海港口城市。确定以对外开放促进海南岛开发的方针，授予海南行政区在对外经济活动方面较多的自主权。并指出：汕头市和珠海市的市区，在利用外资、引进先进技术方面，也按14个港口城市的政策办理。

- **3月27日** 省政府宣布：从1984年起，连续3年每年用3亿美元引进技术设备，以加快广东省工业企业技术改造。到1988年底，全省共花44亿美元，将近100亿元人民币，从国外引进100万台（套）技术设备和2400条生产线，七成以上具有70年代末80年代初国际先进水平。广东工业面貌发生巨大变化，大批"广货"进入市场。

- 3月　广东第一家无线电脑寻呼（BP机）系统在深圳开通。
- 4月19日　省政府发出《关于加强重点建设工作的通知》，确定是年广东省重点建设项目有37个，其中国家重点建设项目7个。要求加强对重点建设的领导和落实责任制，强调重点建设要坚持改革，勇于创新，保证最佳投资效果，努力做到高标准、现代化，提高经济效益。并决定成立省重点建设领导小组。
- 4月28日　中国自行设计、制造的第一台HJ916型长话、市话、农话合一编码纵横制自动电话交换机，在珠海市邮电局安装投入使用，该局成为广东省第一个实现长途电话自动接转的邮电局，用户可直拨广州、香港、澳门等地。
- 5月4日　第四届中国电影金鸡奖揭晓，珠江电影制片厂摄制的故事片《乡音》获最佳故事片奖；故事片《廖仲恺》的导演汤晓丹和饰演廖仲恺的演员董行佶分别获最佳导演奖和最佳男主角奖。
- 5月9日至22日　省委赴江苏参观学习团在江苏省扬州、南通等地参观考察。31日，省委举行报告会，林若向省直各单位负责人作赴江苏参观学习的情况报告，要求全省以江苏为镜子，找出差距，学江苏赶江苏，开创新的局面。
- 5月10日　省政府决定从1984年起，采用聘用合同制的办法，从农村挑选一批有一定文化水平和生产知识的优秀青年，逐步补充更新农村乡（镇）干部队伍。同时采用公开考试、择优录用的办法，逐步在全省企业事业单位和县级政府机关推行招聘改革。

- **5月19日** 全省规模最大的机电产品展销会在广州外贸中心开幕。在展出的1000多种产品中，一半以上是近几年发展起来的新产品，其中226项产品填补了国内和省内空白。

- **5月22日至24日** 胡耀邦视察广州、深圳、珠海、中山、顺德。胡耀邦为深圳特区题词"特事特办，新事新办，立场不变，方法全新"。

- **6月6日** 省委、省政府印发《关于改革企业干部、人事制度的若干暂行规定》，指出，国营企业可逐步实行厂长（经理）负责制。厂长（经理）对企业的生产经营和行政管理工作统一领导，全面负责。

- **6月25日至7月3日** 省六届人大二次会议在广州召开。会议通过《广东省人民代表大会议案试行办法》，把提案改为议案和建议、批评、意见两类分别处理。此后每年省人代会期间，代表都提出大量议案，大会主席团从中选择若干具有普遍影响的议案作为大会议案，交省人大常委会审议和办理。

- **6月30日** 邓小平会见前来参加第二次中日民间人士会议的日本委员会代表时说，我们提出的四个现代化的最低目标，是到本世纪末达到小康水平。不坚持社会主义，中国的小康社会形成不了。

- **6月** 中国首创的含碱电解质运动饮料——健力宝在三水问世。健力宝集团有限公司为国家和社会创造了巨大的财富，1996年完成工业产值41亿元，实现利税4.3亿元，分别占三水市属工业的63.5%和88.8%，利税额居全国饮料业同行之首。

- **7月8日至13日** 省委、省政府召开全省乡镇企业工作会议，要求各地发展乡镇企业，建立合理的农村产业结构，加快农业现代化步伐。至1996年底，广东乡镇企业发展到144.99万家，比改革开放前的1978年增长16.92倍，职工人数1118.63万人，总产值（1990年不变价）5484.47亿元。乡镇企业由原来农村小打小闹的工副业生产企业，发展成为占全省农村社会总产值的75%、全省工业总产值的40%、全省出口创汇总额四分之一的农村经济的主体力量，成为国民经济的一大支柱。

- **7月11日** 省政府发出《关于在广州、湛江、佛山、江门市进行城市经济体制综合改革试点的通知》，要求试点城市在扩大经济管理和审批权限、简政放权、用活奖金、开放市场、发展技术协作、搞活外贸、推行建筑业投资包干和招标制、改革计划管理体制等8个方面进行改革。

- **8月16日** 省政府批准《深圳经济特区国家机关、事业单位工资制度改革方案》，在全国首先打破统一标准的工资模式。9月13日，深圳特区工资改革开始实施，工资结构分为基本工资、职务工资、工龄工资3部分。

- **8月21日** 省政府发出《广东省人民政府转发〈国务院关于进一步扩大国营工业企业自主权的暂行规定〉的通知》，结合广东实际情况，决定在10个方面进一步扩大国营工业企业的自主权。

- **8月23日** 省政府转批省公安厅《关于允许农民自理口粮到集

镇落户的意见》，准许务工、经商、办服务业的农民自理口粮到集镇落户。

- **9月6日至16日** 广州市出口商品展销会暨经济技术合作洽谈会在香港举行。展销会成交额突破4000万美元，并签订对外经济合作项目协议和意向书35宗。80年代初，广东开始在海外目标市场参加或举办展销（览）会，宣传改革开放成果，增进国际经贸合作交流。1984年至1989年，广东先后在美国、澳大利亚、加拿大、德国、日本、法国，及中国香港等国家和地区举办出口商品展、博览会、贸易展、洽谈会等，以商品展销为主。

- **9月28日** 省委批转省委农村工作部《关于延长土地承包期，完善联产承包责任制的意见》，规定土地承包期一般延长到15年以上，允许社员协商转包责任田，向土地追加投资实行补偿制度。

- **10月5日** 国务院同意广州市恢复计划单列，并赋予相当于省一级经济管理权限。1985年12月17日，国务院办公厅转发国家体改委、国家计委《关于继续落实和完善大城市计划单列工作的报告》，广州继续被赋予相当于省一级的经济管理权限，并进行经济体制综合改革试点。

- **10月8日** 广东省公路建设公司与香港合和中国有限公司，在广州签订《合作兴建广（州）深（圳）珠（海）高速公路》的协议。这是内地首个与香港合作的高速公路项目。1997年7月1日正式通车运营。其中的首期工程广深高速公路，在筹建过程中为解决资金问题，在国内首次尝试以项目抵押方式获得国际银团商业贷款，并开拓了以BOT（建设—经营—转让）模式经营高速公路的先例。

- **11月1日** 广东开始缩小粮油统购统销的品种范围，并改革粮油价格的管理权限。深圳特区放开粮食经营，率先取消粮油统购统销，全面实行议购议销、敞开供应，农业税由财政部门直接向农民征收。广州市实行蔬菜全面放开经营，这是广州市蔬菜购销管理体制的重大改革，全部上市蔬菜不包购，不限价，产销见面，议价成交。

- **11月12日至15日** 省委、省政府召开全省山区工作会议，研究加快山区经济建设问题。1985年至1996年，省委、省政府先后召开10次全省山区工作会议，发布一系列政策文件，并成立了贫困地区工作领导小组、特困县经济发展领导小组和省扶贫基金会等机构，对全省贫困山区实行有计划、有组织的以经济开发为中心的扶贫工作。一方面，根据山区实际情况，进行管理体制改革和生产结构调整，并在政策上给贫困地区以特殊照顾，促使山区挖掘内部潜力，加快资源开发；另一方面，省政府连年拨出专款，积极推行省直机关挂钩、市县对口和民间扶贫等办法，扶持31个山区县（区），帮助山区县因地制宜建立支柱行业和骨干企业，发展商品经济，集中力量解决绝对贫困人口的温饱问题。至1995年，广东50个山区市县国内生产总值突破1000亿元，年均递增24%；高州、高要、惠东、潮安四市县跨入全国农村综合实力百强县行列。到1997年底，全省基本消除了绝对贫困，提前3年率先实现《国家"八七"扶贫攻坚计划》确定的目标。

- **11月16日**　省委、省政府发出《关于贯彻执行中共中央中发〔1984〕19号文件的通知》，确定1983年度人平均收入不足120元、口粮不足400斤的乡作为贫困地区，给予多项优惠政策：（一）从1985年起，免征农业税5年；（二）对贫困地区新办的乡镇企业，免征所得税5年；（三）一切农、林、牧、副、土特产品和全部药材，改为自由购销，不再统购、派购；（四）在生产流通中，各种不合理收费要坚决取消，以减轻贫困地区的负担；等等。为加强对贫困地区的领导，省委、省政府决定成立省贫困地区工作领导小组。

- **11月29日及12月5日**　国务院先后批复省政府转报的《湛江市对外开放工作报告》《关于做好广州市对外开放工作的报告》，同意湛江市、广州市在着重做好现有企业技术改造的基础上，有计划、有步骤地兴办经济技术开发区，开发新技术、新产品。

- **12月10日**　全国爱国卫生运动工作经验交流会在中山市雍陌乡召开。大会对来自全国各地的37个卫生先进单位进行了表彰，有13个卫生先进单位在会上介绍了经验。广东省电白县的水东镇和中山市的雍陌乡获奖。

- **12月11日至15日**　广东省技术交易会在广州举办。全省各地的130个科研、高等院校、生产及经营单位和全国部分省、市、区共2000多人参加交易会。洽谈项目近千项，其中138项签订合同或意向书，有43个单位要求进行科技人才交流。

- **12月25日** 省政府常务会议决定，从1985年起，取消基地塘鱼派购政策，并决定从1985年1月1日起，取消生猪现行派购政策，放开生猪价格。全省城镇居民猪肉供应实行议价购销，并给予定额差价补贴。

- **12月26日** 省绿化委员会召开表彰大会，给全省163个先进单位和193名先进个人颁奖。1984年全省植树造林和林地更新面积达1070万亩，是历年造林数量、质量方面成绩非常突出的一年。

- **12月28日** 广州经济技术开发区举行奠基典礼，开始进入开发建设。1985年到1991年，累计完成基本建设投资20.23亿元，签订外引、内联生产性项目399个，合同投资总额34.49亿元，完成工业总产值532802万元，实现利润75837万元。美国、加拿大、日本、中国台湾等15个国家和地区的客商在开发区投资办厂。

- **1984年** 广东结束外贸"大包干"，回到统负盈亏的原有体制后，国家外贸部门为了解决全国出口严重亏损的问题，减少了广东出口的计划。广东在全国率先推行出口代理，采取"计划外代理出口，外汇全留，自负盈亏"的办法，千方百计把出口搞上去。

- **1984年** 广东省地区生产总值为458.74亿元（按当年价计算），第一产业增加值145.25亿元，第二产业增加值187.55亿元，第三产业增加值125.93亿元。农业总产值为200.07亿元（按当年价计算），工业总产值为433.40亿元（按当年价计算），社会消费品零售总额为226.13亿元，进出口总额为87.5亿美元，实际利用外资额6.44亿美元，财政收入为49.28亿元，职工平均工资为1187元。

1985年

- 1月2日　省委召开常委会议,专题研究体育工作。2月6日,省委、省政府向中共中央、国务院报送《关于贯彻中发〔1984〕20号文件,发展广东体育事业的报告》。《报告》提出:(一)抓紧做好第六届全国运动会的各项筹备工作;(二)从实际出发,搞好全省的体育发展布局;(三)增加体育事业经费和基建投资;(四)建设一支又红又专的运动员、教练员队伍。

- 1月11日至18日　省政府召开全省财政税务工作会议,决定从1985年开始,省对各市、地、县全面实行"划分税种,核定收支,分级包干,一定五年"的新财政管理体制。

- 1月13日　省政府发出通知,要求全省国营企业实行厂长(经理)任期制。大中型企业的厂长、经理,由上级任命的,每届任期4年;小型企业的厂长、经理,每届任期3年,可以连任,但不能超过3届。

- 1月25日至31日　国务院在北京召开长江、珠江三角洲和闽南厦(门)漳(州)泉(州)三角地区座谈会。会议讨论将上述3个"三角"地带开辟为沿海经济开放区问题。梁灵光对珠江三角洲经济开放区建设提出设想意见，使广东从汕头到湛江、海南形成包括经济特区、开放城市、经济开放区在内的沿海地带先富起来，并带动内地、山区的经济发展。2月，中共中央、国务院决定把珠江三角洲的佛山市、江门市和番禺县、增城县等三市十三县，开辟为珠江三角洲经济开放区，土地面积为2.15万平方千米。1986年、1987年经国务院批准，开放区的范围从"小三角"扩大到"大三角"，增加广州市、佛山市、肇庆地区和惠阳地区所辖的12个县和县级市，总面积扩大为4.43万平方千米。

- **1月29日** 广州市对外经济贸易事务总汇（即"广州外经一条街"）在东方宾馆成立。广州市外经贸、工商、税务、劳动、银行、保险、海关等有关管理单位都集中在此设办事处，便利外商办理各种手续，提高办事效率。1988年，在此基础上成立了广州外商投资管理事务中心。

- **2月1日** 省政府在广州召开全省重点建设庆功表彰会。1984年，全省能源、交通、邮电等重点工程建设取得了新中国成立以来的最好成绩。会议表彰了89个先进集体和71名先进个人。

- **3月1日** 本日起，广东、福建、上海、北京四省（市）境内居民在银行的外币存款可自由支取。

- **3月4日** 省委批转省人大常委会党组《关于全省市、县人大常委会负责人座谈会的情况报告》，指出，加强各级人大常委会的建设，是完善我国人民代表大会这一根本政治制度的重要环节。省委重申：各级党委要进一步提高对人大常委会地位和作用的认识，严格依法办事。同时要支持人大常委会依法行使职权，使之充分发挥地方国家权力机关的作用。

- **3月5日**　省委常委举行会议，听取海南区党委、区政府负责人关于海南违反规定大量进口倒卖汽车的情况汇报。从1984年1月1日至1985年3月5日，海南区党委、海南区政府一些主要领导干部，先后批准进口8.9万多辆汽车和其他物资，然后倒卖出岛，造成了震动全国的"海南汽车事件"。1985年3月5日、7日，由中央纪委常委蔡顺礼任组长的中央关于海南问题调查组，分两批前往海南，着重调查海南区党委违背中央关于发展海南的基本方针，大量进口、倒卖汽车等物资的问题。3月8日，省委办公厅、省政府办公厅发出《关于严禁私自到海南偷运汽车出岛的紧急通知》。4月29日，省委、省政府做出《关于雷宇、姚文绪、陈玉益同志在进口倒卖汽车等问题上所犯错误的处分决定》，给予雷宇撤销海南区党委副书记、海南区人民政府党组书记职务的处分，建议撤销海南区人民政府主要负责人职务；给予区党委书记姚文绪党内严重警告处分；建议免去陈玉益海南区人民政府负责人的职务。

- **3月8日**　深圳经济特区电力开发公司与香港合和电力（中国）有限公司在广州市举行合作兴建东莞市虎门沙角电厂B厂合同签字仪式。这是中国首个采用BOT方式建设的电力工程项目，是广东对外合作兴建的第一个大型火力发电厂，总装机容量70万千瓦。1988年4月29日，电厂举行投产典礼。投产发电后，很大程度缓和了广东沿海地区和深圳特区电力紧张状况。

- **3月15日** 中法合资创办广州标致汽车（有限）公司（简称"广州标致"），生产标致牌汽车的合约在广州签订，年产汽车达3万辆。至20世纪90年代中期，广州标致的产销大幅下滑，出现较大亏损。1997年，广州市将广州标致、广州羊城汽车厂、广州汽车制造厂等重组为广州汽车集团有限公司。

- **3月22日** 省政府批转省公安厅《关于我省颁发居民身份证问题的请示》。10月，根据《中华人民共和国居民身份证条例》，省公安厅开始对全省16周岁以上居民分4批集中发放身份证。到1989年底，全省已发放居民身份证3705万份，基本完成发证任务，从9月中旬开始实施查验制度。

- **3月25日** 省委、省政府向中共中央、国务院报送《关于广东实行特殊政策、灵活措施的情况和今后意见的报告》，指出1984年全省工农业总产值535.5亿元，6年平均年递增10.3%，改变了广东省在十一届三中全会前14年间低于全国平均发展速度的状况。全省社会商品零售总额273.3亿元，比1978年增长1.6倍。3月28日，国务院批转《关于广东、福建两省继续实行特殊政策、灵活措施的会议纪要》，批准广东、福建两省在此后5年内（即到1989年）继续实行特殊政策、灵活措施。

- **3月** 经教育部批准，中山大学在封开县黑石顶自然保护区兴建亚热带森林生态系统实验站。这是全国教育系统第一个森林生态教学实验站。

- 4月1日　广东省历史上最大的航道开拓工程——整治西江广东段航道开始施工。国家计划投资5000多万元，1990年11月竣工。

- 4月5日　省政府决定，从4月1日起，调整农村粮油购销价格；从1985年粮食年度起，广东只对稻谷和主产区的小麦、玉米实行合同定购，其他粮食品种实行自由购销。

- 4月5日　省政府办公厅发出《关于自筹资金建桥筑路的项目收取过桥过路费问题的通知》，规定：凡属自筹资金、银行贷款、利用外资建桥筑路的项目，建成后可以收取过桥过路费偿还本息，还清后停止收费。

- 4月10日至13日　省政府在番禺县召开全省体育工作会议。会议制定全省体育事业发展规划，提出打好"三大战役"的任务：即1986年举行的亚洲运动会，1987年举行的全国运动会和1988年举行的奥林匹克运动会。

- 4月18日　经省编制委员会批准，惠东县港口镇建立中国第一个海龟自然保护区（1992年11月被国务院批准为国家级自然保护区）。

- 4月19日　省政府颁发《关于我省财政管理体制改革的实施方案》，根据不同情况，采取不同的包干办法：广州市实行"核定基数，增收分成"；佛山、江门、茂名、湛江、韶关5个收大于支的市，实行"递增包干"；汕头、肇庆、惠阳、梅县和海南行政区收不抵支，实行"定额补贴"；3个经济特区继续实行全部留用；广州市和湛江市经济技术开发区，增收部分免于上缴;海南黎族苗族自治州和粤北3个自治县,以及其他一些收不抵支的县,实行补贴且每年按比例递增。这种"分灶吃饭"的办法,扩大了各级政府的自主权,调动了各级财政当家理财的积极性,增强了改革的经济承受能力,促进了生产力的发展。

- **5月7日** 省政府办公厅发出《转发国务院办公厅转发〈全国城市经济体制改革试点工作座谈会纪要〉的通知》,指出,广州、佛山、江门、湛江市是广东省经济体制综合改革的试点城市,是年改革的重点是从体制上进一步解决搞活大中型企业的问题。广州市要进行指令性计划改革试点。

- **5月20日** 省委、省政府向中纪委并党中央、国务院报送《关于处理海南进口汽车问题的报告》,表示要认真吸取这个教训,加强管理监督,严肃党纪政纪,逐步建立起一套同改革、开放相适应的管理体制和管理办法。6月13日,中共中央书记处讨论了《中央纪律检查委员会关于海南进口和倒卖汽车等物资问题的调查报告》,做出四点指示:(一)海南岛发生的进口和倒卖汽车等物资的事件,错误十分严重;(二)广东省委如果不能利用这一事件进行广泛的法制和纪律教育,今后还可能发生更严重的问题;(三)海南岛目前出现的一些混乱情况,广东省委必须采取措施尽快扭转;(四)对"海南汽车事件"中违法乱纪、搞不正之风的人和事,要根据情节轻重加以处理。7月18日,中纪委通知广东省委:经中央批准,同意撤销雷宇中共广东省委委员、海南区党委副书记、海南行政区人民政府党组书记职务；给予姚文绪、陈玉益党内严重警告处分；建议行政上免去陈玉益海南区人民政府负责人和海南外经委主任职务。

- **6月7日**　《人民日报》刊载《佛山市引进工作的成就和经验》的文章称，佛山市在利用外资和引进技术方面提供可借鉴的经验是：（一）抓住"龙头"，带动全局。佛山把对外开放作为龙头，带动全局经济的发展。（二）立足技术改造，注意经济效益。（三）着重抓引进的组织落实和多渠道、多方式引进。（四）积极创汇，确保外资偿还。

- **7月1日**　中国当时规模最大的年产300万吨原矿的化学矿山——云浮硫铁矿进行富矿破碎厂和选矿厂联动无负荷试车。10月8日投入试生产。1988年1月7日，基建工程通过国家级竣工验收，正式投产。

- **7月4日**　中共中央决定：林若为省委书记，叶选平、谢非、王宁、郭荣昌为省委副书记，宋志英、张明远、郑国雄、王宗春为省委常委，梁灵光任省顾问委员会主任。同意提名叶选平为省长候选人；同意提名吴南生为省政协主席候选人。

- **7月10日**　广东省血防验收总结大会在四会县举行。大会宣布本省最后一批消灭血吸虫病单位考核验收符合标准要求，转入监测巩固阶段。12月9日，省政府在广州召开消灭血吸虫病庆功大会，宣布广东省消灭血吸虫病，并要求今后要认真做好血防监控巩固成果工作，做到"思想不松，组织不松，工作不松，防止疫情反复"。

- **7月23日** 省委、省政府批转省司法厅《关于用五年左右的时间在全省公民中基本普及法律常识的报告》。8月22日，省委、省政府决定成立普及法律常识领导小组。"一五"普法期间，全省普法对象4100万人中有92%学习了"十法一例"。

- **8月2日** 省委召集省委组织部、省委宣传部、省人事局、省劳动局、省高校局、省教育厅、省妇联等25个省直部门的负责人开会，讨论研究贯彻落实《中共中央办公厅中办发〔1985〕38号文件》精神，解决在招生、招工、提干等方面存在的轻视妇女、歧视妇女的问题。

- **8月26日** 省委在广州市海珠区南华西街召开两个文明建设现场会，要求全省各行各业学习南华西街的经验，把两个文明建设一起抓。

- **8月28日** 广州市2.6万门程控市内电话和程控长途电话1000（条）线交换系统开通。这是当时国内容量最大的自动电话交换系统。它的开通使用，标志着广州的通信水平达到世界80年代的先进水平。到1993年12月18日，广州市实装电话50万户，每百人电话机普及率达20.3%，居全国省会城市之首。

- **9月10日** 省委、省政府发出《关于县级综合改革若干问题的通知》，主要内容为：建立乡镇级财政体制；发展横向经济联系，进一步搞好城乡经济；改革乡镇管理体制，加快小城镇建设；等等。

- **9月17日** 省委向中共中央书记处报送《关于珠江三角洲地区收看香港电视问题的报告》，指出，广东珠江三角洲及附近地区群众普遍收看香港电视面广，波及26个市、县。省委认为有必要对香港电视在内地传播进行适当的管理。9月25日，中央书记处做了指示，解决的根本办法是努力把我们的电视办好，同时，要加强对公用天线和电视转播设施的管理，不准改收香港电视。

- **9月28日** 我国开发海上石油实行对外合作以来，第一个投入开发的较大气田莺歌海崖城13-1天然气田开发生产补充协议和天然气销售合同在北京人民大会堂签字。

- **10月4日** 省政府发出《关于批准珠江三角洲经济开放区第一批重点工业卫星镇的通知》，批准小榄等59个镇为第一批重点工业卫星镇，享受优惠政策。1986年12月23日，省政府批准中山民众镇、东莞长安镇等54个镇为第二批重点工业卫星镇。

- **10月9日** 省委、省政府下发了《贯彻〈中共中央关于教育体制改革的决定〉的意见》，要求：加强基础教育，有步骤地实行九年制义务教育；调整中等教育结构，大力发展职业技术教育；改革高等学校管理体制，扩大学校办学的自主权，加速高等教育事业的发展；有计划地发展各级各类成人教育，努力提高教学质量；努力建设一支数量上足够、合格而稳定的教师队伍；高度重视智力开发，千方百计增加教育投资；切实加强对教育工作的领导。

- **10月24日** 国务院同意撤销东莞县，设立东莞市（县级市）。1988年1月升格为地级市。

- **11月4日** 经中国人民银行总行批准，深圳特区证券公司成立。这是全国第一家证券公司，属非银行金融机构，是独立核算、自负盈亏的经济实体。
- **11月19日** 省委、省政府发出《关于加快造林步伐，尽快绿化全省的决定》。要求5年消灭荒山，10年绿化广东大地。
- **12月25日至1986年1月5日** 全国经济特区工作会议在深圳举行。会议强调当时要解决的主要问题是改革和管理工作不适应特区建设新阶段客观形势发展的需要，要求把工作重点放到建立以工业为主的外向型经济上，由铺摊子、盖楼房转到上水平、求效益上来。1986年2月7日，国务院批转《经济特区工作会议纪要》，提出经济特区今后的任务是：建成以工业为主，工贸结合的外向型经济，把更多的先进技术引进来，使更多的产品进入国际市场，更好地发挥技术、管理、知识、对外政策四个窗口的作用。
- **12月底** 全省提前1年完成"六五"计划指标。工农业总产值5年平均每年递增13.7%，国民收入5年平均每年递增11.7%。
- **1985年** 广东省地区生产总值为577.38亿元（按当年价计算），第一产业增加值171.87亿元，第二产业增加值229.82亿元，第三产业增加值175.69亿元。农业总产值为245.21亿元（按当年价计算），工业总产值为534.72亿元（按当年价计算），社会消费品零售总额为289.23亿元，进出口总额为91.3亿美元，实际利用外资额9.19亿美元，财政收入为69.27亿元，职工平均工资为1393元。

1986 年

- 1月4日至11日　广东省经济贸易展览会在香港举行。这是对外开放以来广东省在香港举办的第一个大型经济贸易展览会。
- 1月8日至14日　全省农村工作会议在广州召开。会议的中心议题是研究农村如何坚持改革的问题，以及部署农村的整党工作。会议提出，全省农村整党要先区后乡，分期分批进行。1月22日，省委发出《关于贯彻中央农村整党工作部署的意见》，要求全省农村整党工作于1987年春完成。
- 1月10日　广州市公安局以1月10日开通日期为报警电话号码，在全国公安机关中率先开通110电话服务台。
- 1月12日　广州南华西街1985年创工业利润1500万元，为全国街道工业利润之冠。
- 2月1日　省委转批省委政策研究室《关于农村雇工问题的报告》，要求各级领导从实际出发，防止以雇工人数多少和利润大小作为界限，采用简单的行政手段加以限制、取缔。明确指出：对家庭经营范围内的雇工，应当允许，并在政策上适当放宽；对私人工商企业雇工，不宜提倡，不要公开宣传。

- **2月15日** 中华全国总工会做出决定，号召全国职工向广州卫生处理厂学习，并授予该厂"五一"劳动奖状和"全国先进集体"称号。广州卫生处理厂的工人们充分发扬主人翁精神，提出"宁愿一人脏，换来万家康"的口号，"化腐朽为神奇"，成为当时精神文明建设工程的一个典型。1月28日《人民日报》第一版报道广州卫生处理厂工人的先进事迹，并发表评论员文章《工人阶级最有光彩的品质》。3月6日，省政府决定授予该厂"广东省模范单位"称号。3月11日，省委、省政府发出关于号召全省向广州卫生处理厂学习的决定。3月12日，中华全国总工会和省政府在广州召开表彰广州卫生处理厂大会。

- **3月17日** 省委批转省人大常委会党组《关于严格依法办事，发挥地方国家权力机关作用的报告》，指出，严格按照宪法和法律的规定办事，发挥地方国家权力机关的作用，是发展社会主义民主与健全社会主义法制的重要保证，各级人大常委会的工作，要依靠同级党委的领导和支持，要把坚持党的领导和依法办事统一起来。

- **3月19日** 由华南工学院等单位共同研制的新型燃油添加剂在广州通过技术鉴定。这项成果标志着我国节能技术的重大突破。

- **3月22日** 铁道部在广州召开全国八大客运站文明建设现场

会，推广广州火车站多功能为旅客服务的经验。

- **4月10日至20日** 经国务院批准，首届中国深圳技术交易会在深圳市举行。这是我国以军用技术转民用为主的，面向国外的第一次大型技术交易会。

- **5月7日** 省政府批准授予徐闻、连南、白沙、东方、紫金、和平、陆丰、海丰、琼中、昌江共10个县为"基本普及小学教育县"的称号。至此，广东省全部县、市实现基本普及小学教育。

- **5月8日** 省委、省政府决定在全省广泛推行厂长（经理）任期目标责任制。8月5日至18日，省政府在茂名市召开现场会议，总结推广该市实行厂长经理任期目标责任制的经验。

- **5月17日至20日** 国家体改委和劳动人事部在江门市召开全国中等城市政府机构改革试点工作座谈会。会议充分肯定了江门市改革经济管理结构，还行政管理于政府，放生产经营权于企业，兴办"工业第一产业"的做法。

- **6月7日** 省委、省政府发出《贯彻执行〈中共中央、国务院关于进一步制止党政机关和党政干部经商、办企业的规定〉的意见》，要求对广东省各级党政机关经商办企业的问题重新清理一次，除与外商合资、合作或各方合作的企业设董事会外，国营企业原则上不设董事会。

- **7月8日** 广东省决定从1986年高等院校招收的新生中，开始改革人民助学金制度，全面实行奖学金和学生贷款制度。

- **7月28日** 全省采用国际标准工作会议结束，提出到1990年全省采用国际标准生产的工业产品，总数要达到1500个，占全省主要工业产品的一半以上。

- **8月11日至16日** 全省县委书记会议在东莞市召开。会议就进一步搞好全省造林绿化和加快农业开发，做出了重要部署。省委要求全省县委书记就省委、省政府做出的"十年绿化广东大地"的决定立下"军令状"，要保证实现，否则要引咎辞职。1988年2月26日，省委、省政府颁发《广东省实现绿化标准和验收奖惩办法》，确保"十年绿化广东大地"的目标得以实现；2月27日和3月5日，《中国林业报》先后在一版显著位置发表了长篇通讯《具有战略眼光的决策者》和《南粤大地上的创举》，充分肯定广东省造林绿化、消灭荒山取得了可喜的成绩。

- **8月19日至23日** 全省乡镇企业工作会议在广州召开。会议提出全省乡镇企业的奋斗目标，"七五"期间总收入实现500亿元。会议号召区、乡、村、联户和家庭企业5个层次一齐上，互相竞争，互相促进，互相补充。

- **9月1日** 全省各地开始陆续放开包括自行车、黑白电视机、电冰箱、洗衣机、收录机、80支以上纯棉纱及其织物、中长纤维布等7种工业消费品的价格。

- **9月14日至18日** 省委在广州召开全省创建文明单位经验交流会。谢非代表省委作题为《认真总结经验，把我省精神文明提高到新的水平》的报告；林若就如何搞好精神文明建设提出要做好五个方面的工作。《人民日报》17日为此发表报道：《广东精神文明建设形势喜人》。

- **9月24日** 省委批转省委组织部《关于对县以上党政领导班子开展民主评议、民意测验和民主推荐干部工作意见》。在全国率先开展对县以上党政领导班子进行民主评议、民意测验、民主推荐活动。

- **9月27日** 省政府颁布《广东省国营企业实行劳动合同制实施细则》《广东省国营企业招用工人实施细则》《广东省国营企业辞退违纪职工实施细则》和《广东省国营企业职工待业保险实施细则》等劳动制度改革实施细则。并要求各级领导正确处理国家、集体和个人三者利益的关系，积极参加和支持劳动制度的改革。

- **10月5日** 省委、省政府批转《关于选调省直机关干部帮助山区县治贫致富的意见》，决定从省直机关和部分企事业单位分批选调干部，重点支援30个山区县的建设。首批选调的500名干部于1987年2月分赴各县。

- **11月18日至21日** 省委组织部在广州召开全省知识分子工作座谈会，交流落实知识分子政策，解决知识分子的历史遗留问题及其善后工作。据统计，党的十一届三中全会以来，广东知识分子各类历史遗留问题98.3%得到解决。

- **11月25日至12月5日** 省委在广州召开工作会议，总结广东省第六个五年计划工作经验，研究第七个五年计划工作的指导方针。会议认为，广东省"六五"期间经济工作的基本特点是：放得开，搞得活，上得快。会议强调指出1987年要把改革开放放在首位，积极推行开放和改革，继续推进农业生产发展，狠抓能源、交通建设，大力发展山区和其他落后地区的经济。进一步端正党风，加强精神文明建设。要求在是年冬天及次年春天把农村整党和撤区建镇工作搞好。

- 12月2日　广东省第一例冻精人工授精男婴，在广州军区197医院诞生。

- 12月6日　广东省开拓型乡镇企业家和先进乡镇企业表彰大会在广州举行。12月8日，省委、省政府下发了《关于发展乡镇企业若干问题的补充规定》，指出农村正转入第二步改革，加快乡镇企业发展，已成为全省的紧迫任务；并对乡镇企业的发展方针、扶持联户、家庭企业、资金筹集、流通分配等13个问题做了具体规定。

- 12月6日　省委发出《关于加强人大常委会的工作和建设，发挥地方权力机关作用的通知》，要求各级党委加强对各级人民代表大会工作的领导，充分发挥地方国家权力机关的作用，加强社会主义民主和法制的建设。

- 12月18日　全国家电行业第一家大型联合体——广州万宝家电集团公司在广州市签订组建协议书。集团公司以广州市万宝电器工业公司为主体，联合南方九省区、三市、五十多家家用电器生产企业组成。

- 12月24日　国家经委表彰奖励"六五"计划期间全国技术进步先进企业。广东省有10个企业获"全国技术进步先进企业全优奖"，有17个企业获"全国技术进步先进企业单项奖"。

- **12月28日** 由省高速公路有限公司与香港珠江船务有限公司投资的黑龙江同江—海南三亚（简称"同三"）高速公路广州至佛山段（广佛高速）正式动工，1989年8月8日建成通车。该段全长15.7公里，是全省第一条高速公路。至2019年，广东高速公路通车里程达9495公里，连续6年居全国第一。

- **12月29日** 国内最大的现代化中转活口仓库深圳笋岗—清水河物流园区建成。该园区于八十年代初开始由深圳笋岗仓库企业股份有限公司兴建，八十年代至九十年代为全国最大的多功能现代商业化仓库区和全国首个销往香港鲜活产品监管仓库，被称为"中国第一仓"。

- **1986年** 广东省地区生产总值为667.53亿元（按当年价计算），第一产业增加值188.37亿元，第二产业增加值255.88亿元，第三产业增加值223.28亿元。农业总产值为279.15亿元（按当年价计算），工业总产值为632.89亿元（按当年价计算），社会消费品零售总额为327.02亿元，进出口总额为146.7亿美元，跃居全国第一，此后30多年保持全国第一，实际利用外资额14.28亿美元，广东成为外贸大省。财政收入为82.41亿元，职工平均工资为1541元。

1987 年

- **1月5日** 省政府召开全体成员扩大会议，指出1987年省政府工作总的指导方针是：经济上要压缩过热空气，厉行增产节约，把国民经济建立在长期稳定发展的基础上，政治上要在思想领域坚决反对资产阶级自由化。
- **1月13日** 经国务院批准，交通部的广州黄埔港务局下放广州市政府管理，实行市与部双重领导、以市领导为主的管理体制。12月18日，黄埔港务局与广州港务局合并，组成新的广州港务局，实行一城一港的管理体制，其港域包括原黄埔港区和原广州港区，是华南地区最大的国际贸易中枢港，黄埔集装箱码头是当时全国最大的集装箱码头。
- **1月13日** 全省金融体制改革会议在广州召开。会议决定采取5项措施，加快金融体制改革。26日，经国务院批准，中国人民银行、国家体改委转发《第三次金融体制改革试点城市工作座谈会纪要》，广东作为全国唯一的金融体制改革试点省，"应根据纪要的要求，按照十三个试点城市的具体做法，结合全省的实际情况，认真研究贯彻，具体部署"。4月

18日，省政府批转省体改办、中国人民银行广东省分行联合制定的《广东省金融体制改革试行要点》。

- **2月1日** 中国银行珠江分行在广州发行可在国内通兑的人民币信用卡——长城信用卡。这是国内首次发行人民币信用卡。

- **3月14日** 省政府决定深化国营商业改革，要求本年内三成的大中型企业实行经理负责制。要推行多种形式的经营承包责任制，给经营者充分的经营自主权。5月30日，省政府决定，对大中型地方国营企业实行经营承包责任制，进一步扩大了企业的自主权。7月5日至10日，省委、省政府召开全省深化企业改革会议，决定在全省全面推行各种形式的承包经营责任制。会议认为，要深化企业改革，必须以增强企业，特别是国营大、中型企业的活力为中心，大力推行多种形式的承包经营责任制，同时积极为企业改革创造外部条件，完善企业的经营机制。

- **3月20日** 广东省第一个由省直接管辖的铁路经营单位——三茂铁路公司成立。该公司将负责承包三（水）茂（名）铁路腰古至茂名段建设，这是全国第一条由地方筹资建设的路网性铁路干线。1987年9月28日，三茂铁路腰（古）茂（名）段续建工程动工。1991年5月3日，三茂铁路全线通车。

- **3月20日** 省政府批准由省电力局承包实施"七五"期间全省电力发展目标方案。承包方案明确规定"七五"期间全省电力建设的规模、投产目标，以及通过电价、资金渠道方面的改革和实行优惠政策，增强电力工业自我积累、自我改造、自我发展的能力。

- 4月1日 省政府批复，同意省环保局、省公安厅、省进出口商品检验局联合发出《广东省执行国家机动车辆废气排放标准施行办法》，从8月1日起对本省机动车辆排气进行管理。

- 4月1日 广东省按照国家统一规定的标准时间，进行第一次残疾人抽样调查。调查显示，全省各类残疾人共250.9万人，占全省总人口的3.95%。

- 4月5日至19日 广东省在北京举办利用外资引进技术成果展览会。赵紫阳、谷牧等中央领导人及在京参加"两会"的各省、区、市领导人等前往参观。

- 4月8日 国内第一家由企业集团创办、企业法人持股的股份制银行——招商银行在深圳蛇口工业区开业。

- 4月26日 省政府颁布《广东省鼓励外商投资实施办法》，指出广东省是我国对外开放的窗口，已经注册的外商投资企业达4100多家。广东省对外商投资企业所采取的基本方针，是正确引导投资方向，积极鼓励外商投资、创办产品出口企业和先进技术企业。

- 5月25日 省委、省政府发出《关于全省造林绿化检查情况的通报》。表扬了肇庆地区、南雄县等23个造林绿化成绩显著的单位，给成绩特别显著的化州、云浮、新会、五华县委书记分别晋升一级工资，对绿化进展缓慢的三亚市委原书记朱家仁进行通报批评，对造林绿化距离省委、省政府要求较大的丰顺、紫金、阳山、龙门、揭西等县提醒注意。

- **6月20日** 惠阳等地区部分群众听信"香港新总督上任,边境开放三天"的谣言,约20万人拥向深圳,企图偷渡前往香港。公安边防部门共堵截企图偷渡人员5万多人。

- **6月30日** 省政府批转广东省经济贸易委员会(简称"省经贸委")《关于当前外贸出口问题的报告》,要求各级政府认真执行国家关于鼓励出口、优先出口的规定,对出口商品生产所需的电力和原材料要优先供应;对多头插手抢购外贸出口紧俏商品的行为,要予以制止;银行要保证外贸资金供应;海关、商检、运输部门要提高服务质量;任何地方和部门都不得对外贸企业乱摊派。

- **7月24日** 省委决定在"七五"计划后3年,由省财政拨款新建、续建以下项目:中山图书馆新馆、省群众艺术馆与省文物总店、省博物馆、广东美术馆、广东电视中心一期工程。

- **8月5日至9日** 全省市(地)广播电视局(处)长会议在广州召开,会议要求贯彻全国音像管理工作精神,严厉打击非法出版音像活动,取缔非法销售网点和地下翻录网点。

- **8月19日** 省外经贸委召开全省对外加工装配、补偿贸易工作会议。明确了加工贸易是我省国民收入和外汇留成的重要组成部分,不仅仅是一般贸易的补充,而且要发挥更重要的作用。发挥我省毗邻港澳、进出方便、信息较灵的优越条件,大力发展这项业务;根据各地的不同条件与情况,采取拉开工缴费差距的办法,指导开展不同层次的对外加工装配业务，使之遍布全省各地，始终保持旺盛的发展势头。1988年3月2日，省政府颁布《广东省鼓励开展对外加工装配、补偿贸易办法》，出台了15条具体意见以及推广宝安、东莞经验，实行一个窗口对外和服务一条龙等鼓励加工贸易发展的措施。6月，外经贸部在东莞市召开全国对外加工装配工作会议，会上肯定了加工贸易已经成为广东外向型经济发展的一大优势，成为广东省参与国际大循环的一个突破口。

- **8月21日**　省政府发出《关于进一步加强市场物价管理的紧急通知》，针对当时市场物价上涨幅度大的不正常现象，强调指出：（一）继续开展全省性的物价大检查；（二）加强价格和收费的管理；（三）市场调节的商品，必须切实加强管理和控制；（四）工商企业、供销和物资部门都有保障市场供应、平抑物价的责任。

- **8月27日**　省人大常委会宣布：全省县、乡两级人民代表大会完成换届选举。广东省这次人民代表大会换届选举结合撤销区公所、调整乡（镇）建制进行，并陆续建立了村（居）民委员会，实行乡（镇）管村的行政管理体制。全省共撤销1767个区公所，新建乡、镇1748个。

- **8月**　省政府召开了"改革、开放、搞活"理论研讨会。会上争论最激烈的是广东经济发展战略问题，是以内向型为主，还是以外向型为主？这场争论被称为"北上（面向国内市场）南下（以港澳为跳板伸向远洋市场）"大讨论。广东省外经贸委以大量的数据和资料说服了与会者，使大部分人意识到广东已经具备发展外向型经济的条件，只有参与国际竞争，才能发挥比较优势。对把外向型作为广东省经济发展战略，全省有了统一的认识。

- **9月5日** 六届全国人大常委会第二十二次会议授权国务院成立海南省筹备组，为把海南岛从广东省划出单独建省做准备。9月26日，中共中央、国务院发出《关于建立海南省及其筹建工作的通知》，成立海南建省筹备组。1988年4月13日，全国人大七届一次会议通过《关于设立海南省的决定》和《关于建立海南经济特区的决议》。4月16日，广东省委、省政府电贺海南省成立。海南省人民政府于4月26日正式挂牌宣告成立。

- **9月8日** 中国海洋石油总公司南海东部石油公司宣布：在珠江口找到地质储量上亿吨的大型油田。这是我国在海上发现的第一个控制储量上亿吨的油田。

- **9月18日** 省政府发出《关于认真做好台湾同胞回内地探亲旅游接待工作的通知》，要求切实做好台湾同胞的接待工作，省内所有风景区和各名胜古迹游览区，一律对台湾同胞开放，凡是内地居民可以去的地方，台湾同胞也可以前往；旅游服务行业要为台湾同胞提供优质服务，住宿收费实行优惠政策；安排好台胞、台属境外会亲等。

- **9月30日** 省委、省政府发出《全省县级综合体制改革座谈会纪要》，指出，县级综合体制改革的重点是：扩大基层和企业自主权；建立和完善市场体系；以服务为中心，转变政府机构职能。

- **10月9日至11日** 省委、省政府召开全面推行厂长（经理）负责制工作会议。会议提出，在1988年第一季度前全民所有制工业企业全部实行厂长（经理）负责制。

- **10月9日至13日** 省委、省政府召开首次全省社会主义文化市场管理工作会议，明确提出社会文化管理工作方针是"提倡有益的，允许无害的，抑制有害的，打击犯罪的"。

- **10月10日** 省委、省政府向中共中央、国务院报送《关于调整我省部分行政区划，全部实行市领导县体制的请示》，提出为了有效地发挥各个地区的优势，促进全省经济的协调发展，广东省有必要适当调整部分行政区域，并撤销地区建制，设立相应的地级市，全面实行市领导县，以统一全省的行政管理体制。1988年1月7日，国务院批复省政府，同意广东省调整部分行政区划，实行市领导县的体制，并设立清远、河源、汕尾、阳江、肇庆、惠州、梅州、东莞、中山等9个地级市，设立陆河县，将新丰县划归韶关市管辖。

- **10月11日** 东江—深圳供水二期工程竣工。该工程的完成，改善了对香港地区的淡水供应。

- **10月12日** 省委、省政府向中共中央、国务院报送《关于充分利用当前机遇加速经济发展的请示》，请求中央在广东继续实行特殊政策、灵活措施；扩大珠江三角洲开放区优惠政策在广东省的应用范围；放宽利用外资、侨资的政策；下放生产性项目的投资审批权；继续让广东省实行财政包干体制。

- **10月25日至11月1日** 中国共产党第十三次全国代表大会举行。赵紫阳作题为《沿着有中国特色的社会主义道路前进》的报告。报告第一次对社会主义初级阶段的科学内涵做了系统阐述；明确概括了党在社会主义初级阶段的基本路线的主要内容是"一个中心，两个基本点"，即以经济建设为中心，坚持四项基本原则，坚持改革开放；制定了"三步走"发展战略，即第一步，在20世纪80年代实现国民生产总值比1980年翻一番，解决人民的温饱问题；第二步，到20世纪末，使国民生产总值再增长一倍，人民生活达到小康水平；第三步，到21世纪中叶，人均国民生产总值达到中等发达国家水平，人民生活比较富裕，基本实现现代化。这是"小康"一词首次出现在全国党代会的报告中。

- **11月9日** 广东省基本消灭丝虫病总结表彰大会宣布：广东省已基本消灭丝虫病。

- **11月20日至12月5日** 第六届全国运动会在广州市举行。本届运动会广东省体育代表团共打破9项世界纪录、7项亚洲纪录、22项全国纪录；夺得总成绩1235分；获金牌54枚，奖牌125枚；夺得破纪录、总分、金牌、奖牌、精神文明运动队共5项第一。

- **11月21日** 国务院决定广东为综合改革试验区，要求商品经济进入更深层次，扩大市场调节。1988年1月7日，省政府向国务院报送《关于广东省深化改革、扩大开放、加快经济发展的请示》，提出关于金融改革，关于外经外贸改革，关于价格改革，关于人事、劳动、工资制度改革，关于财政体制改革，关于深化企业改革和农村改革，关于科技、教育改革，关于房地产改革，关于计划体制改革，加快政治体制改革步伐等10项改革内容及政策措施。2月10日，国务院原则批准这一请示，指出广东省作为综合改革的试验区，改革、开放继续先行一步，不仅有利于加快广东省经济的全面发展，有助于实现沿海地区发展战略，而且有利于稳定繁荣港澳经济，促进台湾回归，实现祖国统一大业。国务院强调：广东要顾全大局，措施和步骤要积极稳妥，要依靠发展"两头在外"的外向型经济，增强自我发展能力。

- **11月** 广东省出席中共十三大代表中的各地、市负责人在京座谈财政包干体制问题。之后，向国务院报告提出：以9%递增率继续实行财政包干，不做分税制试点。

- **12月1日** 深圳市政府公开拍卖土地使用权，这是中国内地首次公开拍卖土地使用权。

- **12月3日** 省政府颁布《广东省土地证书颁发办法》。1988年1月6日，国家土地局和省国土厅、广州市政府在花县召开全国颁发土地证书试点大会，向新华镇城区部分单位和个人颁发1165宗用地的新的国有土地使用证。

- **12月14日** 深圳盐田港动工。按设计该港是华南地区最大的深水港。1994年4月28日建成并举行国家验收会议，成为中国华南地区重要的集装箱运输港。

- **12月21日至24日** 省委五届七次全会在广州举行。会议提出广东省到20世纪末的经济发展战略构想：把握国际国内的良好机遇，实现"一个目标"，促进"两个转变"。"一个目标"是：到2000年，全省国民生产总值比1980年翻三番，年平均递增速度保持在10%左右（全国的目标是翻两番，相当于广东多了一番）；实现出口创汇翻三番多，年平均递增速度达到11%左右。"两个转变"是：（1）进一步促进产品经济向发达的商品经济转变，建立与之相适应的市场体系，使市场机制成为调节经济运行的主要机制；（2）促进内向型经济向外向型经济转变。同时强调要把加快经济发展的立足点，放在依靠科技进步和提高劳动者素质上；保持社会总需求和总供给的大体平衡。

- **12月24日至1988年1月2日** 广东省首届民间艺术欢乐节在广州东方乐园举办。此后每年秋天举办一次，1990年起改名为中国旅游艺术节暨广东民间欢乐节。

- **12月25日** 深圳市政府批准建立深圳沙头角保税区，面积0.2平方公里，1991年5月28日国务院正式批准设立。1992年9月1日，正式投入运营，成为继上海外高桥、天津港保税区之后我国第三个正式投入运营的保税区。至1996年，国务院批准广东省设立的保税区有：1991年6月建立深圳福田保税区，1992年5月建立广州保税区，1993年1月建立汕头保税区，1996年9月建立深圳盐田港保税区，1996年11月建立珠海保税区。

- **12月30日** 由番禺香江实业有限公司投资兴建的香江野生

动物世界建成首期工程。它是一个集动物保护研究、养殖加工、旅游观光和科普教育于一体的综合园区，也是中国当时唯一由私营企业投资管理的大型国家级野生动物园。1997年12月26日，香江野生动物世界正式开业，共有动物200多种，总数超过8000只。

- **1987年12月至1988年9月**　根据监察部的部署，省监察厅决定在全省开展全面清理1985年至1987年签订的涉外经济合同的工作。全省从1985年至1987年共签订外经合同37.9872万份，清理了36.3594万份，占总数的95.7%，涉及金额353亿多美元，其中发现有疑点的合同667份，最后经查核立案查处的有75宗。共追回和避免经济损失1059万美元。

- **1987年**　广东省地区生产总值为846.69亿元（按当年价计算），第一产业增加值232.14亿元，第二产业增加值330.35亿元，第三产业增加值284.20亿元。农业总产值为348.61亿元（按当年价计算），工业总产值为878.29亿元（按当年价计算），社会消费品零售总额为405.19亿元，进出口总额为210.37亿美元，实际利用外资额12.17亿美元，财政收入为95.88亿元，职工平均工资为1743元。

○ 1988 年

- **1月13日** 深圳蛇口工业区举行"青年教育专家与蛇口青年座谈会",来自北京等地的中国青年思想教育研究中心研究院的4名研究员和蛇口近70名青年参加。会上,蛇口青年就人生价值观念等问题,与专家展开了激烈争论。2月1日,《蛇口通讯报》以《蛇口:陈腐说教与现代意识的一次激烈交锋》为题报道这次座谈会。此后海内外多家报刊相继报道或转载,对新时期青年思想政治工作问题进行探讨。8月6日,《人民日报》发表《"蛇口风波"答问录》一文,使这场"风波"掀起新高潮。相关讨论持续了半年多,轰动全国,被称为"蛇口风波"。
- **1月21日至23日** 由省经济学会、省社科院等单位共同发起并分别主持的"社会主义初级阶段市场经济"双月系列研讨会在广州召开。会议正式提出"关于广州实行社会主义市场经济的研究报告",报告得到中央领导批示:"这是一个可以而且应该认真研究的理论问题。"至12月,共举行6次研讨会,较深入地探讨社会主义市场经济的科学内涵、基本特征等理论问题。

- **1月30日** 省委、省政府发出《关于清远、河源、汕尾、阳江四市成立市委、市人民政府的通知》。2月3日至4日，省委、省政府在广州召开清远、河源、汕尾、阳江4个新建市工作会议，讨论研究给予新建市优惠政策等问题。

- **2月25日至27日** 省政府全体成员、市长会议在广州召开。会议传达贯彻国务院的部署，讨论1988年政府工作，贯彻稳定经济、深化改革方针，组织落实中央领导人提出的沿海经济发展战略。

- **3月8日** 深圳市检察院经济犯罪举报中心挂牌成立，这是全国第一个经济罪案举报中心。5月21日，最高检察院发出《关于深圳市检察院经济犯罪举报中心工作情况通报》，要求在全国推广深圳经验，在大中城市以上检察院设立举报中心。6月下旬，省检察院在全省检察长会议上，决定全省检察机关设立贪污贿赂罪案举报中心，全面开展群众性的举报工作。9月22日，广东省检察院贪污贿赂罪案举报中心成立。至2000年，全省158个市检察院、分院和基层检察院均成立了举报中心。

- **3月16日** 省政府决定，从4月1日起，全省放开食油价格，全面实行市场调节。

- **3月28日** 省政府批转省劳动局《关于改革全民所有制企业单位劳动工资计划管理体制的意见》，率先在全国改革企业劳动工资计划管理。

- 4月5日　国务院批准调整扩大珠海经济特区范围。调整后的珠海经济特区范围包括上涌、下栅两个边防公安检查站以南的陆地和珠海市北面的淇澳岛,总面积121平方公里。2010年10月1日,珠海经济特区范围扩大到全市。
- 4月7日　省政府印发《广东省加快和深化对外贸易体制改革方案》的通知,决定成立广东省外贸体制改革领导小组,要求各市、县要加强对外贸体制改革的领导,只准成功,不准失败。各地必须根据实际情况采取切合实际的组织措施,确保承包任务的完成;要抓住当前国际经济结构调整的机遇,利用外资,引进先进技术,改造老企业,开发新产品,建设和形成出口生产体系。
- 4月上旬　全省市委组织部长举行座谈会,会议指出,要深化我省的干部人事制度改革,1988年要做好试行国家公务员制度的各项准备工作。
- 5月11日　省委、省政府颁布《关于高等教育体制改革的决定》和《关于普通教育体制改革的决定》,对广东省高等教育和普通教育体制改革的方针和任务提出具体要求。6月22日至26日,全省教育工作会议在广州召开,会议的中心议题是:进一步提高对教育在发展经济中的战略地位的认识,研究落实省委、省政府做出的两个《决定》的具体措施,深化教育改革,调动各级办学的积极性,以振兴广东教育事业。
- 5月12日　广东国际信托投资公司在英国伦敦同28家国际银行签署了发行200亿日元的欧洲日元债券协议,这是该公司首次进入欧洲债券市场。

- **5月21日至27日** 中共广东省第六次代表大会在广州举行。大会讨论并通过了林若代表第五届省委所作的《搞好综合改革，推进社会主义现代化建设》的工作报告。会议的中心议题是如何办好改革开放综合试验区，继续为全国探路。报告提出，为了完成继续为全国探路的任务，必须排除"左"的和右的思想干扰，特别是僵化思想的干扰，进一步解放思想；必须以社会主义初级阶段理论为指导，提高全党执行党的基本路线的自觉性；必须以改革总揽全局，推进我省深化改革，扩大开放，加速经济发展，特别是外向型经济发展的步伐；必须在推动物质文明建设的同时，下力气搞好精神文明建设，探索两个文明建设相互促进、协调发展的新路子。大会选举中共广东省第六届委员会委员53名，候补委员13名；中共广东省顾问委员会委员40名；中共广东省纪律检查委员会委员35名。

- **5月27日至28日** 省委六届一次会议选举林若、叶选平、谢非、郭荣昌、于飞、王宗春、方苞、朱森林、宋志英、张巨惠、郑国雄为常委，选举林若为省委书记。省顾委六届一次会议选举王宁为主任。省纪委六届一次会议选举王宗春为书记。

- **5月30日** 省政府颁布《广东省科学技术突出贡献奖试行办法》，奖励在广东经济、科技和社会发展中做出突出贡献的科技人员。评选工作从本年起，每两年进行一次。每次获奖名额约100名。

- **6月7日至9日** 省政府在阳山县召开扶贫工作现场办公会议，决定采取9项扶贫措施，进一步加快石灰岩地区脱贫致富步伐。1989年5月11日至12日，省政府在清远市召开粤北石灰岩地区扶贫工作座谈会，研究解决该地区群众温饱问题。1991年5月8日，粤北四个石灰岩山区特困乡镇共5万多农民，开始往惠阳、花县、三水、曲江、英德和博罗等县，以及本县有土地开发的地方迁徙。是年，省政府办公厅发出《关于粤北石灰岩地区四个特别贫困乡镇部分人口转移问题的通知》，要求粤北4个石灰岩特困镇乐昌县沙坪镇、阳山县东山乡、英德县岩背乡和清远市郊区白湾镇，在"八五"期间组织1万人转移到具备基本生活条件的地方定居谋生，每年由省财政安排50万元，省国土厅安排30万元作为4个乡镇人口转移专项经费。同年11月9日，省政府办公厅转发省劳动局《关于做好石灰岩地区农村劳力输出和安置工作的意见》。1993年9月14日，省政府办公厅发布《关于粤北石灰岩特困地区人口迁移有关问题的通知》，要求3年内从省划定的粤北45个石灰岩乡镇组织10万人（清远9万人、韶关1万人）外迁，省按每户补助5000元。这些农户大部分当年迁移，当年就解决温饱，并从根本上解决了发展问题，走上脱贫奔康之路。至1998年，共扶持4.2万户20.4万石灰岩地区群众搬迁。

- **7月7日** 省政府颁布《广东省劳务市场管理规定》，这是全国首个省级规范劳动力市场的规章。

- **7月18日** 广东省第一家股份制的区域性商业银行——广东发展银行在广州成立,并于9月8日全面开业。

- **7月29日** 省监察厅向全省各市监察局转发监察部《关于县以上各级监察机关设立举报中心的通知》,决定本年的8、9月在广州、深圳、珠海、汕头、湛江、佛山、韶关等7市的监察机关先行试点,其他市、县的监察机关举报中心应在1989年的上半年全部设立。

- **8月3日** 省委办公厅发出《中共广东省委常委约访群众细则(试行)》,决定建立约访群众制度,由省委常委轮流约访群众。约访对象在给省委来信或来访的人员中选择确定。约访的内容主要是反映改革开放,特别是经济体制改革、政治体制改革中出现的新情况、新问题和新建议,反映省管党员领导干部以权谋私和违纪的严重问题,反映重大的社会治安和严重影响社会安定团结的问题,反映群众生产、生活中的重大问题。约访采取不定期的形式。

- **8月27日** 省政府发出《关于加速发展外向型经济有关问题的通知》,颁布了17条更加优惠的政策和措施。

- **8月29日** 全省第二次农村普法工作会议在电白县闭幕。会议提出,争取再用一年半的时间,即到1989年底完成全省农村普法任务。广东省农村普法工作是在1987年5月全面铺开的。至本月止,全省已有1600万农民参加学法,约占农村普法对象总数的70%。会上强调,各级领导要继续下决心,花力气,采取有力措施,把广东省农村的普法工作引向深入。

- **9月22日** 省委印发《广东省政治体制改革指导原则和基本要求》。文件就党政分开，政企分开，下放权力，转变职能，精简机构，改革干部人事制度，加强社会主义民主、法制建设等问题提出了基本原则和要求。
- **9月28日** 经省政府批准，省劳动局、省财政厅联合颁发《广东省全民所有制企业实行工资总额与经济效益挂钩暂行办法》。
- **10月2日** 国务院批准深圳市在国家计划中包括财政计划实行单列，并赋予相当省一级的经济管理权限。
- **10月7日至13日** 省委六届二次全体委员（扩大）会议在广州召开。会议的任务是传达贯彻党的十三届三中全会和中央工作会议精神，坚决把广东省1989年、1990年两年改革和建设的重点放到治理经济环境、整顿经济秩序上，推进相互配套的全面改革。11月9日，省政府召开全省经济工作会议，落实治理经济环境、整顿经济秩序的各项措施。12月26日至29日，省政府在广州召开全省计划、经济、对外经贸、体制改革工作会议，贯彻落实十三届三中全会关于治理经济环境、整顿经济秩序、全面深化改革的决策。
- **11月1日** 省政府发出《关于清理整顿公司的通知》，指出这次整顿的重点是1986年下半年以来成立的各类公司，特别是综合性、金融性和流通领域的公司；规定了清理整顿公司中必须遵循的四项具体原则。1989年6月15日至16日，省政府召开全省清理整顿公司工作会议，决定下一步重点查处政企不分的公司和党政机关办的公司中的违法经济行为。9月4日，省政府调整省清理整顿公司领导小组，叶选平任组长，以切实加强对清理整顿工作的组织领导。9月19日，省委、省政府发出《关于坚决贯彻执行中共中央、国务院〈关于进一步清理整顿公司的决定〉的通知》。

- **11月4日** 省委发出《关于在县以上机关推广省广播电视厅向群众公开领导干部出国等3项情况经验的通知》。省委要求，全省县以上的各级党政机关，均应将领导干部有关生活待遇的情况向本单位群众公开。公开的具体项目和具体办法，由各单位党组织决定。可以从群众最关心的问题入手，逐步做到经常化、规范化，形成制度。

- **11月27日至29日** 省政府召开全省清理固定资产投资项目工作会议，要求各地抓紧清理在建项目，确保是年压缩规模达年计划25%以上。

- **12月8日** 海内外人士投票45万多张，评选出广东改革开放10件大事。即广东实行特殊政策、灵活措施，成为综合改革试验区；成功创办经济特区；利用外资引进技术成效显著；集资建桥超千座；放活市场，城乡繁荣；侨胞热心捐办公益事业；个体经济、私营企业方兴未艾；珠江经济广播电台为生活添姿彩；动员全社会，办好运动会；改革旧体制，教育迈新步。

- **12月25日** 中国内地首条以沉管法施工的水下隧道——珠江隧道动工兴建，1993年12月28日建成，1994年1月18日正式通车。

- **12月** 省政府批转省科委《关于1988年至1990年广东省高技术、新技术产业开发计划（简称"火炬"计划）实施纲要》，决定将高技术、新技术产业开发计划纳入广东省国民经济发展计划。
- **1988年** 广东省地区生产总值为1155.37亿元（按当年价计算），第一产业增加值306.50亿元，第二产业增加值460.17亿元，第三产业增加值388.70亿元。农业总产值为473.78亿元（按当年价计算），工业总产值为1318.90亿元（按当年价计算），社会消费品零售总额为568.07亿元，进出口总额为310.19亿美元，实际利用外资额24.40亿美元，财政收入为107.57亿元，首次突破了100亿元大关，职工平均工资为2250元。

1989 年

- 1月1日　省政府决定，潮州市归省直接领导，拥有市（地）经济管理权限。

- 1月5日至10日　广东出口商品展销会首次在澳门举办。6月22日至7月1日，广东省在巴西圣保罗市举办出口商品展销会。11月4日至11日，"今日广东产品展"在泰国曼谷举办。八十年代末九十年代初，广东实施多元化市场战略，在远洋市场的经贸合作交流得到进一步加强。广东在继续与美、日、欧等发达国家（地区）经贸合作交流的同时，积极开展与非洲、拉美、东欧等新兴市场的经贸合作交流活动，先后赴多个国家和地区举办博览会、洽谈会或展销会，扩大了国际经贸合作交流的范围。

- 1月6日　省政府发出《关于加快电力建设若干措施的决定》，制订了6条筹集电力建设资金的措施和进一步深化电力体制改革的方案，从而提出了一条统一布局、统一管理和多渠道集资合资办电的路子。

- 1月23日　省委发出《关于建立民主评议党员制度的通知》，

指出，建立民主评议党员的制度，是从严治党的一项重要措施，是通过制度建设加强对党员进行经常性教育、管理和监督的有效方法。《通知》要求，全省城乡基层党组织要在整顿农村后进基层党支部和其他行业继续试点的基础上，普遍进行一次民主评议党员的活动。以后每年进行一次，形成制度。

- **2月中旬** 广东出现大规模"民工潮"，形成"百万民工下珠江"的浪潮。2月10日（正月初五）伊始至2月24日，共计大约有250万的外省农民工相继拥入广州及珠江三角洲其他市县。每天经各种交通工具到广州的大约10万人，仅乘坐火车南下入粤的民工已超过40万人。广州火车站人山人海，每天都滞留成千上万的民工。"民工潮"一时成为社会关注的焦点，引起了广泛关注。有关部门，特别是运输和城管部门感到压力巨大。2月19日，省政府召开紧急会议，研究加强外省民工的管理工作。会议要求各市、县及有关部门尽快采取切实措施，做好管理、疏导工作。

- **2月18日** 广州天河体育中心、广东浮法玻璃厂、深圳梧桐山公路隧道3项工程，获1988年中国建筑工程最高奖——鲁班奖。

- **2月19日至20日** 全国绿化委员会第八次全体会议在广州召开。全国绿化委员会主任、国务院副总理田纪云号召各地学习广东造林绿化经验，加快国土绿化进程，并对今后一个时期造林绿化工作的基本任务和建立健全绿化领导干部任期目标责任制、认真制订造林绿化规划、切实做好林业"三防"（防火、防病虫害、防乱砍滥伐）、加强宣传工作等提出明确要求。

- **3月11日** 省政府颁布《广东省私营企业承接对外加工装配、补偿贸易业务暂行规定》。规定：凡经核准领取营业执照的私营企业，均可承接对外加工装配、补偿贸易业务，并对私营企业对外签订协议或合同、承接业务的申报和审批、工缴费、价格和外汇管理、税收优惠、法律责任等，做了具体规定。

- **3月16日** 省人大常委会公布《广东省各级人民代表大会常务委员会法律监督工作条例（试行）》，对人大常委会法律监督的对象、范围、形式和程序以及人大常委会对公民和组织的申诉、控告和检举，对受监督机关和个人违法行为的处理等，都做出了具体的规定。6月1日起施行。

- **3月24日** 省委批转省纪委《关于对党政领导干部建私房和住房装修情况实行公开监督的意见》，指出要把对全省党政领导干部建私房和住房装修情况实行公开监督，严肃处理党政干部在建房、住房中严重以权谋私的问题，作为治理整顿、从严治党、保持党政机关廉洁的一项重要内容，首先在现职县以上领导干部中进行，要做到党政领导一起抓。9月9日，省委、省政府批转省纪委、省建委、省监察厅和省国土厅《关于处理党政干部建私房及超标准装修住房问题的两个规定》。9月12日至13日，省委、省政府召开工作会议，部署各地贯彻执行关于处理党政干部建私房及超标准装修住房问题的两个规定的工作。

- **4月24日** 省政府在广州召开全省计划生育工作会议。叶选平在会上指出,广东省计划生育的形势很严峻,在全国处于后进状态,各级党委和政府必须加强对计划生育工作的领导。会议期间,全省19个城市管计划生育的市长,向省政府立下"军令状"——签署1989年人口计划任期目标责任书。8月16日,省政府颁布《广东省加强计划生育管理工作的若干规定》。

- **4月28日** 省委向省六套班子成员通报部分省、市发生动乱的情况,传达中共中央领导的重要指示精神。省委常委就防止动乱、维护安定团结局面做专门研究,并召开广州地区高等学校、省直机关及工、青、妇等部门负责人会议,做出相应部署。

- **5月5日** 省政府发出《关于严格控制进口消费品的通知》,规定从5月15日起,任何单位和部门,不得进口烟、酒、化妆品、罐头食品、服装、鞋类、各种饮料等消费品;任何单位和部门不得使用调剂外汇、周转外汇和银行贷款进口消费品。

- **5月6日至9日** 全省普通教育体制改革工作会议在东莞市召开。会议推广了东莞市教育管理体制改革的经验,即把校长、教师聘任制,校长负责制、任期目标责任制、教师岗位责任制和学校经费总额包干基础上的结构工资制3项改革,同分级办学、分级管理配套进行,把竞争机制引入教育领域,调动校长、教师积极性。会议要求以中小学管理体制的综合改革为突破口,推动中小学教育思想、教学内容和教学方法的改革。

- **5月9日** 省政府转发《国务院关于清理整顿各类对外经济贸易公司的通知》,要求各市、县和有关部门在治理整顿中充分利用本省对外开放的优势,加速发展外向型经济。

- **5月15日** 省政府召开常务会议,研究分析物价形势和控制物价上涨方案。会议认为,广东省在治理整顿和稳定物价方面做了大量工作,已取得初步成效。但是,控制物价继续上涨仍然是当前各项工作的关键。会议提出采取切实措施稳定物价:(一)继续压缩固定资产投资规模;(二)坚决控制消费基金膨胀;(三)继续加强对各种商品价格的管理,特别是对中间环节商品价格的管理;(四)继续抓好政府系统的廉政建设。

- **5月16日晚上至19日** 广州一些高校的部分学生受北京学生影响,未经申报批准,连续3天在省政府门前游行、静坐,致使省政府门前交通堵塞。经工作人员劝阻疏导后散去。5月27日至28日,省委分别召开各市市委书记会议和省直厅局以上干部大会,传达李鹏、杨尚昆、乔石、姚依林5月22日讲话,并针对本省情况,研究进一步做好疏导工作。6月5日,广州海珠桥一度被游行示威的群众堵截。当天,省委常委举行会议,研究采取果断和有效的措施,制止近日少数学生静坐、设置路障、阻断交通的行为。6月5日至7日，部分学生在省政府大门口再次静坐，省委、省政府组织干部向群众宣传中央和省委指示精神，劝导学生和群众撤离现场。6月7日，省委常委举行会议，学习中共中央、国务院《告全体共产党员和全国人民书》，提出制止和平息少数人的不法行为的意见。6月8日，省政府发出紧急通知，要求各级人民政府迅速稳定经济，稳定大局，巩固和发展本省改革开放的成果。

- **5月18日至22日** 省委、省政府在广州召开全省农村工作会议。会议着重研究完善和发展家庭联产承包责任制、加强农村基层建设、健全农业社会化服务体系，促进农业集约经营、规模经营和农村商品经济发展等问题，重申党的农村政策"八个稳定不变"。29日，省委、省政府将会议的情况向中央、国务院做了报告。

- **5月30日** 省政府就治理整顿中发展外向型经济问题发出通知，要求充分利用本省对外开放优势，抓紧调整产业结构，加速发展外向型经济，促进本省经济持续稳定地发展。强调调整产业结构和扩大利用外资是当务之急，必须有计划、有步骤地引导外资投向，重点发展基础设施和原材料工业，以增强经济发展的后劲。

- **6月21日** 南澳县3台装机总容量350千瓦风力机组建成，成为国内最大的风力发电站，也是沿海地区风力发电示范站。

- **6月27日** 熊猫汽车工业城奠基仪式在惠州市大亚湾地区举行。这一项目由美国熊猫汽车公司计划总投资10亿美元，预计年产30万辆普及型轿车。美国熊猫汽车公司在1989年中国发生政治风波和西方国家对中国实行经济制裁的形势下来华斥巨资兴办大型企业，表明了外商对中国改革开放和投资环境依然看好，同时带动了惠州大亚湾地区的大规模开发热潮。后来由于产品销售市场问题等多方面的原因，这一项目搁浅。

- **7月10日** 经省委、省政府批准，新会县成为广东省第一个实现绿化达标的县。15日，省委、省政府发出通报，要求各地学习新会县的经验。1990年2月17日，国家林业部授予新会县"全国平原绿化先进单位"称号。1991年8月5日至8日，全省绿化达标现场会在湛江召开。会上给开平、潮阳、吴川、中山、遂溪等11个县（区）和单位颁发了绿化达标证书、金杯。

- **7月31日** 省委举行常委会议，学习讨论《中共中央、国务院关于近期做几件群众关心的事的决定》，确定广东近期要做的几件事，首先从省委常委和副省长做起：（一）继续抓好整顿公司工作；（二）坚决制止高干子女经商；（三）今后不再专门组织副食品卖给领导干部，领导干部所需副食品一律自行到市场购买；（四）严格禁止进口小汽车；（五）严格禁止请客送礼；（六）严格控制领导干部出国；（七）严禁领导干部利用职权盖私房和用公款高标准装修住房；（八）把查处经济违法犯罪案件当作一件大事来抓。

- **8月18日** 省检察院成立反贪污贿赂工作局。这是全国检察机关最早设立的反贪专门机构。1990年2月9日，全国第一个反贪污贿赂工作规则——《广东省人民检察院反贪污贿赂工作局工作规则（试行）》颁布。

- 8月22日　省政府发出《关于建立健全政府法制工作机构的通知》，明确了市、县政府和省政府直属各单位法制工作机构的7项职责任务。至1992年，全省20个地级市、64个县、13个县级市、41个市辖区政府全部成立了法制机构；43个立法、执法任务较重的省政府部门也成立了法制机构，或者指定专人负责法制工作。全省政府法制工作网络基本形成。2007年12月，省编办下发《关于加强县级政府法制工作机构建设的意见》，统一了县区政府法制机构的名称、组织架构和机构规格，并要求各地适当充实县级政府法制工作机构的人员力量。

- 9月4日　省委决定成立广东省精神文明建设领导小组，谢非任组长。同时撤销广东省"五讲四美三热爱"活动委员会。

- 9月4日　省政府召开常务会议，讨论广东省高等级公路规划方案。会议指出，过去10年，本省公路建设的重点主要是放在建桥方面，基本上解决了以桥代渡的问题。随着社会经济的发展，下一步广东公路建设的重点，应从建桥为主，转为建路为主，从一般公路为主，转到修建汽车专用路为主。改革开放10年来，广东新建桥梁1195座，总长73516米，其中大桥、特大桥56座，全省公路主干线实现无渡口通车。

- 9月15日　广东首例试管婴儿在广州市第二人民医院诞生。

- 9月18日　省政府转发省财政厅、省控制社会集团购买力办公室《关于节减财政支出、控制社会集团购买力的意见》，要求各级政府和部门进一步采取有力措施，坚决把支出增长过猛的势头压下来，以实现年终预算平衡。

- 9月25日　"广东省普通教育发展和改革十件大事"评选揭晓，颁奖大会在广州举行。"普教十件大事"主要有：省委、省政府做出重大决策，普教工作上了三个台阶；基本实现普及小学教育，向普及九年制义务教育迈进；华侨、港澳同胞热心捐资助学；教育投入不断增长，教育事业稳步发展；多方集资40亿元，兴建校舍近4000万平方米；等等。

- 9月28日　广州市电话全部实现程控化，成为全国第一个电话程控化的大城市。至11月19日，全省县以上城镇电话全部实现自动化。

- 10月　改革开放后，广东的乡镇企业异军突起，出口创汇成绩斐然。据统计，至1989年9月，广东从事生产出口的乡镇企业已有11818家，从业人员111.2万人。1988年出口创汇额达15.46亿美元，占全国乡镇企业出口创汇额的25.7%，占全省出口创汇总额的21%，比1978年增长6.3倍。

- 11月15日　中国最大的公路出入境口岸深圳皇岗口岸主体工程完成，12月29日正式开通。

- 11月21日　为加强对疏通资金流通渠道、清理企业拖欠资金、清收各种不合理和到期逾期贷款、挖掘资金潜力等方面工作的领导，省政府决定成立省清产挖潜、清理拖欠、清理贷款和清查"小金库"工作领导小组。12月1日，省政府转发《国务院关于清理检查"小金库"的通知》，提出如下意见：（一）清理、检查"小金库"是贯彻落实党中央、国务院关于惩治腐败，加强廉政建设的一项重要措施，各级政府和有关部门要把清理、检查"小金库"列入税收、财务、物价大检查的一项重要内容，切实加强领导，认真抓紧抓好；（二）各单位应按国务院通知要求，认真做好自查工作。今后各单位的一切财务收支，都要纳入本单位财会部门账目，不准再以任何名义私设"小金库"。

- **11月21日至25日** 省委从省直单位抽调61名干部组成工作组，先后分赴佛山、梅州、韶关、茂名、湛江等地，查处干部以权谋房问题。1991年1月7日，省委、省政府组织9个查处以权谋房工作验收小组，分赴全省19个市和重点县以及省直机关，对查处干部以权谋房工作进行全面检查验收。3月25日，省纪委书记王宗春在省委常委会上指出，广东查处以权谋房案件工作基本结束。全省立案查处干部以权谋房759宗，已经查清结案524宗，已经做了党纪、政纪、法纪处理共486人。4月17日，省委、省政府发出《批转〈关于全省查处干部以权谋房工作检查验收情况的报告〉的通知》，指出：目前，查处干部以权谋房的工作已基本达到预期目的。少数未达到要求的市、县，必须继续抓紧抓好，直到合格为止。各级党委、政府要严格执行有关干部建房、住房问题的各项规章制度。

- **11月26日至30日** 省委六届三次全会在广州举行。会议审议并通过《关于贯彻〈中共中央关于进一步治理整顿和深化改革的决定〉的意见》和《中共广东省委关于加强党的建设的决定》。12月19日，为继续贯彻执行中央关于治理整顿和深化改革的各项措施，省政府决定，切实加强对基本建设的宏观管理，严格控制固定资产投资规模，除已确定的省重点建设项目外，其他新上的项目和技改项目，一律不予审批。同时决定，加强对外借债的领导和管理，避免各地盲目举债。从1990年1月份起，将各市、县向外举债的审批权收回，由省统一审批。

- **12月1日** 由省政府颁布的《广东省乡（镇）村规划建设管理规定》正式实施，提出全省村镇建设的总方针是"统一规划、合理布局、综合开发、配套建设、逐步完善"。同时，对总体规划和建设规划的审批权限以及新建、改建、扩建民用住宅的报建手续等作了具体规定。至1993年，共完成建制镇总体规划994个。

- **12月18日** 广东省全年钢产量突破100万吨，提前1年完成"七五"计划钢产量目标，成为全国第六个年产钢百万吨的省份。

- **12月** 经省政府批准，省农业委员会发出《广东省农业技术推广奖励试行办法》，每年1次组织实施"广东省农业技术推广奖"的评选。

- **1989年** 省政协首次安排常委会议提前讨论省政府工作报告

（征求意见稿），并请省政府主要领导到会做说明，会议所提出的意见和建议受到省政府的重视和接纳。当年起，省政协与省人大、省政府联合建立直接向有关单位交办人大代表建议和政协提案的会议制度，使办理政协提案工作向前迈进一大步。

- **1989年** 广东省地区生产总值为1381.39亿元（按当年价计算），跃居全国第一，此后30多年保持全国第一，成为经济大省。第一产业增加值351.73亿元，第二产业增加值554.13亿元，第三产业增加值475.53亿元。农业总产值为548.60亿元（按当年价计算），工业总产值为1647.24亿元（按当年价计算），社会消费品零售总额为636.15亿元，进出口总额为355.78亿美元，实际利用外资额23.99亿美元，财政收入为136.87亿元，职工平均工资为2678元。

1990 年

- **1月7日** 粤东、粤北等25个山区县，经过4年的努力，已有70多万贫困户354万多人解决了温饱问题，占贫困户总数的90%以上。这些地区年人均纯收入达600元，口粮达275公斤，分别比1985年增加240元和45公斤，提前1年实现国务院的要求。

- **1月11日** 省政府批准湛江、韶关、阳春百涌、阳山秤架山、新丰云髻山、台山上川岛、南澳岛分别建立红树林、华南虎、猕猴、候鸟等7个省级森林和野生动物类型自然保护区。

- **3月24日** 为加强对经济运行和生产调度的协调工作，省政府决定建立经济协调联席会议制度。会议每季度召开一次，主要任务是分析和预测全省经济形势，协调解决经济运行中存在的突出问题。

- **4月1日** 江门市建设银行在中国内地首次开办购房储蓄、抵押贷款的"供楼"业务。

- **4月12日** 省政府发出《关于立即清理整顿乱收费乱罚款乱摊派的通知》。10月30日，省委、省政府再次发出《关于贯彻中共中央、国务院〈关于坚决制止乱收费、乱罚款和各种摊派的决定〉的通知》，指出，乱收乱罚的现象还没有完全制止，要求各地、各部门对自己地区和部门的工作进行全面对照检查，发现存在问题，认真进行整改。同时，要建立健全各项规章制度，加强管理和监督。以后，各级政府要把对收费、罚款、集资、摊派的检查列为每年税收、财务、物价大检查的一项重要内容，使之制度化、经常化。经过一年多的治理，到1991年2月，全省基本制止了乱收费、乱罚款和乱摊派现象，一年为企业、为群众减轻负担9.8亿多元。

- **4月26日**　省政府转发国务院《关于在全国范围内开展清理"三角债"工作的通知》，并结合广东实际，向全省各级政府提出切实组织好清理"三角债"工作的具体要求。同时，省政府成立清理"三角债"工作领导小组，负责组织全省清欠工作。至本年底，全省累计清理和理顺拖欠贷款45.74亿元，占全省摸底统计拖欠贷款数153亿元的29.9%。

- **5月7日**　省政府发出《关于认真做好减轻农民负担工作的通知》，对农民反映强烈的中小学教育费、林业税费、生猪税费、渔业税费等做出适当调整。

- **5月19日**　国家能源部、国家能源投资公司与广东、广西、贵州、云南四省（区）在广州召开联合办电第三次协调会议，决定建立南方电力联营公司，以加快南方四省（区）电力建设。

- **6月6日**　中国内地第一个青年志愿服务组织——深圳市青少

年义务社会工作者联合会在深圳市成立。1995年3月,广东省青年志愿者协会成立。1999年9月20日,《广东省青年志愿服务条例》公布施行。

- **6月8日** 省政府颁布《广东农村2000年人人享有卫生保健发展规划》,提出到二十世纪末,广东省农村发展卫生保健的总目标是:实现人人享有卫生保健,使农村居民具有较好的健康素质,主要卫生、健康指标达到国内先进水平。具体任务包括:(一)健全农村医疗卫生保健网;(二)农村管理区卫生站覆盖率达到100%;(三)市、县(区)政府年度卫生事业费的拨款,应占当地财政总支出的8%以上;(四)普及饮用清洁卫生水等。

- **6月19日至27日** 中共中央总书记江泽民视察广东,重点考察经济特区的建设和发展。他十分注意了解党的建设和社会主义精神文明建设的情况,反复强调,坚持对外开放,必须始终坚持社会主义方向,坚持"两个文明"一起抓,要抓好党的建设和思想政治工作,加强精神文明建设。

- **7月1日** 广州国际电信出入口局国际电路开通,本省国际电话电路实现直达。9月18日,广州市历时5年的电话网改建工程完工,成为中国第一个实现市话数字程控化的省会城市。

- **7月4日** 省委批转省委农村工作部《关于完善农村集体土地经营管理体制的意见》,要求明确农村集体土地所有权的归属,完善农村集体土地统分结合双层经营承包制度,健全农用土地的投入和建设机制。

- 7月18日　省委、省政府发出《关于稳定、发展乡镇企业若干问题的通知》，要求各级政府从稳定农村、稳定经济、稳定大局的高度，继续从政策上扶持乡镇企业，引导其稳定健康发展。重申有关扶持发展乡镇企业的政策，除中央、国务院有规定外，都要继续执行，任何部门不得随意改变或违反。
- 7月　中国银行广州分行启用全国规模最大的首座电脑控制银行保险箱库。库内设大、中、小规格的保险箱1.3万个。
- 8月10日　省政府发出特急通知，统一规定全省中小学校应收费项目，并要求各级政府清理整顿乱收费现象。
- 8月27日　省政府发出《关于搞好全民所有制企业新一轮承包经营责任制的通知》，规定新一轮承包的有关具体政策措施。至年底，全省有78.6%的全民所有制企业实行第二轮承包。
- 9月4日　中国海上第一个年产上百万吨的商业开采油田——惠州21-1油田建成投产。
- 9月5日　省人事局发出《广东省行政机关招考工作人员面试、考核试行办法》和《广东省乡镇机关招考干部暂行办法》，全省各级行政机关招考新干部工作走向规范化和制度化。
- 9月20日至10月31日　由国家旅游局、文化部、中国文联、广东欢乐节组委会主办的"1990中国旅游艺术节暨广东欢乐节"在广州市举办。这是中国第一次举办旅游艺术节，共有近200万名中外游客参加。

- **9月28日**　经国务院和省政府批准,广东省90年代重点基建项目东江—深圳供水工程第三期扩建工程,在东莞塘厦抽水站枢纽工地正式开工。1994年1月23日,工程比原计划提前1年建成开闸通水。该工程完成后,年供水能力比现有供水能力提高一倍,对香港的繁荣稳定和深圳的发展发挥了重要作用。

- **11月6日**　顺德县桂洲镇被评为全国10个最佳乡镇之一。宝安县横岗镇、广州市白云区石井镇、东莞市长安镇和梅县雁洋镇被评为"全国乡镇之星"。

- **11月8日**　省统计局发布本省1990年人口普查主要数据第一号公报:全省总户数1364.6万户,总人口6282.9万人,其中男性3215.1万人,占51.17%。12月21日,省统计局发表人口普查第四号公报:全省流动人口329万人,占总人口的5.24%,居全国各省区之首。

- **11月20日**　国家计委同意建设广州地铁首期工程黄沙至广州东站段。1993年12月28日,广州地铁一号线工程举行开工典礼,1998年12月28日建成,1999年6月28日全线开通运营,全长18.48公里,总投资127.5亿元。

- **11月25日至29日**　江泽民到广东视察工作。26日出席深圳市委、市政府举行的深圳经济特区建立10周年庆祝大会并讲话。28日,珠海市委、市政府举行珠海经济特区建立10周年庆祝大会,江泽民等党和国家领导人出席。

- **11月底**　顺德县完成财政收入4.14亿元,成为广东省第一个年财政收入突破4亿元的县，与江苏无锡、上海嘉定并列为全国3个年财政收入超4亿元的县。

- **12月1日** 深圳证券交易所经过前期准备，开始进行集中交易，创造了"先上车，后补票"的特殊历程。1991年4月11日，经中国人民银行批准，深圳证券交易所成立并于同年7月3日正式挂牌营业。

- **12月5日** 省委、省政府发出《关于进一步支持山区和新建市发展经济的决定》。要求建立市与市、县与县、乡镇与乡镇的对口扶持责任制。1991年5月25日，省委组织部发出通知，要求沿海7市对口扶持山区六市一县要落实到县（区）一级，实行双向交流，对口挂钩。

- **12月** 省委、省政府在陆丰县召开广汕公路改造会议，决定全面改造广汕公路，省、市签订合同，首次实行以省给定额补助投资，不足部分由各地方政府自筹解决的方式进行公路建设。1991年1月工程动工，1992年底工程完成建设全线铺通。广汕公路改造形成的"广汕模式"改变了过去依靠交通公路部门"包打天下"的做法。

- **12月** 由《乡镇企业》杂志组织的"中国乡镇企业'十大百强'"评选揭晓。经认定，产值最高的十大企业广东省占6家：广东顺德县蚬华电器厂、广东省顺德美的风扇厂、珠江冰箱厂、广东省顺德华英风扇厂、广东顺德桂洲电饭锅厂、裕华电风扇厂。

- **1990年** 根据中央治理整顿精神，省出版管理部门共压缩报刊社、出版社48个。其中对政治方向有严重错误的《蛇口通讯报》、严重违反纪律的《散文诗报》予以撤销登记；广州文化出版社吊销社号，科学普及出版社广州分社停办。

- **1990年** 全省地区生产总值达1559.03亿元，比上年增长11.6%。其中第一产业增加值为384.59亿元，第二产业增加值615.86亿元，第三产业增加值558.58亿元，人均国内生产总值2484元。全社会固定资产投资额381.47亿元。进出口总额418.98亿美元。地方财政收入131.02亿元。城乡居民储蓄存款余额752.78亿元，城镇居民人均可支配收入2303.15元，农民人均纯收入1043.03元。

1991 年

- 1月3日　1990年度广东省科技奖励大会在广州举行。此次评出省科技进步奖115项、省自然科学奖17项、省科技突出贡献奖59人。

- 1月10日　三水县、开平县1990年财政收入分别完成1.1040亿元和1.0061亿元。至此，全省财政收入亿元县增至8个：顺德、南海、宝安、番禺、新会、台山、三水、开平。

- 1月16日　省检察院聘任首届特约检察员颁发聘书大会在广州举行。实行特约检察员制度，使民主党派和无党派人员可以通过参加案件审查、复查和调查等形式监督检察工作。1997年5月，制定《广东省检察机关特约检察员工作制度》。

- 1月18日至22日　省委召开六届五次全会，传达学习中共十三届七中全会精神，审议并通过林若代表省委常委作的《关于"八五"时期广东国民经济和社会发展的目标与任务》的报告。会议向全省人民发出号召，"提前在'八五'期间实现国民生产总值比1980年翻两番的第二步战略目标；在此基础上，为逐步实现第三步战略目标而奋斗"。

- 1月19日　中共中央决定：谢非任广东省委书记，林若不再担任广东省委书记、常委职务。

- 1月30日至2月2日　省委在广州召开全省对台工作会议，传达贯彻全国对台工作会议精神，总结近几年广东的对台工作，研究部署今后一段时期对台工作的任务。会议指出：争取早日实现祖国和平统一，是90年代全党全国的重大政治任务。在新的形势下，要动员全省人民积极、主动、扎实地开展各项对台工作。当务之急是大力加强两岸之间的联系，消除来自各方面的阻力，争取尽快实现直接"三通"和双向交流。4月23日，省委发出《关于进一步加强对台工作的通知》，动员全党做好对台工作。

- 2月1日　中国南方航空公司在广州成立。它是在中国民航广州管理局基础上组建起来的大型航空运输企业，经营该局原经营的国内、国际和地区航线。同年12月，该公司获准在深圳设立分公司。

- 2月6日　省政府发出《广东省环境保护目标任期责任制试行办法》。3月19日，省政府公布《广东省1990年至1992年环境保护目标与任务》。自此，开始落实全省各级政府的环境保护目标任务和任期责任制。

- 2月8日　省委发出《关于在全省农村开展社会主义思想教育的通知》，决定从是年春天开始，用2年至3年时间，分期分批在全省农村普遍开展社会主义思想教育。7月15日至20日，省委、省政府在肇庆市召开全省农村工作会议，总结交流全省农村社会主义思想教育试点工作的经验，研究部署在全省农村正式铺开第一批社会主义思想教育工作。

- 2月18日　国家计委、农业部确定台山、高要、曲江、番禺、澄海五县为国家"八五"期间第一批商品粮基地。至此，包括惠阳、惠东、惠城、博罗、陆丰在内，全省共有10个国家商品粮基地县（区）。

- 2月21日　省政府公布全省第一批省级历史文化名城（镇）：佛山、肇庆、惠州、东莞、海丰、梅州、龙川佗城、揭阳、海康（雷州）、罗定、惠东平海。

- 3月4日　省政府批转省财贸办公室《关于开拓市场搞活商品流通的意见》，提出建立并扩大全国性的商品销售网络，把"广货"销出去。在发挥国营商业主渠道作用的同时，重视发挥集体、个体商业积极作用。

- 3月6日　国务院决定，将广东省中山火炬高科技产业开发区、广州天河高新技术产业开发区和深圳科技工业园列为国家高新技术产业开发区。

- 3月12日　在北京召开的全国植树造林表彰动员大会上，中共中央、国务院授予广东省"全国荒山造林绿化第一省"称号，以表彰广东省在造林绿化工作中取得的突出成绩。3月26日，广东省"全国造林绿化先进单位、劳动模范"颁奖仪式在广州举行。广东17个"全国造林绿化先进单位"及11名"全国造林绿化劳动模范"受到表彰。1993年12月24日，全国绿化委员会在湖南长沙召开的第十二次全体（扩大）会议上，授予广东省"平原绿化先进省"荣誉称号。经过全省人民8年的艰苦努力，广东终于提前两年实现"十年绿化广东"的宏伟目标。全省有林地面积达653公顷，森林覆盖率达到53.6%。

- **3月19日至23日**　省委、省政府在佛山召开全省社会治安综合治理工作会议，传达全国社会治安综合治理工作会议的精神。4月23日，省委、省政府发出《关于认真贯彻〈中共中央、国务院关于加强社会治安综合治理的决定〉的通知》，并决定成立广东省社会治安综合治理委员会。

- **4月7日至10日**　省委、省政府在广州召开全省社会主义精神文明建设工作会议，讨论实施本省"八五"期间精神文明建设规划的措施，进一步动员全省各级党组织和人民群众加强精神文明建设。

- **4月19日**　省政府决定，进一步调整粮食购销政策，提高粮食统销价格，增加国家定购粮挂钩化肥数量，适当调减国家定购粮任务，缩小平价粮供应范围，对职工给予适当提价补贴。

- **4月24日**　省委、省政府发出《关于查处走私入境汽车问题的通知》，指出：1989年以来，我省沿海地区走私汽车活动日趋严重，这不仅危害我省的经济秩序和社会治安，而且直接损害香港同胞的切身利益。走私和倒卖走私汽车是违法犯罪活动，必须采取有力措施予以打击，依法从严查处。

- **4月**　佛山市政府决定，从是年4月起在市区范围内推行女职工生育保险制度，以保障女职工产假期间不减少收入和不降低生活水平。这是全省第一个实行女职工生育保险的市。

- **5月3日**　省政府发出《关于下达广东省十年规划和"八五"计划纲要的通知》，指出：为实现今后十年规划和"八五"计划目标，要继续坚持改革开放的方针，坚持精神文明和物质文明一起抓。要加强农业和基础设施建设，加快能源、交通、通信发展，加强科学技术和教育事业，大力开发山区，积极扶持老、少、边、穷地区，努力提高经济效益，优化经济结构，以保证全省经济持续、稳定、协调发展。

- **5月8日至10日**　省七届人大常委会第二十次会议召开，同意叶选平辞去省长职务，任命朱森林为副省长并代省长。1月8日至16日，省七届人大五次会议在广州召开，选举朱森林为省长。

- **5月20日**　省政府发出《广东省城镇个人建造住宅管理规定》，对城镇职工和居民建造住宅、用地标准、申报审批、建造方式等作出规定，于6月1日执行。

- **5月31日**　省政府和铁道部在惠州北站工地举行广梅汕铁路开工典礼。该铁路由铁道部和省政府合作投资建设，全长480公里。1995年12月28日，全线投入运营，省政府和铁道部联合在汕头举行广梅汕铁路全线通车典礼，江泽民等领导出席典礼。广梅汕铁路的建成通车，结束了粤东大地无铁路的历史，至此，广东省铁路出口通道形成"三线三口"的新格局，从湛江到汕头横贯东西部地区的全省铁路运输网络基本形成。

- 6月4日　省委、省政府发出《关于加强计划生育工作严格控制人口增长的决定》。省委办公厅、省政府办公厅8月29日下发《关于在全省实行计划生育"一票否决权"制度的通知》，1992年3月2日下发《关于执行计划生育"一票否决权"制度问题的补充通知》，不履行计划生育责任书规定、超生严重的地区负责人，将受到处理。

- 6月8日　广东省慢性病防治工作会议在韶关结束。据悉，全省麻风病已得到控制，患病率已由最高年份1961年的1.14‰降至0.027‰。

- 6月11日　省政府发出《关于进一步深化我省外贸体制改革的通知》。改革的内容包括：承包方式、考核指标、外汇分成和留成外汇的使用、出口退税、出口商品价格的管理等。

- 6月17日至22日　省委、省政府召开工作会议研究依靠科技进步推动全省经济发展问题，会议提出，今后10年，全省经济建设必须逐步转到依靠科技进步和提高劳动者素质的轨道上来。7月22日，省委、省政府做出《关于依靠科技进步推动经济发展的决定》。

- 6月30日　广东省、市、县全部实现长途电话全自动直拨。至本月，全省城乡电话装机容量达195.3万门，占全国装机总容量的七分之一，长途电话电路2.4万门，占全国总容量的五分之一。

- 7月30日　省政府转发国务院《关于继续积极稳妥地进行城镇

住房制度改革的通知》，提出我省城镇住房制度改革的基本原则，仍按《广东省城镇住房制度改革意见》继续执行。

- 8月5日　国家科委批准广东建立珠江三角洲高科技产业带，范围包括深圳、东莞、广州、佛山、江门、中山、珠海、惠州等8个市和宝安、番禺、南海、顺德、新会、惠阳等6个县（市）。11月15日，省政府发出《关于建立珠江三角洲高科技产业带有关问题的通知》，确定珠江三角洲高科技产业带以电子信息技术、现代生物技术、新材料技术、高精细化工技术等高科技为主产业方向。

- 9月　顺德县在集体产权管理上创出新模式。全县镇以上集体所有制企业在资产管理上推行"产权管理责任制"，初步构建起市场经济的基本框架，被北京经济理论界概括为"顺德模式"。

- 10月1日　中国民俗文化村在深圳华侨城正式开业。这是国内第一个荟萃各民族民间艺术、民俗风情和民居建筑于一体的大型旅游文化娱乐区。

- 11月5日　本省第一次向世界银行直接贷款，获世界银行董事会批准。贷款1.62亿美元的项目包括：外海捕捞、水产养殖、农业种植、农副产品加工等，覆盖全省13个市40多个县（区）。

- 11月6日　省政府召开全省转换企业经营机制工作会议，确定从1992年起，在100户国有工业企业、100户国有商业企业和18户国有农业企业进行转换经营机制改革试点。1992年6月

29日，省政府批转省财办、省体改委《关于国合商业企业综合改革试点意见》。经省政府核准，100户国合商业企业作为首批进行综合改革试点。8月14日，省政府发出《关于省级国合商业体制改革问题的通知》，决定省级国合商业部门组建5个企业集团和1个局。即省商业、粮食、供销社、石油、食品企业集团公司和省粮食储备局。1993年6月16日，省政府批转省财办《关于扩大一百户国合商业企业综合改革试点的请示》，决定在上年批准100户国合商业企业进行综合改革试点的基础上，再扩大100户国合商业企业进行综合改革试点，时间暂定3年，从1993年1月开始。

- **11月29日** 经省政府批准，清远市在市郊建立全国首创的清远扶贫经济开发试验区，帮助边远贫困县（区）和乡镇异地兴办实业。1992年11月24日，国务院同意将清远扶贫经济开发试验区列为全国农村改革试验区。

- **12月7日** 经国务院批准，广东省调整潮汕地区行政区划：汕头市辖龙湖、金园、升平、达濠、潮阳、澄海、南澳4区3县；潮州市升为地级市，辖湘桥、饶平、潮安1区2县；撤销揭阳县，设揭阳市，辖榕城、揭东、惠来、普宁、揭西1区4县。

- **12月7日** 全省乡镇企业总收入突破千亿元大关，达1008.22亿元。

- **12月17日至18日** 江泽民抵达汕头出席当时国内规模最大的跨海大桥汕头海湾大桥开工典礼，为大桥建设奠基，并为大桥题字。同时，参观汕头经济特区10周年建设成就展览，出席汕头经济特区建立10周年暨扩大特区区域庆祝大会。

- **12月19日** 省委发出《关于批准省委党风和廉政建设领导小组运用典型案例开展反腐蚀教育的意见的通知》。
- **12月** 深圳中院成立全国法院第一个专门负责立案工作的机构——立案处。20世纪90年代初，广东法院率先探索，立案工作不再由各审判庭各自负责，成立专门的立案机构统一立案、收费，至1993年6月全省法院全部建立起立案室。广东法院初步建立起立、审、执、监分离审判格局。
- **1991年** 国家统计局与计划、财政、卫生、教育等12个部门的研究人员组成了课题组，制定了《全国小康生活水平基本标准》，小康评价指标涵盖了五大内容，包括经济发展水平、物质生活条件、人口素质、精神生活和生活环境，共计有16个指标，并确定了每个指标达到小康的标准值和权数。考虑到城市与农村存在较大差别的客观性，制定出《全国农村小康生活水平的基本标准》和《全国城镇小康生活水平的基本标准》，作为全国标准的细化和补充。
- **1991年** 全省地区生产总值达1893.30亿元，比上年增长17.7%。其中第一产业增加值为416.00亿元，第二产业增加值782.67亿元，第三产业增加值694.63亿元，人均地区生产总值2941元。工业总产值2524.12亿元，农业总产值654.82亿元。全社会固定资产投资额478.20亿元。进出口总额525.21亿美元，其中出口达270.73亿美元。地方财政收入177.35亿元，第一次跃居全国各省、自治区、直辖市之冠，此后28年地方财政收入居全国各省、自治区、直辖市之冠。城镇居民年人均可支配收入2752.18元，农民年人均纯收入1143.06元。

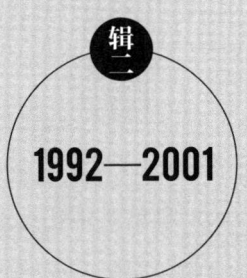

辑二

1992—2001

1992 年

- **1月3日** 省属水电厂水库移民工作暨表彰先进会在广州举行。全省新丰江、枫树坝等6个水电厂的25万名移民的温饱问题已获解决,1991年人均收入580元,95%的移民用上了电,移民区的交通、文教、卫生等基础设施有了初步改善。12月3日至5日,省政府召开全省水库移民工作会议,就解决老移民问题的责任、移民的权益、扶持移民的资金来源、支持移民的优惠政策等,做出政策性的规定。省政府要求各级政府和有关部门更新观念,深化改革,使移民安置工作从过去单纯安置补偿的传统做法中解脱出来,变消极补偿为积极创业,变救济生活为扶助生产,变"输血"为"造血",把一切工作的着眼点放在繁荣移民区经济上。1995年4月2日至3日,省政府决定用3年时间筹措2亿元资金,采取"外迁安置、投亲靠友、内部调整"三种方式解决新丰江库区5万名"两缺"(缺乏基本生产与生活条件)移民脱贫问题。自1995年起,河源市先后建设5个外迁移民安置点。至1999年12月,共安置外迁移民1920户、9603人。外迁移民全部住上了新房,基本解决了外迁移民原在库区内居住、生活存在的"五难"问题。

- **1月17日** 省政府颁布《广东省企业职工社会工伤保险规定》。至1993年年底，全省所有地级市和99%的县（市）区开展工伤保险，参保人数突破500万人。

- **1月18日** 深圳市第一个期货交易所——深圳有色金属交易所开业。

- **1月19日至29日** 邓小平视察深圳、珠海、顺德等地，发表重要谈话。他指出，对办特区，从一开始就有不同意见，担心是不是搞资本主义。姓"资"还是姓"社"的问题，判断的标准，应该主要看是否有利于发展社会主义社会的生产力，是否有利于增强社会主义国家的综合国力，是否有利于提高人民的生活水平。深圳的建设成就，明确回答了那些有这样那样担心的人，特区姓"社"不姓"资"。邓小平充分肯定了深圳在改革开放和建设中所取得的成绩，他指出改革开放的胆子要大一些，敢于试验，看准了，就大胆地试，大胆地闯，深圳的重要经验就是敢闯。他要求广东力争用20年时间赶上亚洲"四小龙"，不仅经济要上去，社会秩序、社会风气也要搞好。2月28日，中共中央以文件形式将"南方谈话"发到全党，后来又传达到全国。邓小平的南粤之行，再一次在广东掀起了改革开放的大潮。

- **2月20日** 全军首家企业集团——深圳三九（999）企业集团在深圳成立。

- **2月21日** 全省基层供销社体制改革座谈会在顺德举行。会议决定推广"顺德经验",改革基层供销社体制,将原基层供销社隶属条条管理的领导体制,改由块块管理的领导体制,争取当年内基本完成。3月26日,省政府批转《关于基层供销社体制改革的意见》提出,在所有制性质不变,现有干部职工身份不变,企业法人地位不变,企业债权债务关系不变的前提下,基层供销社实行所有权归所有者,管理权归乡镇,经营权归企业。

- **2月28日** 省政府办公厅发出《关于加强乡镇卫生院建设的通知》,将乡镇卫生院"一无三配套"(即无危房,房屋、设备、技术人员配套)建设纳入"八五"社会经济发展计划,计划投入资金28.05亿元。

- **2月** 广州市房管局、市建设银行等22个单位,2月起实行住房公积金制度。按照《广州市住房公积金试行办法》规定,市建设银行受市政府委托代理承办全市住房公积金的金融服务。4月起,广州市在省内率先全面推行住房公积金制度,加快全市住房解困步伐。

- **3月9日** 珠海市政府召开1991年科技进步突出贡献奖励大会,重奖科技人员。迟斌元、沈定兴、徐庆中等3名特等奖获得者,分获奥迪小轿车1部、三房一厅住房1套和巨额奖金。此举开全国科技重奖先河,是对当时科技奖励体制的一种突破。

- **3月12日** 省委、省政府做出《关于进一步扩大对外开放若干问题的决定》，把惠州大亚湾、珠海西区和横琴岛、广州南沙作为本省90年代进一步扩大开放的重点区域。

- **3月14日** 省委、省政府发出《关于改进领导作风的规定》，要求：多作调查研究；强化服务职能；坚决精简会议；大力精简文件；发扬勤俭办一切事业的精神，坚决压减各种应酬性活动；省委、省政府负责同志一般不作题词的原则；改进领导参加会议和其他活动的新闻报道；加强检查督促。

- **3月17日至20日** 省政府在广州市召开全省卫生、中医、农村改水工作会议。经过10年农村改水工作，全省农村（包括乡镇）饮用自来水人口从1982年的9.5%提高到49.2%，被评为全国农村改水先进省。

- **3月26日** 省政府印发《关于改革粮食购销管理体制问题的通知》，经国务院批准，广东自1992年4月1日起，按照"计划指导、放开价格、加强调控、搞活经营"的原则，对全省粮食购销体制进行全面改革，在全国率先放开粮食购销价格，结束历时40年粮食统购统销的历史，成为全国第一个不使用粮票的内地省份。粮食定购改为指导性计划收购，收购实行指导价，放开城乡粮食销售价格，并建立粮食储备制度。

- **3月31日至4月6日** 1992年广东对外经济贸易洽谈会在香港举行，签订合同1000多个，投资金额达30亿美元。20世纪90年代中后期，广东抓住港澳回归祖国的新机遇，加大力度全面展开粤港澳经贸技术合作交流，组织企业赴香港举办高新技术项目洽谈会，吸引世界各地的客商。亚洲金融危机后，为促进对外经贸合作的恢复和发展，应对全方位开放的挑战，广东在省主要领导倡导、推动下，遵循"政经结合，以经促政"的原则，主动"走出去""请进来"，开展大型国际经贸合作交流活动。

- **4月8日至10日** 省委在佛山南海县召开全省创建文明户、文明村镇经验交流会。提出在全省推广"两南经验"（农村文明建设学南海，城市文明建设学南华西街）。要求通过开展创建文明户活动，把城乡精神文明建设落实到基层。

- **4月24日** 省政府发出《广东省关于外商投资企业免征、减征地方所得税的规定》，对生产性外商投资企业，经营期在10年以上的，享受"税法"规定2年免征、3年减半征收企业所得税期间，免征地方所得税等。

- **4月30日** 国务院批复省政府，同意撤销顺德县，设立顺德市（县级），由佛山市代管。至1996年6月，台山、番禺、云浮、南海、新会、开平、三水、罗定、潮阳、普宁、高州、花县、高要、鹤山、四会、增城、廉江、英德、恩平、从化、高明、澄海、连县、海康、阳春、惠阳、乐昌、吴川、兴宁、化州、陆丰、信宜、南雄等县先后撤县设市（县级），由所在地级市代管。1994年4月5日，云浮市升格为地级市。2000年后，广东进入撤市建区阶段。多个县级市先后转变为地级市下辖区，顺德市也于2002年被撤销，设立为佛山市顺德区。

- **4月** 国家批准同意立项兴建北江飞来峡水利枢纽工程。位于清新县升平镇石牌坑的飞来峡水利枢纽为一等工程，它以防洪为主，兼有航运、发电、供水和改善生态环境等综合效益，是北江流域综合治理的关键工程。工程于1994年10月18日奠基动工，1999年3月下闸蓄水。同年10月18日，省政府举行"广东省飞来峡水利枢纽工程建成试运行"仪式。

- **5月4日至16日** 深圳人才招聘团赴美招聘中国留学生到深圳工作，在海外留学生中引起强烈反响。21日，省政府发出《关于鼓励留学人员来广东工作的若干规定》，制定一系列优惠政策，吸引海外留学人员来广东工作和创业。11月，省委组织部、省科学技术委员会、省科技干部局先后组织两个招聘团分赴英国、美国招聘科技人才。

- **5月13日** 国务院批复省政府，同意设立广州保税区，面积达1.4平方公里。7月8日动工兴建，1993年5月10日正式投入运营。这是全国第一家由外资企业全面承担开发经营的保税区。

- **5月22日至25日** 全省反腐倡廉工作经验交流会在广州举行。会议提出，要建立有效的机制，加强廉政建设。6月22日，省委、省政府做出《关于各级党政领导班子加强反腐倡廉工作若干问题的决定》。1993年9月7日至11日，省委召开常委扩大会议，部署加强反对腐败斗争，推进党风廉政建设。9月21日，省委做出《关于深入开展反腐败斗争，加强廉政机制建设的决定》，提出"建立健全党政主要领导抓党风廉政建设工作的责任制"，按照"谁主管，谁负责"的原则抓好廉政工作。

- 5月27日　国内建设规模最大的公路悬索桥梁——广深珠高速公路虎门大桥工程奠基。10月18日动工兴建。1997年6月9日正式通车。

- 5月27日　当时中国最大的燃煤发电厂——沙角电厂C厂奠基仪式在东莞举行。1996年8月26日，举行投产庆典。建成后的沙角火电基地总装机容量388万千瓦，约占全省发电总装机容量的18%，每年发电约240亿千瓦时。

- 5月　省计委下放外商直接投资项目审批权限和固定资产投资审批权限。凡不需要国家和省综合平衡、不违反国家产业政策、不严重污染环境的外商直接投资项目，总投资在3000万美元以下的，由各市自行审批；总投资在1500万美元以下的，由各县审批。

- 6月6日　省政府颁布《关于印发广东农村小康标准的通知》，确定了广东省农村县（区）总体小康标准的10项指标，要求农民人均年纯收入达到1900元。农村总体小康的区域发展目标：到20世纪末，全省农村总体上必须实现小康；山区农民要逼近小康（向小康靠拢），西翼农民基本实现小康，东翼农民实现小康，中部农民要迈进比较富裕的层次。各级政府从当地实际出发，以奔康推动农村工作，促进了我省农村经济和社会事业的全面协调发展。1995年省计委出台文件，要求开展农村小康达标验收工作。为此，省政府成立了广东省农村小康达标验收领导小组。根据《广东农村小康标准指标》，1996年1月13日，省政府发出通报，命名中山、东莞、番禺、增城、花都、南海、顺德、三水、高明、新会、开平、台山、恩平、鹤山市和斗门县，广州市天河、白云、黄埔区，深圳市宝安区，佛山市石湾区，江门市江海区等22个市、县、区为首批"广东农村小康达标市（县、区）"。之后，我省陆续对小康达标县（市、区）进行验收。到2001年为止，一共有67个县（市、区）被验收评定为小康达标县（市、区）。

- **7月1日** 省委、省政府向中共中央、国务院报送《关于加快广东发展步伐，力争二十年赶上亚洲"四小龙"的请示》。主要内容有：20年分为两个阶段，2000年前的10年为第一阶段，争取在总体上达到"四小龙"1990年的经济水平，其中一部分地区达到或接近"四小龙"2000年的平均水平；2000年后的10年为第二阶段，全省从总体上达到"四小龙"2010年的经济水平。经过不懈努力，广东"追龙"台阶不断迈进。1998年，广东生产总值达1030亿美元，超过新加坡的828亿美元；2003年，广东生产总值达1914亿美元，超过香港的1585亿美元；2007年，广东生产总值突破3900亿美元，超过台湾的3766亿美元。同时，从2005年开始，广东对韩国的追赶出现重大突破，当年广东生产总值增量达450亿美元，首次超过韩国的345亿美元，使广东与韩国经济总量的绝对差距进入不断缩窄的新阶段。2019年，广东生产总值达到1.56万亿美元，韩国生产总值1.64万亿美元，差距在800亿美元左右。

- 7月1日　第七届全国人大常委会第二十六次会议通过《关于授权深圳市人民代表大会及其常务委员会和深圳市人民政府分别制定法规和规章在深圳经济特区实施的决定》。

- 7月25日　省政府发出《关于下放省管部分商品管理权限问题的通知》，再次减少省指令性计划的重要生产资料和其他商品种类，扩大指导性计划和市场调节范围，省管的商品除化肥、农药、食盐等8种外，其余全部放开；省管重要生产资料目录由32种调减为22种。

- 7月28日　省政府批转省工商局《关于进一步简政放权，促进生产经营发展的意见》，强调：简政放权，转变职能，是当前各级领导机关和部门的一项重要任务。希望各级政府及工商管理部门，在实践中加强调查研究，不断总结经验，逐步实现职能转变，完善管理，促进生产经营的发展。

- 8月7日　广东省第一家由乡镇企业改组设立的股份公司——广东美的电气集团股份有限公司正式成立。1993年10月6日，美的公司向社会发行股票，成为国内首家经国家证券监督管理委员会复审同意、在乡镇企业基础上改造而成的向社会发行股票的公司。

- 8月8日　国家统计局评定1991年中国农村综合实力百强县，广东省有14个县（市）入围：南海、顺德、潮阳、番禺、宝安、台山、新会、揭阳、电白、化州、廉江、高州、三水、花县。

- 8月8日　我国首次科技成果拍卖会在深圳市举行，标志着我国科技成果开始进入拍卖市场。

- **8月18日** 广东省首家合资股份制商业集团——广东天贸（集团）股份有限公司成立。由其兴建的全国特大型商场——"天河城"同时奠基。1996年2月9日，广州市天河城广场暨天贸南方大厦百货有限公司试业。同日，天贸南大、华夏康隆、仟村、国丰等4家营业面积在1万平方米以上的大型百货商店在广州市开业，成为90年代广东百货商店发展史上的大事。

- **9月14日** 省政府批转省社会保险制度改革领导小组《关于社会养老保险制度改革方案》。这是广东在全国率先进行的一项改革。1993年6月7日，省政府发出《广东省职工社会养老保险暂行规定》，建立新的养老保障机制。同年11月3日，省社会保险局发出《广东省职工社会养老保险暂行规定实施意见（企业部分）》。

- **9月17日** 省政府确定顺德为综合改革试点城市。改革的目标是建立适应社会主义市场经济体系的新的社会管理体制和经济运行机制，为全省深化改革探索经验。为此，顺德市在机构改革、企业制度改革以及农村经营管理体制改革等方面作了一系列大胆的尝试。经过改革，市的党政机构从原来的56个减少到29个，机关人员精简了600多人，部门内设机构减少了125个。各镇（区）也相应进行了机构改革，镇一级部门从19个减为12个。企业改革方面，进行产权制度改革，探索市场经济下公有制的有效实现形式，同时相应进行了劳动用工制度、人事制度、分配制度、社会保障制度等方面的改革。改革后的顺德，政府转变了职能，提高了效率；企业转换了经营机制，呈现出蓬勃的生机和活力。顺德市的一些做法，也逐步在全省推广开来。

- **9月18日** 省委、省政府发出《关于加快发展第三产业的实施意见》，要求全省各级党委和政府认真贯彻落实党中央、国务院关于加快发展第三产业的决定，结合本地区实际，采取有力措施，加快第三产业的发展步伐，为实现20年赶上亚洲"四小龙"的目标做出贡献。并提出广东省发展第三产业的目标和重点，明确发展第三产业的主要政策和措施。

- **9月26日** 省政府举行扩大开放新闻发布会。朱森林宣布，国务院已批准将韶关、河源、梅州三市列入沿海经济开放区，同时将大亚湾、南沙两地区辟为经济技术开发区。经过十多年的逐步扩大对外开放，广东已形成了经济特区—沿海开放城市及其经济技术开发区—珠江三角洲开放区—粤北、粤东北部山区的多层次、多类型、多功能的全省对外开放格局，逐步发展成为探索多样、梯级政策的开放地带。

- **10月10日** 省政府发出《关于县级市经济管理权限的通知》，决定将省直有关部门的部分管理权限下放到县级市。

- **10月12日至18日** 中国共产党第十四次全国代表大会举行。江泽民作题为《加快改革开放和现代化建设步伐 夺取有中国特色社会主义事业的更大胜利》的报告。大会总结了十一届三中全会以来14年的基本实践和基本经验，全面阐述了邓小平建设有中国特色社会主义的理论，明确了我国经济体制改革的目标是建立社会主义市场经济体制，提出了90年代加快改革开放、推动经济发展和社会全面进步的主要任务，阐述了党和国家的对外政策，对新形势下加强党的建设和改善党的领导做出了战略部署。大会审议通过了《中国共产党章程（修正案）》，把建设有中国特色社会主义的理论和党在社会主义初级阶段的基本路线写入党章修正案。

- **10月28日** 全国首次税贸协作工作会议在广州市召开。会议要求外贸企业大胆走向国际市场，同时尽快建立政府出口退税机制。

- **10月30日** 深圳市动产拍卖行向社会公开拍卖一家破产企业——深圳市广昌彩印器材有限公司。此举在国内属首次。

- **11月1日** 佛山市开始实行社会保险一体化，按职工收入与离退休费之和的20%征集综合保险费，不再分险种征收。这在国内尚属首例。

- **11月23日** 中国人民银行批准，南洋商业银行广州分行开业，这是首家在广州开业的香港银行。

- **11月下旬至12月初** 省委召开两次专题会议讨论广东高等教育问题，认为广东高等教育事业非下大决心去抓不可，非采取重大举措不可，改革与发展的步伐非迈得更大不可。12月25日至27日，省委、省政府在广州市召开全省高等教育工作会议。1993年1月2日，省委、省政府做出《关于加快高等教育改革和发展步伐的决定》，在发展目标、改革办学体制、改革招生和毕业生就业制度等方面进行改革。

- **12月1日** 由省邮电局、香港电讯有限公司、美国长途电话折扣服务公司（LDDS）3家电信机构合作经营的广州—香港—美国间首条高速通信电路开通。

- **12月3日** 省政府发出《广东省城镇国有土地使用权出让和转让实施办法》，推进土地使用制度进一步改革。

- **12月17日** 中国城市社会经济发展水平评价中心发布新闻：评出1992年度中国城市综合实力五十强，广州、深圳、佛山、江门、惠州、汕头、韶关榜上有名。其中广州排名第三，深圳排名第七。

- **12月21日** 全国爱国卫生运动委员会（简称"爱卫会"）命名佛山、珠海、深圳三市为"国家卫生城市"。截至2018年12月，全国爱卫会共命名广东省18个城市为国家卫生城市：广州市、韶关市、河源市、梅州市、汕头市、惠州市、东莞市、深圳市、珠海市、中山市、江门市、佛山市、肇庆市、南海市、湛江市、云浮市、清远市、阳江市。

- **12月22日** 中国首家期货经纪公司——广东万通期货经纪公司在广州市开业。

- **12月24日** 省劳动局成立省汽车维修、电工、模具、计算机、厨点、美容美发、家电维修7个工种技能考核鉴定中心，成为广东省和全国职业技能鉴定工作社会化管理的开端，开创国内先例。

- **1992年** 汕头市1992年3.54万公顷双季稻平均每亩产量达

1033公斤，创历史最高纪录，成为全国第一个"吨谷市"。

- 1992年　深圳市、珠海市政府公布最低工资标准，率先在全国正式实施最低工资保障制度。

- 1992年　广东省有13个县（市）财政收入超亿元。顺德市桂洲镇成为广东第一个财政收入超亿元的镇。

- 1992年　全省地区生产总值达2447.54亿元，比上年增长22.1%。其中第一产业增加值为465.83亿元，第二产业增加值1100.32亿元，第三产业增加值881.39亿元，人均地区生产总值3699元。工业总产值3479.39亿元，农业总产值737.11亿元。全社会固定资产投资额921.75亿元。进出口总额657.48亿美元。地方财政收入222.64亿元。城镇居民年人均可支配收入3476.70元，农民年人均纯收入1307.65元。

1993 年

- 1月上旬　省政府正式批复湛江市政府报告，同意设立徐闻县海安经济开发试验区，其总面积为25平方公里。海安位于祖国大陆最南端，广东省六大港口之一，又是大陆通往海南岛咽喉之地。特殊的地缘条件和不断改善的投资环境，使其成为海内外投资者看好的地方之一。

- 1月14日　国家计委批准亚洲当时最大的火力发电厂——总装机容量504万千瓦的台山电厂立项兴建。2003年12月，1号机组建成投产。2004年到2006年11月，2号至5号机组相继建成投产，总装机容量达300万千瓦，占广东电网统调装机容量的10%，成为南方电网最大的火力发电厂。

- 2月7日　国务院批准惠州仲恺高新技术产业开发区为国家级高新技术开发区。

- 2月8日　深圳产权交易所挂牌成立。该所为中国第一家跨地区产权交易所，标志着深圳企业产权转让正式进入市场。

- 2月9日　国务院正式批准广州至珠海修建铁路。广珠铁路纵贯珠江三角洲西翼的佛山、南海、顺德、江门、中山、珠海等市。广珠铁路于1997年动工建设，中途经停工后复工，于2012年12月29日竣工运营。

- **2月9日至12日** 省委召开全省农村工作会议，研究在社会主义市场经济条件下，如何加强和改善党对农业和农村工作的领导，以加快农业现代化进程。3月8日，省委、省政府发出《关于进一步加快农村改革开放和农村现代化建设若干问题的决定》，做出稳定农业基础地位、加快农业的社会化服务体系建设、发展农村股份合作经营、进一步扩大农业的对外开放、加强和改进对农业和农村工作的指导等5项部署。

- **2月21日** 据新华社报道，由广东湛江医学院副教授李英杰研究成功的非等比数列乘幻方构造法及微机实现日前通过鉴定，填补了国际数学领域的一项空白。

- **3月16日** 世界上第一台利用小循环理论对人体心功能进行无创伤检测的专用设备——小循环心功能监护检测仪在珠海研制成功并投入生产。

- **3月20日至24日** 八届全国人大一次会议期间，江泽民，全国人大常委会委员长乔石参加广东代表团讨论并讲话。乔石对广东代表团提出"加快立法"的要求。4月，乔石视察广东，又提出在探索建立社会主义市场经济体系方面，广东可以先走一步，"成为全国立法工作的试验田"的指示。据此，广东省人大常委会和省政府提出全速推进地方立法，积极拓展法规规章起草工作新渠道，调动各方面的立法积极性，广东的地方立法工作迈进快速发展的时期。

- **4月16日** 省政府批转省物价局《关于加快建立和完善我省市场价格机制的意见》，提出市场商品价格形成由国家定价为主转换为企业定价为主；现行价格双轨制的重要生产资料完成市场单轨制的过渡；价格政策重点向交通、能源、通信等基础行业和山区倾斜；逐步建立经济的法律的和辅之以必要行政手段相结合的调控体系；逐步实现从直接的定价管理转向间接的调控管理。

- **5月2日** 京九铁路广东段83公里工程在和平县五指山隧道南口开始施工。1995年11月16日，京九铁路全线贯通。1996年9月1日，全线开通客货运营。1998年8月29日，京九铁路广东段定南至龙川段复线建设开工，2002年12月11日全线实现双通。

- **5月12日** 经国务院批准，广州南沙经济技术开发区（面积9.9平方公里）、惠州大亚湾经济技术开发区（面积9.98平方公里）为国家级经济技术开发区。

- **5月21日至26日** 中共广东省第七次代表大会在广州举行。谢非代表第六届省委作题为《为广东二十年基本实现现代化而奋斗》的报告，在回顾总结五年工作之后，就广东实现现代化的战略目标、主要措施、根本保证展开论述。报告提出，广东基本实现现代化，就是全省经济发展总体上达到世界中等发达国家的水平，精神文明的水平更高。主要体现为科学技术发达，经济实力雄厚，人民生活富足，民主法制健全，社会风气良好。

- 5月26日至27日　省委七届一次会议选举谢非、朱森林、张帼英（女）、黄华华、王宗春、傅锐、卢瑞华、高祀仁、厉有为、梁广大、温玉柱、卢钟鹤、张高丽、欧广源等为省委常委；选举谢非为省委书记。省纪委七届一次会议选举王宗春为纪委书记。

- 5月27日　国家教委正式批准广东省作为高等教育改革试验省。6月1日，国家教委批复广东省高等教育改革试点方案，明确广东省办学自主权内容。

- 5月29日　广东省首次利用世界银行贷款兴建的公路项目——佛（山）开（平）高速公路动工兴建。1996年12月8日建成通车。

- 5月30日　广东省有7个县（市、区）进入全国1992年乡镇企业百强县行列，分别是顺德市、番禺市、新会市、宝安县、南海市、台山市、广州市白云区。

- 6月1日至3日　省委、省政府在广州市召开全省第一次海洋工作会议。首次提出要通过发展海洋产业，把海洋资源优势转化为经济优势，逐步成为国民经济的支柱产业之一。

- 6月上旬　省政府发出通知，要求对市场物价加强调控。是年初以来，受国家加快价格改革步伐、调整税率、经济快速发展等因素的影响和一些地方乱消费、哄抬物价，广东物价涨幅较大。通知提出从五个方面加强对市场物价的调控。9月16日，省政府转发《国务院关于积极稳妥地推进物价改革抑制物价总水平过快上涨的通知》，要求严格控制国家管理的商品和服务项目提价，制止越权定价；对人民生活有重大影响的商品和高利润行业，建立价格调节基金，对已放开价格的个别商品，如涨幅过大，经政府批准可实行提价备案制度或限制最高利润率等措施。

- **6月18日**　省政府发出《关于加强债券发行管理的通知》，规范债券市场管理，制止企业乱集资。

- **7月1日**　省委在深圳召开珠江三角洲地区发展高新技术产业现场会。谢非对珠江三角洲发展高新技术产业提出5条意见。17日，省委、省政府发出《关于扶持高新技术产业发展的若干规定》，对高新技术企业在税收、进出口、建设用地等方面给予优惠和扶持。

- **7月3日**　广州市委、市政府出台《关于加快个体和私营经济发展的决定》，在全国率先提出了个体私营经济是国民经济的重要组成部分，是社会主义市场经济的主体之一。引起强烈的社会反响，出台仅半年时间，工商业注册户数和注册资金就分别比1992年增长了71%和192.98%。

- **7月6日至8日**　省政府在中山市召开全省市场工作会议，规划广东市场建设蓝图。朱森林提出广东市场建设的目标是建成全国商品流通枢纽，要求各级政府和主管部门高度重视市场建设，同时处理好市场中的五个关系。

- **7月26日**　珠海亚洲仿真控制系统工程公司研制成功第一台30万千瓦发电机组双切换全范围仿真机，这是国内当时软硬件配置达到最大规模的仿真机，标志着我国仿真技术迈上一个新台阶。该项目获得由国家科委组织的'95全国十大科技成就评选奖。

- **8月2日** 我国第一座大型蓄能水电站——广州蓄能水电厂在从化县吕田镇举行第一台机组投产庆典。这家电厂是大亚湾核电站的配套工程,它在下半夜利用电网和核电站富余的电力把下水库的水抽到上水库,而在白天用电高峰时,把上水库的水放出发电。它的建成投产,对核电站安全稳定运行和解决当时广东电网"填谷调峰"等问题,起到重要作用。1996年11月5日,该电站获"国际五星标准系统"的三星证书,在中国水电站中尚属首家。2000年3月14日,广州抽水蓄能电站全部建成投产,其总装机容量达240万千瓦,是当时世界上装机容量最大的抽水蓄能电站。

- **8月15日至9月15日** 第七届全运会先后在四川、秦皇岛、北京举行。广东代表团445名运动员参加28个项目的比赛,获金牌31枚、银牌31枚、铜牌29.5枚,总分885.33分。金牌、奖牌和总分均居全国第二位。

- **9月21日至22日** 省政府经济工作会议在广州举行。会议认为,前一段经济中出现的矛盾和问题,根本原因在于原有体制的弊端没有消除,社会主义市场经济体制尚未形成,必须用发展社会主义市场经济的新思路、新办法,在加快新旧体制转换中找出路。根据这个思路,会议研究如何进一步搞好广东省金融体制改革、财政税收体制改革和外贸体制改革等问题。

- **9月23日至30日** 23日至26日，江泽民到广东湛江、茂名、广州等地视察。27日至29日，江泽民在广州珠岛宾馆主持召开中南西南十省区经济工作座谈会。会议听取了十省区负责人关于贯彻中央深化改革、加强宏观调控重大决策进展情况的汇报，分析了当时的经济形势。江泽民就改革和加快经济发展问题做了重要讲话。同日，江泽民在广州珠岛宾馆接见了广东省五套班子负责人，强调要深入学习邓小平建设有中国特色社会主义的理论，坚持党的基本路线，继续深化改革、扩大开放，加快建立社会主义市场经济体制，促进经济建设又快又好地发展和各项事业的全面进步。希望广东在推进改革和发展方面创造新的经验，做出更大的贡献。

- **9月** 致密多晶羟基磷灰石人工骨在深圳克瑞特新材料有限公司试产成功。该产品被视为世界医用新材料的尖端技术产品，填补了国内空白，获国家发明奖和第36届世界发明博览会尤里卡金奖。

- **10月5日** 深圳市与香港和记黄埔有限公司合资建设、经营盐田国际集装箱码头合同签字仪式，在北京钓鱼台国宾馆举行。这是当时深圳经济特区建立以来最大的合资项目。该项目合营年限为50年，注册资本12亿港元。

- **11月8日** 标志着广东省原材料工业跃上新台阶的茂名30万吨乙烯工程在茂名奠基。此前一日，广州11.5万吨乙烯工程正式动工。茂名30万吨乙烯工程由中国石化总公司和广东省政府合作投资171亿元，于1992年8月获国务院批准。1997年2月14

日举行竣工投产仪式。

- 12月6日　广东省最后一个无电乡——连平县九连乡通电,广东率先在全国实现全部乡镇通电。1994年广东又提出用3年时间让所有行政村用上电。1995年开始,全省电力系统筹集近2亿元资金用于扶贫通电。3年内,全省解决了400多个无电行政村80万人口的用电问题。1997年11月26日,全省最后两个无电管理区罗定市的罗金、美河管理区通电。至此,全省实现行政村村村通电目标。

- 12月8日　省委办公厅、省政府办公厅发出《关于我省党政机关与所办经济实体脱钩的若干规定》。文件规定各级党委、人大、审判、检察机关,以及政府中有行政执法职能的部门,如公安、工商、海关、商检等,均不能办任何性质的经济实体。到1994年底,全省党政机关与所办经济实体脱钩工作结束。

- 12月19日至26日　省委宣传部和省新闻出版局在广州市联合举办首届"南国书香节"。此后南国书香节每年举办一次。

- 12月26日　广东省最后3个山区县连平、平远、和平县的邮电部门开通程控电话,全省实现县以上电话交换程控化和长途传输数字化。

- 12月28日　全长18.48千米的广州地铁一号线破土动工。1998年12月28日全线建成。广州成为继北京、天津、香港、上海之后国内第五个建成地铁的城市。

- 1993年　广东乡镇企业总产值、总收入均突破2000亿元,分别为2202亿元和2438亿元，实现两年翻一番。

- **1993年** 是年全国财政收入超亿元县（市、区）排定名次。广东顺德、南海两市分别以11.8亿元、10.04亿元位居第一、第二名。

- **1993年** 全省地区生产总值达3469.28亿元，比上年增长23.0%。其中第一产业增加值为558.70亿元，第二产业增加值1704.88亿元，第三产业增加值1205.70亿元，人均地区生产总值5085元。工业总产值5237.37亿元，农业总产值899.03亿元。全社会固定资产投资额1629.87亿元。进出口总额783.44亿美元。地方财政收入346.56亿元。城镇居民年人均可支配收入4632.38元，农民年人均纯收入1674.78元。

1994 年

- **年初** 深圳市委提出要在全国率先建立社会主义市场经济体制的目标。从1996年10月3日起,《深圳商报》连续发表10篇关于《深圳建立社会主义市场经济体制基本框架综述》文章,对社会主义市场经济基本框架的十大体系作了报道。这十大体系是所有制体系、国有资产监督管理和营运体系、价格体系、市场体系、社会保障体系、社会服务监督体系、国民经济核算和企业财务会计体系、分配体系、经济管理调控体系、法规体系,其中,所有制体系、市场体系和宏观调控体系构成其主干。1997年4月,国家体改委在向国务院提交的《关于上海、深圳建立社会主义市场经济体制进展情况的报告》中指出:"在新体制建设方面,两市都走在全国的前面。深圳市作为改革开放以来新兴的城市和经济特区,在建立市场经济体制方面起点较高,新体制的框架已初步形成。"同年5月,在全国城市综合配套改革试点工作会议上,深圳市市长第一次系统地介绍了深圳建立十大体系的主要内容,为全国经济体制改革的深化探索了经验,提供了有价值的示范和借鉴。

- **1月1日** 全国统一实行分税制的财政体制。中央停止对广东实行财政包干。2月2日，省政府发出《广东省财政管理体制改革实施方案》，1994年至1995年，在国家对省实行分税制时，省对市、县仍然实行财政包干体制。1995年12月18日，省政府印发《广东省分税制财政管理体制实施方案》通知，决定从1996年开始，省以下正式实行分税制。

- **1月18日** 广东省高级人民法院顺应形势发展的需要，在全国首批成立了专门的知识产权审判庭，广州、深圳、珠海、汕头、佛山等知识产权案件较多的中级人民法院也相继设立了专司知识产权审判的知识产权庭。

- **1月21日** 省政府召开全省"菜篮子"工程工作会议，指出本省经过4年努力，取得了令人瞩目的成就，肉类、禽蛋、水产品产量分别增长五成以上。

- **3月16日** 省政府发出《关于粮食生产和购销问题的通知》，决定分3批建设50个商品粮生产基地县；对合同收购粮食实行保护价；实行粮食生产和供应责任制。4月7日，全省商品粮生产基地工作会议在广州召开。8日，台山、开平等15个县被划定为首批商品粮生产基地县。

- **3月17日** 省政府决定，高考招生实行新办法，国家任务、委托培养、自费生3种招生形式一次填报志愿，并调整委培生、自费生录取批次。

- **4月5日** 经国务院批准，肇庆市行政区划进行调整，将云浮市升格为地级市，下辖云城区、新兴县、郁南县，代管罗定市，市政府驻云城区。这是广东最后成立的地级市，从此广东拥有21个地级市的格局一直持续至今。

- 4月5日 广东省南岭的乳阳、大顶山、龙潭角、秤架、大东山等5个省级自然保护区被国务院列为国家级南岭自然保护区。

- 4月15日 全国当时产量最高的一条马口铁生产线在韶关钢铁厂建成投产，生产线总造价1000万美元，年产马口铁达6万吨以上。

- 4月18日至19日 省委、省政府在南海市召开珠江三角洲地区农村股份合作制改革座谈会。会议认为，珠江三角洲地区出现的土地股份合作制改革，是农村整个股份制改革的重要组成部分，值得大力推广。4月29日，省委、省政府印发《珠江三角洲地区农村股份合作制改革座谈会纪要》。

- 5月25日 省委、省政府公布《广东省省级党政机构改革方案》和《广东省省级党政机构改革方案实施意见》。到1995年9月基本完成"定职能、定机构、定编制"的"三定"工作。改革后，省委、省政府工作部门共设56个，比改革前精简26个；机关精简人员26.4%。非常设机构也大幅度精简，从原来的112个减为57个。此次改革，首次对党政群机关进行"三定"工作，政府转变职能有实质性进展，部门职责关系得到初步理顺，机关人员结构得到明显改善，总体素质有所提高。

- **5月25日** 省政府批转省体改委、省经委《关于加快建立现代企业制度的意见》，提出国有企业改革由主要靠放权让利调整为致力于明晰产权的制度创新。8月4日，省政府确定广州味精食品厂等250家企业（1996年调整为187家）作为率先建立现代企业制度试点。11月4日，国务院决定选择100家大中型企业进行现代企业试点，其中广东省5家：广东味精食品厂、深圳华强电子工业总公司、广东省物资集团公司、深圳市物资总公司、广州海运（集团）公司。1995年2月10日，省政府发出现代企业制度试点工作的4个配套文件。1994年至1998年，试点企业围绕转换经营机制大胆探索、寻求突破，取得一定成效。这批试点企业是本省建立现代企业制度的先行者，对于解决国企改革的重点难点问题起到了积极的推动作用。

- **6月13日** 省政府发出《广东省教育收费管理规定》，教育收费实行许可证管理制度；基础教育收费项目由省定，收费标准由县以上政府定；高教收费部属院校的收费项目和标准由部管，省内院校由省政府定收费项目，同级业务主管部门或政府批准；社会力量办学收费由同级物价部门批准。6月21日，省政府发出《广东省医疗收费管理办法》，规定基本医疗服务收费项目由省统一管理、各市定标准；特需医疗服务收费标准由医疗单位按成本及合理利润原则自定，并报同级物价、卫生部门备案。自8月1日起施行。

- **6月15日至22日** 江泽民考察了广州、佛山、中山、珠海、深圳、梅州市,重点是考察经济特区建设,并在深圳就经济特区增创新优势、更上一层楼问题发表了重要讲话。江泽民代表党中央、国务院重申:中央对发展经济特区的决心不变;中央对经济特区的政策不变;经济特区在全国改革开放和现代化建设中的历史地位和作用不变。他说,要把发展经济特区贯穿于社会主义现代化建设的整个过程,基本实现国家的现代化要搞多久,经济特区就要搞多久。经济特区要为加快建立全国的社会主义市场经济体制,继续积极探索和创造更多的经验;经济特区,尤其是深圳、珠海特区要继续为香港、澳门政权的顺利交接和保持香港、澳门的长期繁荣,做出更多的贡献。

- **7月4日至6日** 省委在广州召开工作会议,提出"中部地区领先、东西两翼齐飞、广大山区崛起"的区域经济协调发展战略目标。要求把珠江三角洲地区建设成为社会主义现代化的经济区。10月,省政府提出"建立珠三角经济区,让这一地区在广东率先实现现代化,以此为龙头,实现全省中部地区领先、东西两翼齐飞、广大山区崛起的梯度发展战略和力争20年基本实现现代化的目标"。11月5日,珠江三角洲经济区规划协调领导小组成立,在广州召开第一次会议,研究珠三角经济区的规划提纲和工作部署。

- **7月15日** 广东省海岛资源综合调查成果审查验收会在广州召开。经过5年的海岛资源综合调查,结果表明,彼时广东共有海岛759个,礁岩1628个,数量在全国沿海省份中居第三位。

此次调查为广东省发展海洋经济提供了大量的资料和科学依据。

- **7月18日** 国务院批准成立中国广东核电集团公司，实行"以核养核，滚动发展"机制，以大亚湾核电站为基础，加快广东第二、三核电站建设。

- **8月22日** 省政府发出《广东省企业职工最低工资规定》，规定各市制定最低工资标准，实行最低工资保障制度，并对最低工资的内容、确定与公布、最低工资的实施与监督以及违反最低工资的法律责任等作具体规定。到1994年底，全省各地都根据本地区的实际制定、公布了当地的最新工资标准，开始实行最低工资保障制度。1995年5月22日，省政府发出《关于颁布广东省企业职工最低工资标准的通知》。规定各地级市最低标准划为五类：一类每月为320元；二类每月为280元；三类每月为250元；四类每月为220元；五类每月为190元。从1995年1月1日起执行。

- **8月26日** 省人大常委会和省政府联合召开省直机关建立执法责任制动员大会，开始部署建立行政执法责任制，要求省直机关必须认真落实依法办事、依法行政、严肃执法。

- **9月1日** 省精神文明建设"五个一工程"工作会议在广州召开，广东省获得中央宣传部1993年"五个一工程"入选作品有：电视连续剧《情满珠江》、论文《在改革开放中迈向文明路》、提名作品电影《伏虎铁鹰》、话剧《泥巴人》。

- **9月15日** 省八届人大常委会做出《关于扶持山区和革命老区

乡镇发展"三高"农业,开展"一乡一品"活动的决议》。1995年1月19日,省农业厅、省财政厅发出《广东省扶持山区和革命老区乡镇发展"三高"农业,开展"一乡一品"活动的实施管理办法》,扶持山区和革命老区发展"三高"农业,到2000年扶持组织100多个乡镇12.7万多农户参与19个具有南亚热带山区特色的主导产品区域开发。

- **9月30日** 省政府发出《关于企业全面实行劳动合同制的通知》,要求从1994年起到1995年底,凡在广东省境内的各类企业、个人经济组织及其现有职工(含干部、固定工、合同制职工、临时工等)和新增职工,均应按《中华人民共和国劳动法》的规定,在平等自愿、协商一致的基础上,以书面形式签订劳动合同,确立劳动关系。1995年4月7日,省政府颁布《广东省劳动合同管理规定》。这是全国首部省级劳动合同管理的行政规章。

- **10月12日** 具有世界先进技术水平的全国第一个数字移动电话网在广东建成开通。1995年6月25日,全省城乡电话号码全部升为7位,并完成23个本地电话网的组建,标志着全国规模最大、设备最先进的电话网在广东建成。

- **10月27日** 广东省公用数字数据网(DDN)由广东省邮电部门在广州市开通,并与本月22日开通的中国公用数字数据网联网。至此,广东省形成通达国内20多个省、市和覆盖全省除云浮以外所有地级市的数字数据传输网。

- **11月1日至3日** 省委、省政府在广州召开全省教育工作会议，研究确定广东省教育改革发展的目标和任务，动员全省人民为把广东省建设成为教育强省而奋斗。11月17日，省委、省政府做出《关于教育改革和发展的决定》，确定把建设教育强省作为基本实现现代化的重要目标，提出要在普及九年义务教育、发展高等教育的同时，积极发展各种职业教育。

- 11月22日　省委、省政府颁布《广东省社会主义精神文明建设纲要》，对全省未来20年精神文明建设的指导思想、目标任务和政策措施提出明确的要求。

- 11月23日　当时全国最大的书城——广州购书中心落成。第二届羊城书市开幕。

- 12月6日至8日　世界客属第12届恳亲大会在梅州市举行。来自30多个国家和地区80多个代表团的嘉宾和国内各界人士1900多人出席大会。这是中国内地首次举办世界客属恳亲大会。

- 12月23日　广东省呼吸疾病研究重点实验室——广州市呼吸疾病研究中心在广州医学院第一附属医院落成揭幕。

- 1994年　佛山市率先在全国实行社会保险一体化，被誉为"佛山模式"。

- 1994年　1992年至本年底，经中国人民银行批准在广州市设分行的外资及港资银行有12家，分别来自法国、美国等国家和中国香港地区，外资银行净资产8.2亿美元，设分支机构40多家。

- 1994年　省委、省政府制定了《广东省二十年经济社会发展规划纲要》，以亚洲"四小龙"为参照，确定了广东2010年基本实现现代化的发展战略和主要目标，提出要建立健全有较强国际竞争力的社会经济体系和良好的外向型经济运行机制，高速、协调发展，力争20年全省经济社会综合实力赶上"四小龙"、基本实现现代化。并分为两个阶段（2000年之前十年为第一阶段，2000年后的十年为第二阶段）。第一阶段：全省总体上达到中国台湾、韩国1990年的经济水平（第一、第二阶段汇率均按购买力评价法计算）。一部分地区达到中等发达国家以上水平，其余地区达到小康水平。至2000年，国内生产总值实现十年平均递增13.4%，人均国内生产总值达到7200元。第二阶段：全省总体上相当于中国台湾、韩国当年的经济水平，重点发展技术密集型产业。至2010年，国内生产总值要达到1.67万亿元，十年平均递增12.4%，人均国内生产总值达2万元。

- **1994年** 全省地区生产总值达4619.02亿元，比上年增长19.7%。其中，第一产业增加值为692.25亿元，第二产业增加值2253.25亿元，第三产业增加值1673.52亿元，人均地区生产总值6530元。工业总产值7273.95亿元，农业总产值1151.38亿元。全社会固定资产投资额2141.15亿元。进出口总额966.63亿美元。地方财政收入298.70亿元。城镇居民年人均可支配收入6367.08元，农民年人均纯收入2181.52元。

1995 年

- 2月10日　由省委宣传部组织编写、广东教育出版社编辑的《新三字经》正式出版发行。在全国发行近3500万册。1995年11月，获中宣部1994年（第四届）"五个一工程奖"。这是广东省图书出版机构首次获此殊荣。
- 3月9日　江泽民出席八届全国人大三次会议广东省代表团全体会议，充分肯定广东在改革、发展、稳定各方面取得的成绩和进步，希望再接再厉，继续创造和提供更多的好经验。
- 3月14日　全省1995年普通高等、中等学校招生工作会议召开。全省共有普通高校31所，1995年招生时不再区分"公费生""委培生""自费生"，不再对学生实行不同的录取分数线，招收新生一律缴费上学。
- 3月27日　首列广州至香港九龙的准高速直通客车在广州站始发开行。运行时间由原来2小时38分缩为1小时59分。
- 4月21日至22日　全省扶贫开发工作会议在清远市召开。会议指出，今后两年扶贫攻坚的重点是解决120万绝对贫困人口的问题，扶助可支配财力不足3万元的管理区发展集体经济。

要求强化观念，突破难点，力争在1997年全省脱贫。

- 5月2日 省政府发出《广东省基本农田保护区规划》，确定全省旱涝保收、产量较高的水稻田面积133.33万公顷为一级保护区，要长期保护；其余的66.67万公顷为二级保护区，至少要保护至2020年。

- 5月30日 广东省跨银行自动柜员机（ATM）网络建成开通，首批分布全省的近千台ATM投入服务，这是中国内地第一个跨银行跨地区ATM网络。

- 6月5日 省政府制定的《广东省贯彻国务院关于深化城镇住房改革的决定实施意见》正式实行。要求在全省范围内实行住房公积金制度，公有房按成本价出售，以成本价购买的住房，产权归个人所有。

- 6月30日 经国家科委批准我国首个以第三产业为主的星火计划项目——"国家星火科技城"在顺德市北滘镇奠基。

- 6月 省政府批准下发了广东省到2010年基本实现现代化整体规划中文化建设的宏伟蓝图——《南粤锦绣工程——广东省文化建设发展规划》。

- 7月1日 顺德市政府在全国率先建立城乡居民最低生活保障线，对全市贫困户实行定期救济补助。

- 7月10日 全国当时容量最大的广东数字移动通信网正式开通，并公开在广州、深圳、珠海、惠州、汕头5市放号。

- 7月11日 省委、省政府发出《关于加速科学技术进步若干问题的决定》，决定从科技管理体制改革，企业技术进步，科技兴农，发展高新技术产业，科工（农）贸企业建设，科技成果转化，培育技术市场，引进技术吸收、创新和推广，科技经费投入和科技人才队伍建设等方面加快广东技术进步。

- **7月29日** 国务院在深圳召开口岸管理体制改革试点工作会议。经过两年试点，至1997年，试点方案提出的11项改革内容基本完成，大大简化查验手续，方便旅客和货物进出境，促进深圳特区物流与人流的增长。

- **7月31日至8月2日** 省委、省政府在广州召开全省机构改革和推行国家公务员制度工作会议。会上宣读了《广东省市县乡镇机构改革实施意见》。随后，全省全面铺开市、县、乡镇机构改革和推行公务员制度工作。

- **8月1日** 省政府发出《广东省流动人口管理规定》，规定连续居住7年以上，有固定住所、固定就业或经营证明、计划生育证明，无犯罪记录的暂住人员，可申请常住户口。9月1日开始实施。

- **9月13日至14日** 省委、省政府在广州市召开全省乡镇企业工作会议，推广肇庆市通过股份合作发展乡镇企业和顺德市对乡镇企业进行产权制度改革的经验。12月24日，省委、省政府印发这次会议纪要。

- **10月11日** 国家统计局在江苏省张家港市召开第三届中国综合实力百强县（市）发布会，广东省14个县（市）入围全国综合实力百强，其中，南海市、顺德市分别居第三、第四名，连续三届位列前十名。

- **10月25日** 广东岭澳核电站设备供应工程合同及贷款协议签字仪式在北京人民大会堂举行。该核电站是中国自主建设的第一座百万千瓦级核电站，利用国外出口贷款总金额为23亿美元。1997年5月15日，核电站主体工程开工典礼在深圳大鹏镇举行。1号机组和2号机组分别计划在2002年7月和2003年3月建成。2004年7月16日，广东岭澳核电站一期工程顺利通过国家竣工验收。2005年3月14日，广东岭澳核电站二期工程合同签字仪式在北京举行。岭澳核电站二期合同的签订，标志着我国将自主设计、自主建造首座百万千瓦级核电站，这对于改善我国电力供应结构、推进我国核电事业发展具有重要意义。2014年9月2日，岭澳核电站二期工程正式通过竣工验收。

- **10月27日至29日** 联合国粮农组织和中国农业部在湛江市召开第二届利用当地资源发展畜牧业生产国际会议。湛江自1992年始，依靠技术进步，开发利用当地丰富的秸秆资源，大力发展节粮型畜牧业，效果显著，受到联合国粮农组织的好评。会议大力推广利用秸秆等当地资源发展节粮型畜禽技术和"湛江经验"，进一步促进了湛江市和广东省畜牧业的发展。

- **11月1日** 全国铁路客运第一套功能最齐全、网络覆盖面最广、效率效益最佳、设备技术最先进的电脑售票网络系统在广州火车站启用。

- **11月2日** 省委、省政府批准汕尾城区为"实现绿化标准区"，至此，广东原定106个绿化达标任务的市、县（区）全部达标，标志着广东经过10年奋战，终于如期全面达到绿化标准。

- **11月9日** "广州市法律援助中心"正式挂牌成立。这是全国首家市级法律援助中心和政府法律援助机构。1996年11月19日，全国首家省级法律援助中心——"广东省法律援助中心"正式挂牌成立；同年11月18日至21日，司法部在广州召开全国首次法律援助经验交流会暨工作研讨会。

- **11月22日** 省政府批转省体改委《关于加快我省小企业改革的意见》，提出合并兼并、股份合作制、租赁经营、出售转让、嫁接改造、易地改造、抵押承包、破产拍卖等8种改革形式。

- **12月5日至7日** 江泽民到深圳视察，并就以"一国两制"解决香港问题和经济特区增创新优势、更上一层楼问题发表重要讲话。江泽民强调指出，深圳除了要继续发挥对外开放的"窗口"作用，经济体制改革的"试验场"作用，对内地示范、辐射和带动作用之外，还要在恢复对香港行政主权和保持香港繁荣稳定方面起促进作用。他为深圳经济特区建立15周年题词："增创新优势，更上一层楼"。

- **12月27日** 省政府召开全省治理乱收费广播电视大会，强调凡未经国家和省政府批准的行政事业性收费一律取消，擅自扩大收费范围或提高标准的一律纠正。1997年9月9日，省治理乱收费工作办公室公布第一批取消各市自定的收费210项，此次取消收费一年可减轻企业和农民负担近1亿元。同年11月13日,省委、省政府发出《关于贯彻〈中共中央、国务院关于治理向企业乱收费、乱罚款和各种摊派等问题的决定〉的意见》,全省清理各种向企业收取的行政事业性收费、罚款、集资、基金项目和各种摊派,建立健全收费审批和监督制度,查处违规行为,等等。

- **12月28日** 汕头市举行海湾大桥、华能汕头电厂等8大重点工程竣工庆典。江泽民、田纪云、邹家华和省领导谢非、朱森林等出席广梅汕铁路全线暨汕头海湾大桥通车典礼。28日至31日,江泽民到汕头、潮州、揭阳等地考察。考察期间,他强调,对经济特区坚持"三不变"方针(决心不变,基本政策不变,特区的历史地位不变),经济特区要在新形势下,增创新优势,更上一层楼,在改革开放和现代化建设的新形势下,继续发挥示范、辐射和带动作用。

- **12月29日** 省邮电局召开新闻发布会,宣布本省城乡电话总容量突破1000万门,占全国总量的七分之一以上;移动电话达100万门,占全国总量的三分之一多。一个集光纤通信、卫星通信和数字微波等技术于一体的现代化通信网络在本省建成。

- **1995年** 全省有22个县(市、区)通过省和国家教委组织的普及九年义务教育验收。至此,全省共有104个县(市、区)实现普及九年义务教育。

- **1995年** 全省地区生产总值达5940.34亿元,比上年增长

15.7%。其中第一产业增加值为864.49亿元,第二产业增加值2906.27亿元,第三产业增加值2169.58亿元,人均地区生产总值8139元。工业总产值8849.90亿元[①],农业总产值1445.48亿元。全社会固定资产投资额2327.22亿元。进出口总额1039.72亿美元。地方财政收入382.34亿元。城镇居民年人均可支配收入7438.68元,农民年人均纯收入2699.24元。

---

① 1995年开始广东省工业总产值的核算采用新的规定。

1996 年

- 1月12日　省委、省政府在广州市召开全省少数民族地区脱贫致富工作座谈会。会议决定，省财政于1996年和1997年拨出1.5亿元支持连南、连山、乳源等3个自治县和6个民族乡。
- 1月15日　广州日报报业集团成立，是国内首家报业集团。12月7日，该集团成为世界报业公会在中国的第一个会员。
- 1月28日　国务院和中央军委联合发布公告：中国人民解放军驻香港部队组建完成。驻香港部队由陆海空军部队组成，基地设在深圳市。这支部队于1997年7月1日零时正式进驻香港。
- 2月2日至9日　省八届人大四次会议在广州举行，大会接受林若辞去省人大常委会主任和朱森林辞去省长职务的请求；选举朱森林为省人大常委会主任、卢瑞华为省长。
- 3月1日　经国务院批准，从即日起，深圳市成为首批外商投资企业试行银行结售汇试点地区之一。
- 3月7日　广州市政府召开全员劳动合同制改革工作总结表彰会议。至是日止，广州市固定工签订劳动合同人数达69.3万人，占企业应转制职工人数的98.43%，基本实现了劳动合同制改革的阶段性目标，结束了计划经济遗留下来的固定工作制度，"大锅饭"与"铁饭碗"现象基本消失。

- **3月17日** 第八届全国人大第四次会议通过《关于授权汕头市和珠海市人民代表大会及其常务委员会、人民政府分别制定法规和规章在各自的经济特区实施的决定》。

- **4月** 国务院决定从1996年起，将全国原定18个城市国有企业"优化资本结构"试点扩大到50个城市，广州、深圳被列入其中。"优化资本结构"试点以国有大中型企业为重点，以"增资、改造、分流、破产"为主要内容。5月，佛山市被列为比照试点城市。1997年年初，汕头、韶关、湛江三市也被列入试点范围。

- **5月14日** 省政府颁布《广东省职工失业保险暂行规定》，7月1日起施行，明确失业职工范围，政策规划的制定及监管，失业保险金的筹集、管理、使用，职工失业管理、处罚、争议处理等内容。1998年12月10日，省政府发出《广东省失业保险规定》，保障劳动者失业后的基本生活，促进再就业和社会安定。

- **6月11日** 省委、省政府在广州召开全省特困县经济发展工作会议。会议决定，划出连南、连山、阳山等16个脱贫奔小康难度较大的山区县为特困县，重点扶持，力争1997年脱贫。这是省委、省政府从全省经济全面发展、山区沿海共奔富裕的战略高度出发，决定集中力量，改变过去扶持山区"撒胡椒面"的做法。8月6日,省委、省政府印发《广东省特困县脱贫考评办法》。

- **6月12日** 省政府在广州市召开广东省东西两翼规划工作会议,部署东西两翼规划的编制工作。1997年5月5日,经省政府批准,《广东省东西两翼区域发展规划纲要》公布。这是继制定珠江三角洲经济区现代化建设规划和山区"九五"发展计划后,贯彻省委、省政府"分类指导、层次推进、梯度发展、共同富裕"指导方针的又一重要举措。

- **6月20日至21日** 省委、省政府在新兴县召开全省农业产业化工作会议。会议重点研讨解决推进农业产业化的思路和对策。会议强调,实现农业产业化是农业继实行家庭承包责任制和发展乡镇企业之后带有方向性的变革,其目的在于不断推进农业和农村经济全面持续发展。会议还提出大力推进广东农业产业化,省里准备用三年时间,每年拨出一批资金,扶持市、县发展一批龙头企业。8月26日,省委、省政府发出《关于推进农业产业化若干问题的决定》,明确农业产业化的指导思想、基本要求,做出发展龙头产业、建立农业社会化服务体系、建立土地使用权流转机制和新型农业投资机制、发展外向型农业等决定。

- **6月26日** 省政府发出《关于加快发展大型企业集团的通知》,决定重点发展一批能在全省国民经济中起龙头和支柱作用的大型企业集团。第一批选定的企业有70家。

- **7月8日** 广东电视卫星台、广东卫星广播开播暨广东省广播电视卫星地球站落成典礼在番禺市南村举行。广东电视通过亚洲2号卫星，传向全国和世界53个国家和地区，覆盖人口约20亿。

- **7月14日至20日** 省委召开常委扩大会议，审议通过《中共广东省委关于进一步加强依法治省工作的决定》。8月22日，省委下发文件，决定从1996年起，用5年时间，制定比较齐全，与本省改革开放、经济发展和社会进步要求相适应，与国家法律、行政法规相配套的地方性法规，做到依法管理经济和社会事务。这标志着广东依法治省工作正式启动。10月16日，广东省依法治省工作领导小组及办公室成立，谢非任组长。1997年1月8日，省依法治省工作领导小组召开第一次会议，做出全面推进依法治省的工作部署。

- **9月17日** 深圳市与香港亚洲电力有限公司签署合作建设和经营深圳市"九五"重点建设项目东部电厂意向书，首期工程投资90亿元。东部电厂建成后将成为全国首家使用液化天然气的大型燃气电厂。

- **9月28日** 大型现代化铁路口岸——广州火车东站全面投入运营。该站1993年11月动工兴建，建设规模仅次于全国最大的北京西客站，承担广深线、京九线、广汕线以及华东地区经京九线进入广州地区列车的始发终到。

- **10月16日** 省政府批准乐昌等17个县（市、区）通过省普及九年义务教育评估验收。至此，广东省121个县（市、区）都实现了"普九"，基本完成"普九"的历史任务。

- **11月5日至10日** 首届中国国际航空航天博览会在珠海举行，共签订了15项合作协议，合同金额约20亿美元。观众达70万人次。中国国际航空航天博览会是唯一由中国政府批准举办的国际性专业航空航天展览。中国政府决定，从1996年开始，每逢双年在珠海市举办中国国际航空航天博览会。
- **11月26日** 中国南方航空（集团）公司开通了广州—北京—阿姆斯特丹国际航线。这是广州首条通往欧洲的国际航线，也是中国民航开辟的首条通往荷兰的航线。
- **12月1日** 广州市南华西实业股份有限公司成立。这是全国第一家街道集体所有制的上市股份公司。南华西股票于12月9日在深圳证券交易所挂牌上市。
- **12月9日** 省委办公厅、省政府办公厅发出《广东省机构编制委员会关于省直事业单位机构改革的实施意见》。按照中央、国务院有关精神，省直事业单位机构改革启动，核心是政事分开，事业单位社会化。至2003年改革结束，省政府机关精简近半，地级以上市部门精简22%，人员精简9.8%。
- **12月14日** 广州市第一公共汽车公司属下的公共汽车全部实行无人售票，结束了40多年来的乘务员售票历史。
- **1996年** 是年省人大常委会组织针对"三乱"问题的执法检查。八十年代以后，省人大常委会积极探索各种监督形式，确保法律法规在本行政区域内的正确实施和维护人民群众的合法权益。八十年代中期以后，省人大常委会每年都有计划、有重点地积极开展执法检查，对一些重要的法律法规的实施，进行连续多年跟踪检查监督。省人大还通过听取和审议工作汇报等方式，积极开展对"一府两院"的工作监督。1993年至1995年，省人大常委会在全省开展评议县、市级公安、检察院、法院、司法机关工作和"乡镇所站"的工作，推动机关作风的转变。1994年11月，省人大常委会对省国土厅不执行省人大常委会颁布的《广东省城镇房地产登记条例》进行质询，责成其立即全面实施《广东省城镇房地产登记条例》。

- **1996年** 全省地区生产总值达6848.23亿元，比上年增长11.3%。其中第一产业增加值为935.24亿元，第二产业增加值3318.51亿元，第三产业增加值2594.48亿元，人均地区生产总值9157元。工业总产值10530.93亿元，农业总产值1577.89亿元。全社会固定资产投资额2327.64亿元。进出口总额1099.60亿美元。地方财政收入479.45亿元。城镇居民人均可支配收入8157.81元，农民人均纯收入3183.46元。

1997 年

- **1月15日** 国家教委在全国教育工作会议上公布了江苏、广东所辖市、县、区全部实现了"两基"（即"基本普及九年义务教育和基本扫除青壮年文盲"），成为继京、津、沪三市后全国第三批实现"两基"的省（市、区）。"两基"任务的完成，为广东省加快经济发展和现代化建设奠定了基础。

- **1月21日** 普宁市、潮安县、曲江县、仁化县、梅江区、封开县、高要市、罗定市、云安县、广宁县、怀集县、龙门县等12个山区县（市、区）实现脱贫达标，省委、省政府对此给予通报和奖励。22日，省委、省政府召开全省扶贫攻坚工作会议，提出全省基本消除绝对贫困的奋斗目标。

- **2月19日** 中国改革开放的"总设计师"邓小平逝世，广东多地各界群众以多种形式深切悼念邓小平。2月21日，省委召开常委扩大会议，学习中央《告全党全军全国各族人民书》，沉痛悼念邓小平。2月25日，省委组织省级领导班子成员、老同志和各地级市委书记收看中共中央、全国人大常委会、国务院、全国政协、中央军委在人民大会堂隆重举行的邓小平追悼大会实况转播。

- 3月18日　省政府发出通报，表彰了广州市等51个市、县、区达到农村人人享有卫生保健评价标准，韶关等28个市、县、区基本达到人人享有卫生保健评价标准。

- 3月24日　中宣部确定全国100个创建文明城市活动示范点和200个创建文明村镇活动示范点。本省南海市、深圳市宝安区、东莞市长安镇、中山市小榄镇、花都市新华镇三东村、深圳市龙岗区布吉镇南岭村、南雄市珠玑镇珠玑村、梅州市梅县程江镇槐岗管理区等被确定为全国创建文明村镇活动示范点；广州市海珠区南华西街、佛山市城区同华小区、广州市北京路商业步行街、汕头市金砂路商业街等被确定为全国创建文明城市活动示范点。

- 3月25日至27日　省委、省政府在广州市召开全省卫生工作会议，研究加快卫生事业发展、提高卫生保健水平的措施。6月6日，省委、省政府发出《关于贯彻〈中共中央、国务院关于卫生改革与发展的决定〉的意见》，提出改革卫生管理体制、医疗保障制度、卫生机构运行机制，加强卫生行政执法。

- 4月9日　国家计委下达1997年129项国家重点建设项目名单，广州抽水蓄能电站二期、广州港新沙港区一期、广州珠江钢铁有限公司、广东茂名乙烯工程被列为国家重点建设项目。

- 4月29日　省委组织部发出《关于公开选拔部分省直单位副厅级领导干部的通知》，决定在当年内采取组织推荐与群众推荐（包括个人自荐）、考试与考核相结合的方式，试行公开选拔部分省直单位副厅级领导干部。

- 5月12日　省委批转省纪委、省委组织部、省委宣传部、省监察厅《关于在全省开展以"讲学习、讲政治、讲正气"为主要内容的党性党风党纪教育的意见》，全省开展"讲学习、讲政治、讲正气"（简称"三讲"）为主的党风廉政教育活动。

- 5月20日至21日　省政府在茂名市召开全省农村用电和电价管理现场会议，部署在全省范围内开展农村电价整顿行动。整顿农村电价采取"理顺体制，加强管理，增加投入，政策扶持"的措施，各市县农村到户电价最高限价不准超过每千瓦时1.80元。

- 5月28日　省委、省政府在广州市召开"7000万人口日"大会（广东人口翌日突破7000万人）。要求坚决扭转计划生育工作"年年突击，年年被动"的局面。

- 6月10日　省政府颁布《广东省碧水工程计划》，省政府成立碧水工程计划实施工作领导小组，各市成立相应的工作领导协调机构，开展本市碧水工程计划项目的建设和管理工作。"碧水工程"重点项目共6大项115个子项，在2010年前完成，总投资约200亿元。

- 6月27日　省委组织部、省人事厅印发《广东省省直党群、政府机关公开招考机关工作人员和国家公务员工作方案》。这是省直党群、政府机关首次面向社会公开招考机关工作人员和国家公务员。9月5日，省政府发布《广东省国家公务员录用实施办法》。

- **6月29日至7月1日** 江泽民及国务院总理李鹏率中央代表团经深圳赴香港，出席香港政权交接仪式和香港特别行政区政府成立庆典活动。30日，中国人民解放军驻香港部队进驻香港欢送大会在深圳市隆重举行。7月1日凌晨5时45分，中国人民解放军驻港部队经深圳进入香港。

- **8月5日** 省信息化工作领导小组办公室发出《关于解决"计算机2000年问题"的通知》。1998年9月8日，省政府办公厅发出《关于成立省计算机2000年问题工作领导小组的通知》。2000年，全省计算机"2000年问题"平稳过渡。

- **8月14日** 世界上投资规模最大、长度最长、途经国家最多的国际海缆系统——亚欧国际海底光缆汕头登陆站奠基建设。该光缆1998年6月3日在汕头市登陆，全长3.8万公里，中国内地两个登陆点之一的汕头，是唯一主干站。1999年3月2日，第一条海底光缆——中美国际海缆在汕头市登陆。至此，国际海缆汕头登陆站拥有两条世界上容量最大的国际海底光缆系统，成为中国最重要的海缆登陆站。2000年4月18日，国际海缆汕头登陆站正式投入使用。

- **8月25日** 省委办公厅、省政府办公厅发出《关于市县乡镇事业单位机构改革的意见》，全面启动市、县、乡镇事业单位机构改革，推进事业单位社会化，改革主管部门对事业单位的管理方式、投资渠道，规范事业单位名称和规格。

- **8月28日** 粤东地区第一条山区高速公路——汕梅高速公路正式动工建设。它是广东省"九五"重点建设项目,该公路从汕头起,经揭阳、丰顺至梅州市,全长约150公里。

- **9月12日至18日** 中国共产党第十五次全国代表大会举行。江泽民作题为《高举邓小平理论伟大旗帜,把建设有中国特色社会主义事业全面推向二十一世纪》的报告。大会首次使用"邓小平理论"这个概念,把这一理论作为指引党继续前进的旗帜;进一步分析社会主义初级阶段的基本国情,提出了党在社会主义初级阶段的基本纲领,进一步阐明了建设有中国特色社会主义的经济、政治、文化的基本特征和基本要求;对我国社会主义初级阶段的所有制结构和公有制实现形式,以及依法治国、建设社会主义法治国家等重大问题做出新的阐述;提出了新的"三步走"发展战略,即新世纪第一个10年实现国民生产总值比2000年翻一番,使人民的小康生活更加宽裕,形成比较完善的社会主义市场经济体制;再经过10年的努力,到中国共产党成立100年时,使国民经济更加发展,各项制度更加完善;到下世纪中叶中华人民共和国成立100周年时,基本实现现代化,建成富强、民主、文明的社会主义国家。

- **10月12日至24日** 第八届运动会在上海举行。广东体育代表团525名运动员参加30个项目的决赛,获总分1915分,夺得金牌24.5枚、银牌31.5枚、铜牌37.5枚。10人54次超18项世界纪录,11人42次超19项亚洲纪录,7人9次破8项全国纪录。金牌数居全国第四位，奖牌和总分均列第三位。

- **11月3日** 由广东省依法治省工作领导小组办公室、省政府法制局与《南方日报》联合举办的"广东法制建设十件大事"评选活动揭晓。广东省人大常委会设立、建立健全政府法制机构、建立贪污贿赂举报中心和反贪污贿赂工作局、依法治省工作领导小组及其办公室成立、建立执法责任制、省人大常委会提出"全速推进地方立法"、三个经济特区拥有立法权、法院审判方式改革大步前进、实施普法规划、开展社会治安综合治理活动等十件大事当选为改革开放18年来，特别是党的十四大以来广东省法制建设的十件大事。

- **11月11日至13日** 全省经济体制改革工作会议在广州召开，总结推广深圳、顺德等地改革的成功经验，部署下一步的改革工作，推进广东省建立社会主义市场经济体制的进程。

- **11月13日** 省委、省政府发出《关于贯彻〈中共中央、国务院关于治理向企业乱收费、乱罚款和各种摊派等问题的决定〉的意见》，全省清理各种向企业收取的行政事业性收费、罚款、集资、基金项目和各种摊派，建立健全收费审批和监督制度，查处违规行为，等等。

- **12月1日** 省纪委向谢非和卢瑞华报送《关于查处广东国际信托投资公司问题若干工作的紧急请示》。12月5日，省委决定：成立查处广东国际信托投资公司问题领导小组。1998年10月6日，中国人民银行鉴于广东国际信托投资公司不能支付到期债务，发出予以关闭的公告。1999年1月10日，原广东国际信托投资公司董事会通报关闭清算结果：总负债361.65亿元，资不抵债146.94亿元。广东国际信托投资公司及其附属深圳公司、广东国际租赁公司和广信企业发展公司决定向法院提出破产申请。

- **12月13日** 省委办公厅、省政府办公厅转发省委组织部、省人事厅、省财政厅《关于做好为新疆选派干部工作的请示》。自1995年本省派出第一批援藏干部到西藏林芝地区工作后，至2020年3月，广东先后派出18批援藏援疆干部（其中援藏9批，援疆9批）。

- **12月19日** 省政府召开全省治理乱收费减轻负担"切一刀"电视电话会议。1997年全省共取消不符合规定的行政事业性收费1434项，一年可减轻企业负担7.2亿元。省长卢瑞华提出要采取强硬措施，确保春节前完成"切一刀"任务。

- **12月** 国务院批准国内规模最大的中外合作项目——惠州中海壳牌南海石化项目立项，项目总投资42亿美元。2000年10月28日，项目合营合同在北京签署。2006年1月29日，项目投产，首期生产230万吨石化产品，年销售额17亿美元。

- **1997年** 中共中央、国务院提出国有企业三年脱困的目标，通过改革、改组、改造和加强管理，使大多数国有大中型亏损企业摆脱困境。是年年底到2000年年底，广东组织实施国有企业脱困攻坚战，成立广东省国有大中型工业企业三年改革与脱困工作领导小组，并设立煤炭、纺织和制糖三个脱困工作小组。1998年，省政府下发《关于全省国有大中型工业企业三年改革与脱困的实施意见》，重点抓好煤炭、纺织、制糖三个特困行业的脱困。作为国有企业三年改革与脱困的配套文件，1998年省委、省政府发出《关于进一步做好国有企业下岗职工基本生活保障和再就业工作的决定》，对国企下岗职工再就业采取多项扶持政策。并在安置职工方面给予资金上的支持，1999年省财政安排7.91亿元用于安置下岗职工和保障职工基本生活。到2000年底，国有大中型企业脱困工作取得实质性进展，煤炭、制糖、纺织三大特困行业的脱困攻坚战取得阶段性胜利，国有工业企业脱困任务基本完成。全省列入国家考核范围的490户国有大中型亏损企业有355户摆脱困境，脱困率为72.4%。

- **1997年** 全省地区生产总值达7792.97亿元，比上年增长11.2%。其中第一产业增加值为978.32亿元，第二产业增加值3719.69亿元，第三产业增加值3094.96亿元，人均地区生产总值10154元。工业总产值12372.69亿元，农业总产值1656.46亿元。全社会固定资产投资额2298.14亿元。进出口总额1301.20亿美元。地方财政收入543.95亿元。城镇居民人均可支配收入8561.71元，农民人均纯收入3467.69元。

·

1998年

- 1月13日　省政府发出《关于促进个体私营经济发展的通知》，明确除法律、法规禁止外，所有行业和商品都允许个体工商户、私营企业经营，经营方式也全部放开。不得对个体工商户和私营企业搞"挤、卡、压"。

- 1月13日　省政府在广东省基本消除绝对贫困新闻发布会上宣布：1997年广东省基本解决绝对贫困人口温饱的目标已经实现，提前3年完成国家"八七"扶贫攻坚计划。3月25日，省委办公厅、省政府办公厅发出《关于梅县等18个山区县（市）和龙川等6个特困县脱贫达标的通报》，对实现本省基本解决绝对贫困人口温饱目标的有关单位和个人通报表彰。

- 2月20日　省委办公厅、省政府办公厅发出《关于贯彻〈中共中央办公厅、国务院办公厅关于进一步稳定和完善农村土地承包关系的通知〉的意见》，明确第一轮土地承包期满后可再延长30年，同时探索建立和健全土地使用权流转制度。

- 2月20日　省委宣传部、省贸易委员会、省工商行政管理局、省技术监督局等单位转发中宣部等单位关于进一步开展"百城万店无假货"活动的通知,并于1999年11月18日发出《关于公布广东省"百城万店无假货"活动示范街、示范点的决定》,确定广州市下九路、第十甫路商业步行街等4条商业街、广州市友谊商店股份有限公司等29家商店为这次活动的示范街、示范点。

- **3月1日** 中共中央决定:中共中央政治局委员李长春任广东省委委员、常委、书记,谢非不再担任省委书记、常委、委员职务。

- **3月9日** 江泽民参加九届全国人大一次会议广东代表团全体会议,要求广东"增创新优势,更上一层楼",争取交出物质文明建设和精神文明建设两份好答卷。3月31日,为贯彻落实好江泽民的重要指示,省委、省政府办公厅发布《关于开展增创广东发展新优势调研活动的通知》,决定在全省范围内,动员组织各方力量,开展"增创广东发展新优势"的专题调研活动。重点调研十大主题:全面深入分析广东面临的形势和挑战;加快高新技术产业发展;提高对外开放的素质和水平;优化产业结构、推进产业升级;深化改革、发挥新体制优势;农业产业化和珠江三角洲农业现代化;培育发展新的经济增长点;加强人才队伍建设;坚持"两手抓"、促进两个文明建设协调发展;推进可持续发展。每一专题均分工一名省委、省政府领导直接负责,省直有关部门领导和业务骨干参加。此次调研活动历时4个月,至7月底结束,调研活动规模之大、内容之广、程度之深,都是广东前所未有的。活动形成11个主报告、赴上海学习考察专题报告、70个分课题报告及一大批配套材料,为省委、省政府和各级党委、政府的科学决策,提供了思路和对策。省委、省政府十分重视利用好这次调研成果,部署出台了一系列重大政策文件及增创广东发展新优势的工作实施方案。9月9日至11日,省委召开工作会议,总结增创发展新优势十大专题调研工作,审议通过《中共广东省委、广东省人民政府关于依靠科技进步推动产业结构优化升级的决定》。

- **3月11日** 李长春在九届全国人大一次会议广东代表团全体会议上指出,要给人大代表反映民意开设"直通车"。4月10日,省委办公厅、省人大办公厅、省政府办公厅联合发出《关于加速办理人大代表提出的重要建议的意见》,提出对恶性突发事故的报告当天送达省领导,恢复使用省人大代表建议专用信封,省人大常委会设立人大代表热线电话等。它标志着人大代表和党政机关之间"直通快车"正式开通。

- **3月23日** 省财政厅发出《广东省预算外资金委托银行代收款暂行办法》。重点是强化行政事业性收费收支两条线管理。1999年2月12日,省委办公厅、省政府办公厅发出关于对行政事业性收费和罚没收入实行收支两条线管理工作的通知,规定从1999年5月起,行政事业性收费及罚没收入均由同级财政部门委托银行代收。

- **3月28日** 省文明委发出《关于在全省开展创建文明城市竞赛活动的实施意见》,要求各地深入开展创建文明城市竞赛活动。6月15日，省委、省政府发出通知，要求全省开展学习中山市创建文明城市活动经验。9月24日至25日，省委、省政府在中山市召开全省创建文明城市现场经验交流会，省委决定成立全省文明委员会。

- 3月30日　经国务院批准，粤港两地政府高层次工作机制——粤港合作联席会议正式建立并在广州市召开首次会议。粤港两地的合作进入一个由市场推动和政府协调相结合的全方位合作时期。

- 3月　湛江市12万多公顷的红树林自然保护区被国务院正式列为国家级自然保护区，为全国第二个、也是面积最大的红树林自然保护区。

- 4月4日至6日　全省山区文化建设工程工作会议在广宁召开。广东山区文化建设工程，是"南粤锦绣工程"的子工程，是一项跨世纪的工程。会议的召开，标志着广东省山区文化建设工程全面启动，将逐步改善广东山区群众文化落后贫乏的状况。

- 5月7日　广州汽车集团公司与日本本田技研工业株式会社在广州市签署合资合同，成立广州本田汽车有限公司，生产新款小汽车。10月27日，广州本田汽车有限公司与广州市政府在人民广场举行交车仪式，第一批本田雅阁轿车正式与公众见面，这标志着广州汽车工业取得初步成功。1999年3月26日，首辆广州本田雅阁轿车生产下线。2000年2月28日，公司通过年产3万辆车的国家竣工验收。

- 5月18日 经中共中央宣传部、国家新闻出版署和广东省委批准，我国首家省级党委机关报报业集团——南方日报报业集团正式挂牌成立。同日，羊城晚报报业集团成立。

- 5月22日至27日 中共广东省第八次代表大会在广州举行。大会讨论并通过了李长春代表七届省委作题为《增创新优势，迈向新世纪，全面推进广东现代化建设》的报告。报告提出，把广东改革开放和社会主义现代化事业全面推向新世纪。对广东改革开放和现代化建设的跨世纪发展做出全面部署，提出要增创体制、产业、开放、科技教育四大新优势，突出抓好外向带动、科教兴粤、可持续发展三大发展战略。

- 5月25日 为更好地发挥政协委员民主监督、参政议政的作用，保证委员提出的重要建设和意见迅速地反映到党委、政府机关，省委、省政府、省政协联合下发《关于快速办理省政协委员重要建议的意见》，首次明确规定，省政协委员可以直接向省委主要领导反映重要的意见和建议，并对办理的程序和办法做出了具体规定。这项制度使政协委员反映意见和建议的途径变得更加便捷，因而被称为"直通车"。

- 5月27日 省委八届一次会议和省纪委八届一次会议在广州召开。大会选举李长春、卢瑞华、黄华华、高祀仁、张高丽、黄丽满、王岐山、温玉柱、卢钟鹤、欧广源、于幼军、刘凤仪、蔡东士等为省委常委；李长春为省委书记。

- 5月28日 广深电气化铁路全线竣工。它是我国第一条时速200公里的铁路。8月28日投入商业运行，广州至深圳全程只需55分钟。

- **6月10日** 省政府发布《广东省城镇国有土地使用权公开招标拍卖管理办法》，规定1998年8月1日以后，在城市规划区内新增的经营性房地产项目（包括商品住宅、写字楼、商铺、宾馆和高级娱乐设施，不包括福利房和工业厂房）用地，全部按招标拍卖方式出让，完全由市场配置。

- **6月18日** 省外经贸委与省台办、省外商投资局联合在东莞市召开1998广东台商投资介绍会。这是广东首次，也是大陆省市首次专门对台的招商活动。

- **7月7日** 省委办公厅、省政府办公厅发布《关于在全省农村进一步推行村务公开，加强民主管理的通知》，明确村务公开主要是以财务公开和集体资产管理公开为重点的"八公开"，要求建立民主管理制度。

- **7月28日** 广东省贯彻中央关于军队、武警部队和政法机关不再从事经商活动电视电话会议在广州市召开，会议宣布成立广东省军队武警部队和政法机关不再从事经商活动领导小组。11月30日，广州军区、南海舰队、广州军区空军、广东省军区、武警广东省总队所属的368家企业，以及北京、济南、兰州、成都军区和海军广州舰艇学院等单位的22家驻粤企业与军队、武警部队彻底脱钩，全部移交给广东省地方管理。

- **7月31日** 省委、省政府在广州召开广州市城市建设现场办公会，研究如何帮助广州市搞好城市规划和建设管理，会上提出广州市的城市面貌要实现"一年一小变，三年一中变，2010年一大变"的发展战略。9月30日，广州城市建设协调小组成立，以进一步加强广州市城市规划和建设，增强和发挥广州作为中心城市的辐射力和带头作用。

- 8月21日至22日　省委、省政府召开全省农村基层组织建设工作会议，决定撤销全省农村管理区办事处，设立村民委员会，属下自然村（经济社）设立村民小组，实行村民自治。至1999年11月，全省有20295个农村管理区办事处完成撤办事处设村委会的任务。2000年1月26日，广东省理顺农村基层管理体制工作总结大会在广州市召开。

- 8月30日　粤海铁路通道开工，这是我国第一条跨海铁路通道。它使海南省铁路与全国铁路线连成一个整体，大大改善了海南的交通。2003年1月7日，铁道部、海南省、广东省举行通道开通庆典活动。

- 9月3日　番禺大桥和广州华南快速干线首期建成通车。它贯通番禺、东莞、深圳、顺德、中山、珠海等地，是香港、深圳经虎门大桥进入广州通往京广高速公路的主要通道，对于番禺，乃至珠江三角洲的经济发展将起到重要的作用。

- 9月8日　中共中央决定，由中纪委牵头，最高人民检察院、公安部和省委、省纪委联合组成专案小组，查办湛江特大走私、受贿系列案。省成立了"9898"专案指挥部。经过一年多查证，走私分子内外勾结，收买湛江海关、边防等部门及党政机关工作人员，走私、受贿金额达100多亿元。1998年10

月22日至25日，国务院在广州市召开广东、辽宁、江苏、浙江、福建、山东、广西、海南沿海八省（区）打击走私和骗汇工作座谈会。

- **9月21日** 省政府召开全省外商投资出口先进企业表彰大会，对322家企业进行表彰。会上，省政府再次推出鼓励外商投资企业扩大出口的8项措施。同日，省政府发布《关于鼓励外商投资企业扩大出口问题的通知》。

- **9月22日** 省政府办公厅转发《国务院办公厅转发〈中国人民银行整顿乱集资乱批设金融机构和乱办金融业务实施方案〉的通知》，要求各级政府、各部门要坚决贯彻执行党中央、国务院的决定，高度重视，防范和化解金融风险，由主要领导同志负责，指定专门机构，积极做好整顿金融"三乱"工作。

- **9月26日** 国家开发银行与省政府签订贷款仪式在广州举行。国家开发银行贷款190.19亿元，支持广东33个公路路段项目建设。

- **11月10日** 国家计委批复《广东省农村电网改造工程、农电管理体制改革和城乡用电同价方案》。从1999年1月起，取消各种违反国家规定的电力附加费，实行农村分类综合价。1999年2月12日，省政府办公厅印发《我省农电管理体制改革、农网改造和城乡用电同网同价试行方案》，7月7日，省政府召开全省农电"两改一同价"工作会议。

- **11月26日** 省委召开常委会议，研究本省扶贫开发工作。30

日，全省特困县脱贫奔康工作会议在广州举行。省委、省政府提出到2003年，贫困县基本达到小康目标。12月24日，省委、省政府印发《关于加大扶贫开发力度，加快贫困县脱贫奔康步伐的意见》。

- **11月27日至12月1日** 全国改革开放20年利用外资成果展在北京举行。1979年至1998年底，广东年实际利用外资累计达961.97亿美元，占全国总量的35.97%。

- **12月2日** 省政府发出《关于加快住房制度改革实行住房货币分配的通知》，从1998年下半年起，全省各党政机关、事业单位逐步实行住房货币分配，从2000年1月1日起，全省一律停止按现行房改政策出售和出租公有住房，企业也要参照执行。

- **12月16日** 中山市被国家环保总局评为国家环境保护模范城市。自1997年深圳、珠海率先被评为国家环保模范城市以来，广东的中山、汕头、惠州、江门、肇庆、广州、佛山、东莞等市也先后被评为国家环保模范城市，成为全国遵循和实施可持续发展战略并取得成效的典型。

- **12月28日至30日** 由教育部、科技部、人事部和广州市政府联合主办的首届中国留学人员广州科技交流会（简称"留交会"）在广州市举行。此后每年在广州市举办一届"留交会"。

- **12月29日至30日** 省委、省政府在湛江召开现场办公会，研究、帮助、支持湛江市解决当前经济社会发展中遇到的突出困难和问题，以中央查处湛江特大走私案为转机，把广大干部群众凝聚、发动起来，加快改革开放，加快经济发展，加强精神文明建设，加强党的建设，在跨世纪征程中迈出新的步伐。

- **1998年** 全省地区生产总值达8555.33亿元，比上年增长10.9%。其中第一产业增加值为994.55亿元，第二产业增加值4087.41亿元，第三产业增加值3473.37亿元。人均地区生产总值10850元。工业总产值13799.16亿元，农业总产值1705.44亿元。全社会固定资产投资额2668.13亿元。进出口总额1297.98亿美元。地方财政收入640.75亿元。城镇居民人均可支配收入8839.68元，农民人均纯收入3527.14元。

1999 年

- **1月27日至2月2日** 省九届人大二次会议在广州举行。会议通过《广东省人民代表大会议事规则》，首次将"立法公开化"写入法规。
- **2月11日** 省委、省政府印发《关于进一步扩大开放的若干意见》，提出广东要形成全方位、多层次、宽领域、高水平的开放格局，开拓国际市场，实行市场多元化，提高利用外资的质量与水平，加强与跨国公司、大财团的技术经济合作。
- **4月2日** 省政府发出《关于全省城镇职工基本医疗保险制度改革规划方案》。基本医疗保险制度改革实行"低水平、广覆盖"的原则，运作实行社会统筹和个人账户相结合。
- **4月2日** 全省"村村通广播电视"工作开始贯彻落实。至年底，全省共解决2253个行政村覆盖盲点的问题，提前完成"村村通"任务。2000年8月11日，"村村通广播电视"工程通过国家广电总局和国家计委的验收并获得合格证书。
- **4月5日** 省领导班子"三讲"教育动员大会在广州市召开。4月27日，省委召开大会，对省级领导班子"三讲"教育"思想发动、学习提高"阶段的工作进行小结,并对下一阶段"自我剖析、听取意见"工作作出部署。6月17日至19日,省委八届三次全体(扩大)会议在广州市召开。全会总结省级领导班子、领导干部"三讲"教育工作,对全省开展"三讲"教育工作提出实施意见。9月28日,省委召开地级以上市"三讲"教育动员大会,全省地级以上市"三讲"教育正式开始。2001年1月9日,省委召开全省教育工作总结电视电话会议,宣布"三讲"教育告一段落。

- **5月1日** 省委办公厅印发《关于转发中央政法委会议纪要的通知》,强调要重视处理好"法轮功"问题,确保广东社会稳定。6月1日,省委办公厅发出《关于严防法轮功练习者传播谣言搞大规模聚集活动的通知》。7月21日,省委在广州召开全省市、县党委负责人会议,传达中央有关处理"法轮功"问题的决定和江泽民关于处理"法轮功"问题的系列重要批示,部署广东贯彻落实的具体措施。

- **5月14日** 省政府发出《关于鼓励出国留学高级人才来粤创业的若干规定》。12月21日,省人事厅等9个有关单位联合发出《关于贯彻〈关于鼓励出国留学高级人才来粤创业的若干规定〉的实施意见》,对出国留学高级人才来粤创业采取11项鼓励措施。广州、深圳、珠海、佛山等市相继建立留学人员创业园,吸引留学人员创办高新技术企业。

- **6月1日** 南海海域开始实行首次伏季休渔制度(6月1日零时至7月31日24时)。

- 7月26日　省政府办公厅发出《关于印发广东省2010年珠江三角洲基本实现农业现代化的评价指标体系的通知》和《关于印发广东省珠江三角洲十大农业现代化示范区实施方案的通知》，提出在珠江三角洲地区建立10个农业现代化示范区，每个示范区以一个主导产业为主，实行专业化生产、产业化经营、社会化服务，创一批品牌，辐射带动周边地区。

- 7月27日　省委、省政府批转省体改委《关于确定顺德市为率先基本实现现代化试点市的意见》。9月1日，顺德市召开率先基本实现现代化试点市动员大会。

- 8月4日　省政府办公厅发出《广东省加快高新技术产业开发区及珠江三角洲高新技术产业带建设方案》。珠江三角洲高新技术产业带是国家科技部批准的全国三个高新技术产业带之一，高新技术产业带将大力发展高新技术及其产业；加快高新技术产业开发区和成果孵化、转化基地建设；强化科技创新能力，开发关键技术。

- 8月20日　省依法治省工作领导小组在省委会议室召开全省依法治省工作电视电话会议，贯彻落实江泽民重要讲话和省委《关于进一步加强依法治省工作的决定》，推动本省依法治省工作再上一个新台阶。会议要求推广深圳经验，加大依法治省力度，建设文明法治社会。2000年7月24日至25日，广东省依法治省工作经验交流会在深圳举行，总结近年来广东省依法治省工作，推介了深圳市依法治市的经验，全面部署了广东省率先建立社会主义文明法治环境的八项具体工作任务。

- 8月26日　国家重点项目——广州珠江钢铁有限公司投产，结束华南地区薄钢板生产空白的历史。

- 8月26日至28日　省委、省政府在深圳召开全省经济特区和珠江三角洲改革开放工作座谈会，研究和部署经济特区、珠江三角洲如何强化改革、提高开放水平，加快经济体制创新，增创新优势，率先基本实行现代化问题。12月13日，省委办公厅、省政府办公厅转发省发展计划委员会《关于广东省经济特区和珠江三角洲率先基本实现现代化的意见》。

- 8月　河源市发现恐龙骨骼化石。2001年10月，河源市发现世界罕见晶体恐龙蛋化石。2003年2月9日，河源市区河埔大道石峡路段首次发现4组保存完整、清晰的恐龙足迹化石群。2005年1月28日，在北京中华世纪坛举行的"第三届吉尼斯世界纪录（中国）颁证典礼"上，河源市博物馆藏恐龙蛋化石10008枚，获得吉尼斯世界纪录证书。2005年4月10日，中国地质调查局地层与古生物研究中心正式授予河源市"中华恐龙之乡"称号。

- 9月9日　省九届人大常委会就《广东省建设工程招标投标管理条例》的修订首次公开召开立法听证会，广泛征求社会各界意见。立法公开听证，在全国尚属首次。

- 9月24日　省委、省政府召开检查验收广州市"一年一小变"工作现场办公会，实地考察该市"一年一小变"的完成情况，对前段的工作进行小结，为转入实现"三年一中变"的工作确定方向。

- **10月5日至10日** 由国家外经贸部、科学技术部、信息产业部、中国科学院和深圳市政府联合主办的首届中国国际高新技术成果交易会在深圳举行。广东展团共有50家企业、118个项目参展。签订合同或协议22宗,金额2.28亿美元。此后,该交易会每年在深圳举办一届。
- **10月27日** 广州白云国际机场迁建工程指挥部挂牌成立。11月,中国民用航空总局批准广州白云国际机场总平面规划,明确新建的机场是中国重要的口岸机场和国内三大枢纽机场之一。2000年8月28日,广州新白云国际机场在广州市花都区动工建设,工期历时近4年。2004年8月4日投入使用。2018年共完成旅客吞吐量6974万人次、航班起降47.7万架次、货邮吞吐量189万吨,旅客吞吐量全球排名第13位。其中,国际及地区旅客吞吐量1731万人次。
- **10月** 省政府、人民银行广州分行制定并施行《地方中小金融机构和农金会处置风险方案》,化解地方中小金融机构及农村合作基金支付风险,加大逾期贷款催收力度。至2000年年末,全省400家中小金融机构陆续退出市场。
- **11月13日至14日** 由省政府主办的首届广东经济发展国际咨询会在广州市召开。来自世界多国的20名著名科技、教育、经济专家受聘担任广东省省长经济顾问并出席咨询会。此后,该咨询会每年在广州市举办一届。
- **11月23日、12月17日** 国内首批两家中外合资旅行社——广州康泰国际旅行社有限公司和广东永安国际旅行社有限公司先后挂牌营业。这是国家旅游局和外经贸部联合发出《中外合资旅行社试点暂行办法》后批准的首批合资旅行社。

- **11月** 省人大常委会通过《广东省行政执法责任制条例》，广东的行政执法责任制建设开始走上规范化、制度化、法治化的轨道。

- **12月11日** 由省政府和中国地震局共同投资建设的中国第一个国产24位数字遥测地震台网——广东数字遥测地震台网通过验收。

- **12月19日** 中国人民解放军驻澳门部队进驻澳门欢送大会在驻澳门部队珠海基地举行。20日，人民解放军驻澳门部队从珠海开进澳门，履行澳门特别行政区防务任务。珠海市党政军民在拱北海关前广场热烈欢送。

- **12月23日至24日** 省委、省政府在珠海召开全省第四次海洋工作会议，提出发挥海洋优势，建设海洋经济强省发展战略。

- **1999年** 全省地区生产总值达9289.64亿元，比上年增长10.3%。其中第一产业增加值为1009.01亿元，第二产业增加值4391.33亿元，第三产业增加值3889.30亿元。人均地区生产总值11463元。工业总产值15303.33亿元，农业总产值1745.02亿元。全社会固定资产投资额3027.56亿元。进出口总额1403.68亿美元，比上年增长8.1%。地方财政收入766.19亿元。城镇居民人均可支配收入9125.92元，农民人均纯收入3628.93元。

2000 年

- **1月5日** 省房改办、省计委、省建委联合发文,从2000年1月1日起,停止行政机关、企事业单位自建住房(集体宿舍除外)的立项审批,包括集资建房或合作建房。解决职工住房问题,只有通过购买商品住房、经济适用住房或廉租房。

- **2月2日** 广东银联电子商厦和统一支付网关建成开通。该系统可支持多家银行向社会提供网上交易和支付服务。

- **2月15日** 省政府办公厅发出《广东省蓝天工程计划的通知》,提出160个项目,要求通过优化产业结构,调整工业布局,合理利用能源,加强工业废气污染防治和城市环境综合整治等具体措施的落实,对环境空气质量进行控制。并明确目标和任务,指出蓝天工程计划是广东贯彻可持续发展战略的跨世纪宏伟工程,各级政府和有关部门必须高度重视,加强领导,采取坚决措施,确保计划按期完成。

- **2月17日** 经中共中央、国务院批准,省委、省政府公布《广东省人民政府机构改革方案》,确定省政府机构改革的目标、原则、内容和重点。省政府工作部门共设41个,较原来精简12个；政府机关行政编制精简49.4%；厅级领导职数精简15%，处级领导职数精简25%。10月14日，中共中央批复广东省委机构改革方案。11月10日，省委发出《中共广东省委机构改革方案》和《中共广东省委机构改革方案实施意见》。经调整，省委设工作部门9个，部门管理机构3个，与政府部门合署办公机构1个。省委机关行政编制精简20%。2001年广东开始推行市县机构改革，2002年上半年基本完成。通过改革，机构编制精简，组织结构得到优化；转变职能有新的突破，政府管理经济社会的方式得到改善；职责关系进一步理顺，机关运行机制得到完善；工作方式和作风有所改进。

- **2月19日至25日** 江泽民到高州市指导"三讲"教育工作。20日，出席高州市领导干部"三讲"教育会议并作动员讲话，首次提出中国共产党要坚持"三个代表"（代表中国先进生产力的发展要求，代表中国先进文化的前进方向，代表中国最广大人民的根本利益）的重要思想，要求在经济发展较快地区的干部群众中开展"致富思源，富而思进"教育活动。随后到深圳、顺德、广州等地视察和调查研究。25日，江泽民为广东题词："增创新优势，更上一层楼，率先基本实现社会主义现代化。"

- **3月31日** 中华人民共和国第九届运动会委托承办、协议书签字仪式暨会徽、吉祥物新闻发布会在广州召开，标志着九运会筹备工作进入一个新阶段。由国家体育总局主办、广东省政府承办的第九届全运会定于2001年11月在广东举行。

- 4月21日　河源市大桂山国家森林公园获得国际管理体系ISO14001认证，这是全国国家森林公园的第一家。

- 4月29日　本省支持西部大开发的大项目之一——新疆哈密市广东路举行奠基仪式。

- 5月1日　经教育部批准，广州师范学院、广州大学、广州师范专科学校、广州教育学院和华南建设学院（西院）、广州城市职工大学、广州建筑总公司职工大学、广州市联合职工大学电信学院和纺织学院合并，建成新的广州大学。7月11日，新广州大学正式挂牌。

- 5月11日　省委办公厅、省政府办公厅印发《广东省省属国有企业资产重组总体方案》。根据政企分开、整体搞活、适度规模、依法组建、平稳过渡的原则，将原来分散在政府50多个部门管理以及军队、武警、政法机关移交过来的1546户企业，重组为省工业资产经营公司、省商贸资产经营公司、广晟资产经营公司和省电力集团、省交通集团、深圳华强集团等20个实行国有资产授权经营的大企业集团，建立起新型国有资产监管体系。

- 5月28日至6月6日　全国体育大会（非奥运会项目大型综合性运动会）在浙江宁波举行。广东代表团122名运动员参加14大项、117小项的比赛。获金牌37枚、银牌22枚、铜牌22.5枚，总分565分，夺得金牌数、奖牌总数和团体总分3项第一，并打破1项航海模型世界纪录。

- 6月6日至7日　省政府在花都区召开珠江三角洲率先基本实现

农业现代化现场会,研究部署加快珠江三角洲地区农业现代化建设工作。

- 6月23日至24日　省委、省政府在紫金县召开全省扶贫开发工作会议,决定从下半年起,用半年时间,在全省山区、贫困地区开展以"村村通公路"为主要内容的"四通"(通机动车、通讯、通电、通广播电视)和以"人均半亩保命田"为主要内容的"四个一"(贫困户人均半亩"保命田"、每户输出一个劳动力、每户挂上一个农业龙头企业、每户掌握一门致富技术)的扶贫开发"两大会战"。8月23日至24日,省委、省政府在韶关市召开全省扶贫开发"两大会战"现场会。

- 6月29日至30日　省委、省政府在广州召开全省国有企业改革经验交流会,检查国有企业改革三年两大目标落实情况,总结交流国企改革经验,部署夺取国有企业三年改革与脱困决战胜利的工作。

- 7月13日　省政府发出《关于省人民政府审批制度改革及各部门审批核准事项清理审核有关问题的通知》,取消和调整行政审批项目411项。

- 8月22日　国务院打击骗取出口退税工作组在广州市召开打击骗取出口退税动员大会。11月中旬,打击骗取出口退税专项斗争在全省全面铺开。11月30日,在汕头召开粤东地区打击出口骗税会议,听取汕头、揭阳市委和潮阳、普宁市委关于前段开展打击骗取出口退税工作的汇报,并对下一阶段全省特别是粤东重点地区的打击骗取出口退税工作作了部署。2001年6月12日，国务院打击骗取出口退税领导小组办公室和广东省委、省政府在汕头市迎宾馆召开国务院打击骗取出口退税工作会议。

- **8月23日至24日** 省委、省政府在广州召开全省教育工作会议。10月10日，省委、省政府印发《贯彻〈中共中央、国务院关于深化教育改革全面推进素质教育的决定〉的意见》，深入实施"科教兴粤"战略，推进素质教育，加快教育改革和发展。

- **8月28日** 肇庆星湖生物科技股份有限公司与上海博德基因开发有限公司在肇庆签署协议，共同投资创建上海博星基因芯片有限公司，是当时全国投资规模最大的生物工程产业化合作项目。

- **8月30日** 省教育厅实施《关于助学贷款管理的补充意见》，在中山大学、华南理工大学、暨南大学、民航职业技术学院等4所中央直属高校率先实施国家助学贷款计划，由中央财政贴息，并在年内推广到全部省属及部分市属高校。

- **9月15日** 省政府办公厅转发《国务院办公厅转发科技部等部门〈关于深化科研机构管理体制改革的实施意见〉的通知》，对广东科研机构管理体制进行改革，科技开发类科研机构实行企业化转制；社会公益类科研机构实行分类改革；社会科学类科研机构按其他类科研机构改革要求进行改革。

- **9月23日** 广州市首项文化艺术标志性建筑广州艺术博物院正

式开幕。这座建筑是当时全国规模最大、中南地区艺术藏品最丰富、设备现代化水平最高的艺术类博物机构。

- **9月26日** 省政府颁布《广东省台风、暴雨、寒冷预警信号发布规定》，并于2000年11月1日起施行，在全国率先统一发布气象灾害预警信号。2006年4月13日，省政府颁布《广东省突发气象灾害预警信号发布规定》，在原有的台风、暴雨、寒冷预警信号的基础上，增设高温、灰霾、森林火险、大雾、雷雨大风、道路结冰和冰雹7种预警信号。

- **10月** 省政府组织电力体制改革调研，起草《广东省电力体制改革方案》《广东省电力体制改革厂网分开方案》，核心内容是实行厂网分开。广东省电力集团公司分立为广东省广电集团有限公司和广东省粤电资产经营有限公司，2001年8月，广东实现厂网分离。

- **10月** 广东省实现"村村通邮"。11月27日，广东邮政"村村通邮"暨代发社会养老保险金总结表彰大会在广州市召开。全省农村投递邮路总长17.6万公里，农村投递人员7515人。

- **11月1日** 全省第五次人口普查全面铺开。2001年4月8日，广东省第五次全国人口普查主要数据第一号公报显示，全省普查总人口为8642万人，其中广东省户籍人口7473万人。

- **11月7日** 广东省电信公司宣布：广东境内的2.2万个行政村已实现村村通电话。广东成为中国第一个实现行政村村村通电话的省份。

- **11月14日** 深圳经济特区建立20周年庆祝大会在深圳召开。江泽民出席大会并发表重要讲话。他指出，深圳和其他经济特区、浦东新区的发展，是改革开放以来我国实现历史性变革和取得伟大成就的一个精彩缩影与生动反映，也是对党的正确领导和社会主义优越性的一个有力印证。发展经济特区，是建设有中国特色社会主义事业的重要组成部分，将贯穿我国改革开放和现代化建设的全过程。经济特区要继续当好改革开放和现代化建设的排头兵，继续争当建设有中国特色社会主义的示范地区，继续充分发挥技术的窗口、管理的窗口、知识的窗口和对外政策的窗口的作用，努力形成和发展经济特区的中国特色、中国风格、中国气派。

- **11月23日至24日** 首届广东省珠江三角洲地区与山区经济技术合作洽谈会（简称"山洽会"）在清远市举行。本次洽谈会共签订612个合作项目，金额242亿元。其中，珠江三角洲向山区县转移190个项目，金额51.6亿元；签订劳务输出合同66个，输出山区劳动力3.1万多人。"山洽会"此后每两年举办一届，到2010年共召开了六届，推动了珠三角、山区及东西两翼地区经济技术合作，促进了山区及东西两翼经济社会快速发展。

- **12月** 全省未通机动车的905个行政村已全部通机动车。

- **2000年** "九五"期间，广东省公路交通建设投资额约930亿元。至2000年底，全省公路总通车里程达10.26万公里，比1995年增加1.8万公里，增长21.3%。

- **2000年** 全省地区生产总值达10810.21亿元，比上年增长11.7%。其中，第一产业增加值为986.32亿元，第二产业增加值5055.71亿元，第三产业增加值4768.18亿元。人均地区生产总值12817元。工业总产值16904.47亿元，农业总产值1701.18亿元。全社会固定资产投资额3233.70亿元。进出口总额1701.06亿美元。地方财政收入910.56亿元。城镇居民人均可支配收入9761.57元，农民人均纯收入3654.48元。

2001 年

- 1月20日　京珠高速公路甘（塘）翁（城）段建成通车，粤北山区韶关市实现高速公路零的突破。
- 2月26日至27日　省委、省政府在汕头市召开现场办公会，研究进一步加快汕头经济和社会发展，通过发挥汕头区域性中心城市的作用，带动粤东地区的发展。
- 4月9日至10日　省委、省政府在广州召开全省社会治安工作会议。会议要求深入开展"严打"斗争，下大力气解决当前社会治安中的突出问题，坚决实现中央提出的两年内社会治安取得新的明显进步的目标。
- 4月9日至10日　全省整顿和规范市场经济秩序工作会议在广东大厦举行。会议要求综合运用经济手段、法律手段和行政手段，在全省范围内开展大规模的整顿和规范市场经济秩序联合行动。
- 4月13日　省委、省政府在省委会议室召开全省市、县、乡镇机构改革工作电视电话会议。提出全省市、县、乡机构改革目标是机关行政编制总体精简20%。

- 4月25日　省委办公厅印发《广东省深化党政干部制度改革实施方案》《广东省深化国有企业人事制度改革实施方案》和《广东省深化事业单位人事制度改革实施方案》。

- 4月27日　国家"九五"重点建设工程——武广电气化铁路改造工程韶关至广州段竣工并正式投入运营。至此，京广铁路广东境内310公里铁路全部实现电气化。

- 5月1日　全省取消市镇居民粮食供应关系，废止市镇居民粮油供应证和市镇居民粮油供应转移证明。

- 5月9日至13日　首届"中国少数民族和民族地区名优产品交易会"在深圳举办。全国32个省、自治区、直辖市的56个民族的40个代表团、2000多家企业参展，完成交易额500多亿元。

- 8月15日　巫山县巫峡镇339户1202名移民正式迁入三水市。20日，巫山县大昌镇195户706名移民正式迁入高要市。25日，巫山县三峡库区移民222户792人正式迁入肇庆市大旺综合经济开发区。广东省围绕"迁得出，稳得住，逐步能致富"的移民安置目标，成立专责领导小组或工作机构，分步实施三峡库区农村移民外迁广东安置工作。2000年至2004年，全省共安置三峡库区重庆市万州区和巫山县外迁农村移民2503户、9007人。

- 8月16日　省委、省政府举行新闻发布会，宣布从2001年起，每年安排专项资金3亿元用于免收全省农村困难家庭子女义务教育阶段书杂费。

- 9月7日　李长春到省高级人民法院考察，并与省公、检、法、司和省总工会、省妇联等有关部门的领导就贯彻落实"三个代表"重要思想、实施法律援助、帮助困难群众解决"打官司难"等问题进行座谈。9月18日，省法院下发《关于进一步加大司法救助力度，切实解决困难群众"打官司难"问题的通知》，要求全省各级法院认真贯彻落实。10月10日，省法院公布《关于对经济确有困难的当事人予以司法救助的实施办法》，要求全省各级法院从10月10日起，为经济确有困难的刑事案件被告人指定辩护人提供法律援助。

- 9月18日至21日　由国家建设部、科技部、中国新闻社、中国科学院和广州市政府共同主办的首次"中国国际数字城市建设技术研讨会暨21世纪数字城市论坛"和"中国国际数字城市建设技术博览会"在广州举办。

- 9月28日　省委、省政府做出《关于表彰省精神文明创建活动先进单位和先进个人的决定》。30日，省委、省政府在广州召开全省精神文明建设表彰电视电话会议，总结交流广东省近两年精神文明建设的经验，部署精神文明建设工作。

- 10月26日　教育部与广东省政府重点共建中山大学、华南理工大学的协议签字仪式在广州举行。2005年8月3日，教育部、省政府在广州举行《关于继续重点共建中山大学、华南理工大学的决定》签约仪式。

- 10月26日　省政府在广州召开全省工商行政管理系统与所办市场办管脱钩工作会议。至2001年11月10日，全省工商行政管理部门所办市场全部完成移交。

- **10月29日** 省委、省政府在广州召开检查广州市"三年一中变"工作现场办公会，实地考察广州市"三年一中变"有关项目的完成情况，总结经验，指导推进"2010年一大变"的工作。

- **11月6日** 深圳市劳动仲裁院成立，为全国首家劳动争议仲裁院。2002年8月，深圳市劳动关系协调委员会成立，成为全国首家常设性的协调劳动关系三方协商机构。

- **11月11日至25日** 中华人民共和国第九届运动会在广东举行。江泽民等党和国家领导人及国际奥委会主席罗格等出席开幕式。来自全国各地的45个体育代表团参加比赛。广东代表团以69.5块金牌、48块银牌、51.5块铜牌和3346.75的积分居金牌、奖牌和总分榜首位。12月26日，省委、省政府做出《关于表彰第九届全国运动会广东代表团及九运会组织筹备工作先进单位和个人的决定》。

- **12月4日至6日** 全省流通业改革与发展工作会议在深圳举行。会议研究发展现代流通业的政策措施。2002年1月18日，省委、省政府下发《关于大力发展现代流通业的意见》，要求把流通业作为国民经济的先导性支柱产业，重视抓好流通业的改革与发展。并确定把连锁经营、现代物流业和中高级批发市场作为推动流通业改革与发展的突破口。

- **12月8日** 2002年广东省春运公路客运价格听证会在广州召开。广东省在全国率先实行春运价格听证。

- **2001年** 全省地区生产总值达12126.59亿元，比上年增长10.5%。其中，第一产业增加值为988.84亿元，第二产业增加值5577.91亿元，第三产业增加值5559.84亿元。人均地区生产总值13952元。工业总产值18909.91亿元，农业总产值1722.35亿元。全社会固定资产投资额3536.41亿元。进出口总额1764.87亿美元。地方财政收入1160.51亿元。城镇居民人均可支配收入10415.19元，农民人均纯收入3769.79元。

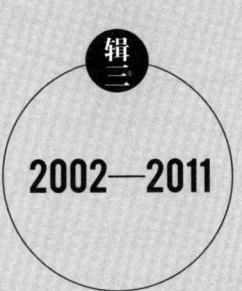

辑三

2002—2011

2002 年

- **1月9日** 省委、省政府在广州召开全省严打整治工作电视电话会议,部署以"两反一扫"为主要内容的严打整治集中统一行动。3月14日至15日,省委、省政府在广州召开全省严打整治工作汇报会。部署在全省范围内组织开展严打整治"夏季攻势"行动,集中打击毒品犯罪、"双抢"、盗抢机动车等多发性犯罪。
- **2月20日** 为适应加入世贸组织的需要,更好地实施"外向带动"战略,增强广东省经济的国际竞争力,增创综合投资环境新优势,省政府颁布《关于进一步优化广东投资软环境的若干意见》。10月29日,"全省优化投资软环境促进吸收外资工作座谈会"在广州召开,李长春出席座谈会并发表讲话。
- **3月2日** 广东边防总队深圳边防分局在深圳湾以东海域查获477万张盗版光碟。当时,这是新中国成立以来全国边防部门一次缉获数量最多的盗版光盘走私案。
- **3月7日** 省扶贫开发领导小组在广州召开全体成员会议。省委、省政府决定，为贫困地区、革命老区改造1000所小学危房。

- **3月15日** 经省政府批准，省物价局下发《关于取消对外出或外来务工人员收费的通知》，取消外来人口治安管理费等8项收费。
- **3月26日** 全省卫生工作会议在广州召开。省政府决定从2002年至2006年，安排3.5亿元省级专项资金用于支持建立农村合作医疗保障制度。
- **3月** 省委组织部在惠州市召开现场会，考察小金口农村党员联系村务工作责任制的做法及经验。省委决定向全省推广小金口经验。2001年小金口街道党工委决定推行"农村党员联系村务工作责任制"，规定以党小组为单位，以近邻和亲属为结合点，根据党员的能力和实际情况，有针对性地分配挂钩联系3至5户农村，将发展经济、计划生育、治安调解、环境建设、科普教育、生活宽裕、文明创建、缴纳税费等8项村务工作责任交给农村党员，以此增强农村党员的工作责任感。通过这一做法，村干部与党员形成合力，推动农村各项工作健康有序发展。
- **4月5日** 省政府颁布《关于加强我省信用建设工作的通知》，要求按照"加强整治，完善制度，创造环境，分步推进，提高信用"的原则，维护政府信用，促进全社会信用建设；加强企业信用建设，建立个人信用体系。8月15日至16日，省委、省政府在汕头市召开全省加强信用建设工作现场会。会议决定：在总结广州、深圳、汕头三个试点城市信用建设经验的基础上，将全面加快"信用广东"的建设步伐。

- **4月15日至30日** 第91届广交会在广州举行。本届广交会首次实行一届两期，共成交168.5亿美元，比上届增长26.7%，创以往历届广交会最好成绩。

- **4月27日** 由中国科学院广州能源研究所和成都生物所共同承担的"日处理200吨能量自给型城市垃圾堆肥系统"示范工程在博罗建成。省政府和中国科学院共同举办工程竣工现场会。

- **4月28日至29日** 省委、省政府在广州番禺南沙经济技术开发区召开广州南沙开发现场会，研究进一步搞好广州南沙地区的开发建设。

- **5月20日至26日** 中国共产党广东省第九次代表大会在广州举行。大会讨论并通过了李长春代表第八届省委作的题为《以"三个代表"重要思想为指导 加快率先基本实现社会主义现代化》的报告。大会提出继续以"增创新优势，更上一层楼，率先基本实现社会主义现代化"为总目标总任务统揽工作全局，以提高国际竞争力为核心，实施外向带动、科教兴粤、可持续发展和区域协调发展四大战略，增创开放、产业、科技、体制和环境五大优势。努力建设经济强省；率先建立比较完善的社会主义市场经济体制，率先建立文明法治环境，率先实现富裕的小康；全面加强党的建设，为加快率先基本实现社会主义现代化提供有力的保证。

- 5月26日　省委九届一次全会和省纪委一次全会在广州召开。选举李长春、卢瑞华、黄华华、黄丽满、欧广源、于幼军、蔡东士、刘玉浦、刘国裕、钟阳胜、黄龙云、李鸿忠、梁国聚等为省委常委；选举李长春为省委书记。

- 6月1日至25日　粤港澳三地警方联合开展以打击涉黑、涉毒、涉暴为主要内容的代号为"火凤凰"的行动。这次行动共破获各类刑事案件5745宗，打掉犯罪集团361个，抓获犯罪嫌疑人5895名、黑社会组织成员177名，缴获枪械毒品一批。6月26日，联合销毁毒品大会在深圳市举行。大会发表了《粤港澳禁毒联合宣言》。

- 6月20日　卢瑞华在汕头主持召开座谈会，研究粤东四市的社会经济发展路子，并着重部署解决粤东水质性、水源性缺水地区群众饮水难问题。8月23日至24日，全省解决严重缺水地区群众用水问题现场会在韶关召开。会议推广韶关解决石灰岩地区用水问题的经验，决定两年解决群众用水难问题。

- 6月28日　省委在广州召开全省农村"三个代表"重要思想学习教育活动总结表彰大会。大会表彰了全省138个农村基层组织建设先进单位和100名优秀农村基层干部。

- 7月22日　省委办公厅、省政府办公厅转发广东省妇女儿童工作委员会《关于加强流动妇女儿童权益保障工作的意见》，这是全国首个保障流动妇女儿童合法权益的省级文件。

- 8月21日至22日　全省加快山区发展工作会议在广州举行，总结近年来全省山区开发的经验，研究部署加快山区发展工作。省委、省政府出台了一系列政策措施,包括十项加快山区发展的决定,在未来5年内动用巨资改善山区的区位条件和投资环境,促进山区开发进入新的发展阶段。9月27日,省委、省政府发出《关于加快山区发展的决定》,指出加快山区发展以全面实现脱贫奔康为总目标总任务,并明确加快山区发展的具体目标和措施。

- **9月1日**　2002年中国名牌产品在北京人民大会堂公布。广东省21家企业的21个产品榜上有名,居全国各省份之首。

- **10月8日至9日**　省委、省政府在广州召开全省综合治理珠江工作会议。省长卢瑞华与沿江各市市长签订珠江综合整治责任书。11月21日,省委、省政府印发《关于加强珠江综合整治工作的决定》。

- **10月10日至12日**　省政府在广州召开全省体育工作会议。会议提出新时期发展广东体育事业的指导思想、工作方针和总体要求。2003年2月18日,省委、省政府做出《贯彻落实〈中共中央、国务院关于进一步加强和改进新时期体育工作的意见〉的决定》。

- **10月11日**　全国首条全地下城际轨道交通线——珠江三角洲城际快速轨道交通广州至佛山段项目试验段工程开工仪式在佛山魁奇折返线工地举行。该工程段属于广珠城际轨道交通线的一部分。广珠城际轨道交通线是广东省珠三角城际快速轨道交通线网规划的组成部分和起步工程,由广州南站途经佛山市顺德区、中山市,南至珠海市拱北口岸的珠海站,并经延伸线连接珠海机场。2007年6月28日，全珠江三角洲城际快速轨道交通广州至佛山段正式开工。广佛线横跨广州的海珠区、荔湾区和佛山的禅城区、南海区，呈东西走向。线路西起佛山市魁奇路，东达广州市沥滘，总长约32.16公里，全线共设车站21座。2010年11月3日，珠三角城际快速轨道交通广佛线（广州至佛山）首通段正式投入使用。

- **10月29日**　中央精神文明建设指导委员会在京召开会议，广东省的广州市、茂名市、南海市被评为"全国创建文明城市工作先进城市（城区）"。

- **11月8日至14日**　中国共产党第十六次全国代表大会举行。江泽民作题为《全面建设小康社会，开创中国特色社会主义事业新局面》的报告。大会系统总结了党的十三届四中全会以来13年奋斗历程和基本经验，阐述了全面贯彻"三个代表"重要思想的根本要求，提出全面建设小康社会、加快推进社会主义现代化的奋斗目标。要求在二十世纪头20年，集中力量，全面建设惠及十几亿人口的更高水平的小康社会，使经济更加发展、民主更加健全、科教更加进步、文化更加繁荣、社会更加和谐、人民生活更加殷实。在优化结构和提高效益的基础上，国内生产总值到2020年力争比2000年翻两番，综合国力和国际竞争力明显增强。

- **11月23日**　中共中央决定：李长春不再兼任广东省委书记、常委、委员职务，中共中央政治局委员张德江兼任广东省委委员、常委、书记。

- **12月23日至24日** 省委召开九届二次全会，审议通过《中共广东省委关于认真学习贯彻党的十六大精神的决定》，要求："到2010年，全省人均国内生产总值比2000年翻一番，全省进入宽裕型小康，珠江三角洲率先基本实现社会主义现代化；到2020年，全省人均国内生产总值比2010年再翻一番，全面建设小康社会，率先基本实现社会主义现代化。"2003年1月，省发展和改革委员会根据省政府指示，组织开展《广东省全面建设小康社会总体构想》的研究和编制工作。2004年11月15日，省委、省政府发布《广东省全面建设小康社会总体构想》，包括三方面共19项内容。《构想》成为指导广东全面建设小康社会、率先基本实现社会主义现代化的纲领性文件。2007年国家统计局对全面建设小康社会统计监测指标体系进行修订后，广东又对全面小康进行了测算，提出广东有条件先于全国全面建成小康社会。

- **12月30日** 省委、省政府决定，在全省开展"千村扶贫"工程。从2002年起，分3年实施，每年重点扶持山区和东西两翼1000个集体经济年纯收入3万元以下的贫困村发展集体经济，3年共扶持3000个行政村。

- **2002年** 本省启动智力扶贫工程。从2002年至2007年，省财政共安排2.1亿元，每年资助5000名贫困家庭子女接受2至3年技工教育。

- **2002年** 全省地区生产总值达13601.89亿元，比上年增长12.4%。其中第一产业增加值为1015.08亿元，第二产业增值

6224.73亿元，第三产业增加值6362.08亿元。人均地区生产总值15478元。工业总产值21788.71亿元，农业总产值1781.06亿元。全社会固定资产投资额3943.81亿元。进出口总额2210.92亿美元。地方财政收入1201.61万元。城镇居民人均可支配收入11137.20元，农民人均纯收入3911.91元。

2003 年

- **1月2日** 广东省首次报告传染性非典型肺炎（SARS），这是全球第一次报告SARS。2002年11月16日，佛山市禅城区发现首例非典型肺炎病例，随后15个市陆续遭遇非典型肺炎疫情。至2003年6月3日，全省共报告SARS病例1512例，其中，死亡58例，治愈1454例。

- **1月13日至21日** 广东省第十届人民代表大会第一次会议召开，选举卢钟鹤为省十届人大常委会主任，选举黄华华为省长。

- **1月21日至22日** 广东省在中山市召开现场会，对河源、中山两地相继发生的不明原因肺炎的病因、诊断、治疗和预防措施等进行分析，首次提出该病属非典型肺炎，并形成《关于中山市不明原因肺炎调查报告》。23日，省卫生厅以"粤卫办2号文"印发各有关单位，要求各级医疗卫生机构掌握治疗原则和预防措施，对类似病人严加观察和诊治。

- **2月3日** 省委、省政府正式建立省监测报告系统，并成立防治非典协调领导小组、医疗专家组等防治机构，钟南山院士任专家组组长。同日，省卫生厅下发《关于做好不明原因肺炎防治工作的通知》，提出分散接诊、定点收治、就地隔离治疗等措施。2月8日，广东省将非典型肺炎情况上报党中央、国务院，并从即日起实行"零报告制度"，每天向省委、省政府和卫生部报告发病情况。随后，省卫生厅向新闻界通报全省非典型肺炎的有关情况：全省各级卫生部门已及时采取措施，疫情得到初步控制。广东还先后制定了相关诊断标准、治疗方案等指导文件，摸索出一整套有效的临床救治方案。同时，根据非典疫情发展的不同阶段，制定防治工作重点。

- **2月17日至18日** 全省民营经济工作会议召开，强调加快民营经济发展。3月19日，省委、省政府颁布《关于加快民营经济发展的决定》，要求充分认识民营经济的重要地位和作用，放宽投资领域，消除各项歧视与不合理规定，加强对民营经济的财政和金融支持，努力提高民营经济的素质和水平，积极营造有利于民营经济发展的良好外部环境。9月29日，省委办公厅、省政府办公厅印发《关于加快民营经济发展的有关配套文件的通知》，进一步改善民营经济发展的外部环境，为民营企业注入新的活力，进一步推动民营经济的发展。

- **2月24日** 省政府办公厅印发《2003年省政府重点抓好的十件大事和十项工程的通知》，把走新型工业化道路、着力调整产业结构；抓好招商引资、努力扩大出口；推进三项改革（国有资产监管体系、行政管理体制、农村税费改革）；促进农业产业化经营；整顿和规范市场经济秩序；做好就业和社会保障工作；大力发展民营经济；加快城镇化进程；推动高等教育实现跨越式发展；大力推进文化建设确定为十件大事；把高速公路工程、能源建设工程、天然气工程、石化工程、汽车工程、城市快速交通工程、环保工程、高新技术产业工程、水利工程和文化工程确定为十项工程，要求各单位认真组织实施，确保各项任务顺利完成。

- **2月** 由省发展和改革委员会（简称"省发改委"）牵头组织开展的珠三角城际轨道交通线网规划方案，历时两年八个月，九易其稿，形成《珠江三角洲城际快速轨道交通线网规划》。按照规划：至2020年，形成以广州为中心，广州—深圳、广州—珠海为两条主轴，放射线与环状线相结合，覆盖区内主要城市，衔接港澳地区的珠三角城际轨道交通网，总里程将近600公里。

- **3月26日至27日** 省委九届三次全会召开。会议审议并通过《中共广东省委关于实施固本强基工程全面推进党的基层组织建设的决定》，提出切实加强和改进广东省党的基层组织建设，决定从是年开始，用3年时间，在全省实施固本强基工程，全面推进党的基层组织建设。

- **3月30日** 国内首个以循环经济和生态工业为指导理念建设的环保科技产业园——南海国家生态工业建设示范园区暨华南环保科技产业园在佛山市南海区丹灶镇举行奠基、挂牌和部分入园企业签约仪式。

- **4月3日至8日** 世界卫生组织（WHO）的官员、专家一行在粤就非典型肺炎防治情况进行考察。经考察，世界卫生组织官员向省政府反馈考察情况，认为广东防治非典非常有效，广东的经验应向世界推广。4月9日，世界卫生组织专家认为广东经验在全球是独一无二的，希望这些经验尽快在中国的其他地区和全球得到推广。4月13日，国务院召开非典型肺炎防治工作会议，全面部署下一步非典型肺炎工作。广东在会议上介绍了预防、治疗和控制非典型肺炎的经验和办法。

- **4月10日至15日** 中共中央总书记、国家主席胡锦涛先后到湛江、深圳、东莞、广州等地考察调研，14日到广州疾病预防控制中心视察，了解非典型肺炎防治工作情况，看望第一线的医务人员。胡锦涛在视察期间，提出科学发展观思想，要求广东加快发展，率先发展，协调发展，更好地发挥排头兵作用。

- **4月11日** 省疾病预防控制中心向新闻界宣布，该中心已从非典型肺炎病人样本中检出冠状病毒。这是广东省寻找非典型肺炎病因的一项重大突破。

- **4月11日、17日和18日** 粤港双方在广州举行两次防治非典业务交流会。从4月23日起，双方每天互通疫情和防治状况。应中国香港特别行政区政府要求，广东还派出2名中医药专家参与香港多家医院的非典临床工作，两人获香港"抗炎勇士勋章"。

- **4月23日** 胡锦涛做出重要批示，悼念因救治非典病人献出生命的中山三院医生邓练贤。4月26日，省委颁布《关于追认邓练贤、叶欣同志为革命烈士的决定》。4月30日，省委做出决定，追授邓练贤、叶欣、范信德为"模范共产党员"称号。5月12日，经中国红十字会向红十字国际委员会申请，广东省中医院二沙分院急诊科护士叶欣（已殉职）等10名中国护士获得第39届弗洛伦斯·南丁格尔奖章。5月23日，世界卫生组织（WHO）发布解除对香港特别行政区和广东省的旅游警告。6月13日，世界卫生组织宣布将广东从近期"本地有SARS传播的地区"名单上除名，广东的抗非典斗争取得阶段性重大胜利。6月19日，省委、省政府召开全省抗击非典先进集体、先进个人表彰大会。7月2日，最后3例住院非典病人治愈出院。非典期间，全省做到学校不停课，市场不停市，工厂不停产，机关不停止办公，保持了社会大局的稳定，确保了第93届广交会来宾无一人感染非典。

- **4月28日** 省文明委举行"在全省开展新时期广东人精神大讨论"活动，经讨论，将新时期广东人精神确定为"敢为人先、务实进取、开放兼容、敬业奉献"。

- **5月15日** 省委、省政府召开全省环境保护工作电视电话会议，要求正确处理好经济建设与环境保护的关系，努力开创生产发展、生活富裕、生态良好的文明发展道路。

- **5月22日** 广东省当时投资额最大的旅游项目——由香港中旅集团的国际投资有限公司独资兴建、总投资逾30亿元、首期投资21亿元的珠海海洋温泉度假区正式动工兴建。

- **6月16日至17日** 省委、省政府召开全省农村税费改革试点工作动员大会，在全省范围内部署开展农村税费改革。

- 6月23日　经广东省省级自然保护区评审委员会论证，由省政府上报国务院批准，珠江口中华白海豚自然保护区正式成为国际级自然保护区。

- 6月28日　省委、省政府在东莞市塘厦镇的东深供水改造工程纪念园隆重举行广东省东江—深圳供水改造工程全线提前完工向香港供水庆典仪式。东深供水工程自1965年建成以来，历经3次扩建，对香港供水累积已达140亿立方米，为香港的经济繁荣、社会稳定做出了重大贡献。1998年10月，为实现清污分流，保证供水水质，增强供水能力，广东省政府决定对工程进行全线改造。改造工程自2000年8月28日动工，历时近3年，比原计划提前2个月完工并向香港供水。

- 6月29日、10月17日　内地与香港、澳门特区政府分别签署了《关于建立更紧密经贸关系的安排》（简称CEPA），并于2004年1月1日开始实施。根据协议，273种港澳产品可以零关税进入内地市场，较其他地区产品进口节省关税最高可达35%。CEPA是在WTO框架内，一个国家两个不同关税区之间特殊形式的自由贸易安排，也是一项优势互补、互利共赢的合作安排。同时，CEPA也是一项开放性的协议，可以根据形势的需要，不断充实和完善。内地与香港、澳门后期又相继多次签署补充协议及其他相关协议。2018年12月，内地与香港、澳门分别签署了《CEPA货物贸易协议》，作为CEPA升级的重要组成部分，于2019年1月1日起正式实施。

- **7月11日** 中国文联、中国音乐家协会和广州市政府就共同主办"中国音乐金钟奖"在广州举行签约仪式。此后,中国音乐最高奖"金钟奖"落户广州,每年举办一届。
- **7月28日** 根据CEPA的有关安排,经公安部出入境管理局批准,自即日起,中山、东莞、江门、佛山4个城市试办常住居民个人赴港澳旅游。2004年1月1日,汕头、潮州、梅州、肇庆、清远、云浮六市开办个人赴港澳旅游;5月1日,湛江、阳江、茂名、韶关、揭阳、河源、汕尾7市开办个人赴港澳旅游。至此,全省全面开办居民个人赴港澳旅游。
- **8月5日** 第六次粤港合作联席会议在香港举行。此次会议是CEPA签署后粤港政府高层合作的第一次会议。
- **8月30日** 省委、省政府印发《关于实施〈十项民心工程〉的通知》,决定在全省实施《十项民心工程》。十项民心工程包括全民安居、扩大与促进就业、农民减负增收、教育扶贫、济困助残、外来员工合法权益保护、全民安康、治污保洁、农村饮水、城乡防灾减灾等方面内容,基本上涵盖了当时全省群众生产生活中存在的突出问题。
- **9月23日至24日** 省委、省政府召开广东省文化大省建设工作会议,拟定6年投资78亿元建设重点文化设施。10月9日,省委、省政府发出《关于加快建设文化大省的决定》《广东省建设文化大省规划纲要(2003—2010年)》。
- **9月29日** 省政府在广东大厦举行深圳华强集团有限公司国有股权转让协议签约仪式。经省政府授权,省财政厅作为出让方，转让91%的国有股权，标志深圳华强集团有限公司由省政府授权经营的国有独资公司转变为混合持股的有限责任公司，成为自主独立经营、自我发展、自我约束的真正的法人实体和市场竞争主体。

- **10月11日** 深圳市通过省工业污染源环保全面达标试点工作考核组的考核，成为全国首个实现工业污染源全面达标的城市。

- **10月16日** 经国家新闻出版总署批准，光明日报报业集团和南方日报报业集团共同主办《新京报》，于11月在首都正式出版发行。这是全国首例得到国家有关部门正式批准的跨地区办报模式。

- **10月29日** 国务院批准立项的北江大堤加固达标工程举行开工仪式。北江大堤按国家一级堤防标准100年一遇防御能力整治，总投资25.45亿元。

- **11月29日** 广州从化太平镇钱岗村广裕祠修复工程坚持修旧如旧，延续自宋朝至今的历史信息，被联合国教科文组织评选为"2003年度亚太地区文化遗产保护杰出项目"。是日，颁奖。

- **12月8日至10日** 粤澳合作联席会议在澳门举行。9日，国内首个跨境工业园区——珠澳跨境工业区奠基，2006年12月8日园区正式启用。

- **12月16日** 国务院批复，同意广州市申办2010年第16届亚运会。2004年3月20日，广州市召开"申亚"工作会议。广州"亚申委"在会上评出了承办2010年亚运会的理念（合作、竞赛、发展）、口号（动感亚洲，感动世界）、标准（祥和亚运、绿色亚运、文明亚运)。2005年7月23日，2010年第16届亚运会组委会在广州成立。

- **12月19日** 广(州)惠(州)、揭(阳)普(宁)、汕(头)梅(州)高速揭(阳)梅(州)段和惠(州)河(源)高速二期，总长308公里的四条通往粤东北地区高速公路宣告如期建成通车。

- **12月25日** 省政府召开全省农村教育工作会议。省政府拿出20.2亿元，与16个地级市政府签订了解决农村义务教育负债问题责任书，并决定从2003年到2007年，广东每年拿出5亿元，用于经济欠发达地区中小学校舍扩建和危房改造。从2004年开始，省财政连续4年每年安排3000万元专项经费用于农村中小学的计算机室和语音室的建设。省财政继续对农村义务教育阶段家庭人均年收入在1500元以下的学生给予"两免一补"(免杂费、免书本费、补助寄宿生生活费)的资助，并安排2.1亿元继续实施每年资助5000名贫困家庭子女就读技工学校计划。

- **2003年** 全省地区生产总值达15959.25亿元，比上年增长14.8%。其中，第一产业增加值为1072.91亿元，第二产业增加值7687.81亿元，第三产业增加值7198.53亿元。人均地区生产总值17927元。工业总产值27375.56亿元，农业总产值1908.66亿元。全社会固定资产投资额5030.57亿元。进出口总额2835.22亿美元。地方财政收入1315.52亿元。城镇居民年人均可支配收入12380.40元，农民年人均纯收入4054.58元。

2004 年

- **1月5日** 省委、省政府在广州召开全省预防非典工作紧急会议,研究部署在全省范围内紧急扑杀果子狸、关闭野生动物交易市场,防范非典传播的有关工作。1月30日,全国防治非典科技攻关组、广东省防治非典科技攻关领导小组在广州联合召开"SARS分子流行病学研究进展"新闻发布会,宣布粤沪京港等60多位科学家历时8个月协作攻关,揭开了SARS分子流行病学之谜,破解了SARS冠状病毒变异进化规律。

- **1月6日** 法国航空公司一架A340-300大型宽体客机降落广州白云国际机场,标志巴黎—广州实现首航,这也是通航广州的第一家欧洲航空公司。德国汉莎航空公司2月4日开通广州—上海—慕尼黑航线;2005年3月28日,开通广州—法兰克福直航航班。

- **2月8日** 省委在广州召开首批10名新上任的省信访督查专员座谈会。根据张德江的意见,省委决定建立省信访督查专员制度,从今年1月1日起,省直机关新提任的副厅级领导干部到省信访局任省信访督查专员。这在全国尚属首创。

- **2月13日** 韶关市丹霞山被联合国教科文组织评选为中国首批世界地质公园。7月5日，丹霞山世界地质公园举行揭牌开园仪式。

- **2月19日** 省委、省政府做出《关于加快发展海洋经济的决定》。到2010年，全省海洋产业总产值要比2003年翻一番，海洋产业增加值占全省国内生产总值的15%左右。

- **3月2日** 中国社会科学院发布2003年中国城市综合竞争力报告。该报告发布了2003年度最具竞争力的50个城市名单。广东省的广州、深圳、佛山、东莞、珠海、惠州名列前50位。其中，深圳、广州分别列在第3位和第4位，仅次于上海和北京。

- **3月28日** 广东省首批"十大工程"项目之一——广东科学中心在广州大学城举行奠基仪式。2008年9月26日，广东科学中心建成开放。广东科学中心耗资19亿元人民币，历时近5年建成，是全国第一家特大型综合性科学中心。

- **4月8日** 中国工程院院士钟南山获得卫生系统最高荣誉——"白求恩奖章"。

- **4月8日至9日** 全省加快县域经济发展工作会议在广州举行。5月21日，省委、省政府做出《关于加快县域经济发展的决定》，随后省政府办公厅印发《关于促进县域经济发展财政性措施意见的通知》和《关于进一步落实省委、省政府关于加快县域经济发展的决定》，要求各地采取有力措施加快工业化、城镇化和农业产业化进程，做大做强县域经济。截至2004年，全省67个县全年实现生产总值4098亿元，增长约11.7%，比上年同期提高1.6个百分点，呈现速度加快、质量改善、效益提高的良好态势。

- 4月11日 中国轻工联合会、中国陶瓷工业协会授予潮州"中国瓷都"荣誉称号；国家科技部同意潮州建立日用陶瓷特色产业基地。

- 4月29日 省政府正式批准《广东省粮食应急预案》。这是全国第一个粮食应急预案。

- 5月11日 省委正式成立巡视机构，实施规范和经常性巡视。这一机构的成立使党内监督更多地从静态监督转向动态监督，从结果监督转向过程监督，强化了监督力度。

- 5月13日 广东省首家知识产权司法鉴定机构——广东省专利信息中心知识产权司法鉴定所正式挂牌。

- 5月18日 省政府在韶关召开现场办公会，要求推进十项民心工程。会议及时总结和推广韶关市解决城镇特困户住房的经验和做法，要求3年解决城镇特困户住房问题。

- 5月20日 省政府发出《关于加快旅游业发展的决定》，提出把发展旅游业与产业结构优化升级结合起来，与解决"三农问题"结合起来，与实施区域协调发展战略结合起来，与建设文化大省结合起来，与保护生态环境结合起来。

- 5月31日 中共中央批复《泛珠三角区域合作框架协议》。6月1日至3日，首届"泛珠三角区域合作与发展论坛"先后在香港、澳门、广州举行。论坛以"合作发展，共创未来"为主题,深入探讨泛珠三角区域合作的目的、意义和思路、措施,提出了"泛珠三角"区域未来总体发展方向和部分行业发展设想,"9+2"政府领导人共同签署了《泛珠三角区域经贸合作框架协议》。首届论坛标志着泛珠三角区域合作进入全面启动和实施的新阶段。7月,首届"泛珠三角"区域经贸合作洽谈会在广州举行。洽谈会签约项目847个、金额2926亿元。9月17日,广州、福州、南昌、长沙、南宁、海口、成都、贵阳、昆明9个泛珠三角省会城市经协商共同签署了《泛珠三角区域省会城市合作协议》。

- **6月23日** 省政府发出《关于大力发展广东资本市场的实施意见》。《意见》指出了发展资本市场的目标和方针,提出发展资本市场的最终目标是争取通过3到5年的努力,把广东省建设成为全国资本市场最发达的地区之一。

- **6月26日** 省国有资产监督管理委员会(简称"省国资委")挂牌成立。国资委的成立是我省深化国有企业改革的重大举措,标志着广东企业国有资产管理体制改革进入新阶段。28日,省政府办公厅公布第一批省国资委履行出资人职责企业名单,其中省国有企业20家,省持股企业4家。

- **7月6日** 省政府发出《关于深化农业税改革的决定》。2005年1月1日,省委、省政府发出《关于深化农村税费改革试点工作的通知》。从即日起,全面免征农业税。延续几千年的"皇粮国税"正式退出中国舞台,这是中国农业发展与世界惯例接轨的标志性事件,这是中国农村面貌即将迎来新一轮巨变的标志性事件，中国农民的命运开启了一个不同以往任何历史时期的崭新阶段。

- **8月3日** 张德江会见香港特别行政区长官董建华，就加强粤港合作、促进香港繁荣稳定交换意见。8月4日，粤港合作联席会议第7次会议在广州举行。这次会议是在CEPA全面实施之后，粤港两地政府召开的一次大规模、高层次的重要会议。

- **9月2日** 广州大学城正式开学。大学城一期工程从启动到竣工耗时仅19个月。2003年8月，土建工程正式动工，到交付使用不到一年时间，曾创下29项专项设计同步施工的纪录，最高峰时达10万人夜以继日同时施工。

- **9月3日** 省政府做出《关于省出版集团整体转制为企业并授权经营国有资产等问题的批复》。这是广东对国有大型文化经营单位做出整体转制和经营授权的第一份文件，标志着广东文化体制改革的又一次重大突破。

- **9月6日** 由世界第二大汽车集团（丰田汽车公司）和广汽集团共同投资38.21亿元的广州丰田汽车有限公司成立。广州丰田的成立，标志着以广州本田、东风日产、广州丰田为龙头的我省汽车工业大布局的完成。至此，广州成为中国同时拥有日本三大汽车企业（丰田、本田、日产）整车项目的唯一城市。

- **9月27日至28日** 省委九届五次全会通过《中共广东省委关于贯彻〈中共中央关于加强党的执政能力建设的决定〉的意见》，提出当前和今后一个时期，加强党的执政能力建设的主要任务是:"按照建设经济强省、文化大省、法治社会、和谐广东和实现富裕安康的要求,不断增强驾驭社会主义市场经济的能力、建设社会主义先进文化的能力、发展社会主义民主政治的能力、构建社会主义和谐社会的能力、解决群众生产生活问题的能力,使执政意识更强化、执政方式更科学、执政机制更完善、执政环境更优化、执政基础更巩固。"

- **10月18日至22日** 由国家发展和改革委员会、国家工商行政管理总局和省政府主办的首届中国中小企业博览会(简称"中博会")在广州举行。自此,国内中小企业拥有了属于自己的高规格展会舞台。2006年,经国务院批准,从第三届起中博会,由"国字号"会展跃升为"国际展",成为中国最具影响力的展会之一,并永久落户广东省广州市。

- **11月18日** 省委印发《关于组织"十百千万"干部下基层驻农村深入推进固本强基工程的意见》。12月2日,省委在广州召开全省共产党员开展"十百千万"干部下基层驻农村和"理想、责任、能力、形象"教育活动动员部署大会。2005年11月24日,全省组织"十百千万"干部下基层驻农村工作会议召开。

- **11月18日至22日** 首届国际文化产业博览会在深圳举行。深圳国际文化产业博览会,是由国家文化部、广电总局、新闻出版总署、省政府共同主办的第一个综合性、国际性的文化产业博览盛会,也是继中国国际高新技术成果交易会之后,在深圳举办的又一个常设性国家级大型展会。

- **11月19日** 省政府在深圳召开"加强东江流域水资源节约、保护和配置"会议。本次会议是广东省第一次流域配水会议，标志着广东省流域水资源统一配置迈出了实质性步伐。

- **11月26日** 省政协召开建设和谐广东研讨会，探讨如何进一步贯彻落实中共十六届四中全会和省委九届五次全会精神，增强构建社会主义和谐社会能力、建设和谐广东的问题，为省委、省政府推进和谐广东建设提供有价值的决策参考。

- **11月30日** 全省行政监察工作会议召开。本次会议是自1994年省纪委、省监察厅合署办公后首次召开的全省性专题研究行政监察工作的会议。

- **12月2日至6日** 由省对外贸易合作厅主办，中国国际贸易促进委员会广州市分会具体承办的印度尼西亚日惹广东出口商品展览会在日惹展览中心开幕。这是广东第一次在日惹举办的广东出口商品展览会，更是在中国与东盟正式签署《中国—东盟全面经济合作框架协议货物贸易协议》和《中国—东盟争端解决机制协议》后第一个在东盟国家举行的展览会。

- **12月18日** 广东粤剧艺术中心演艺大楼奠基。该工程项目是省委、省政府为推动文化大省建设、弘扬民族文化、促进粤剧艺术事业发展的重大举措。

- **12月21日至22日** 胡锦涛在出席庆祝澳门回归祖国5周年活动和澳门特别行政区第二届政府就职典礼后在广东考察工作。胡锦涛一行先后来到珠海、中山、佛山、广州等地，深入企业车间、农业基地和城市社区，实地考察当地的经济社会发展情况。考察中，胡锦涛听取了省委、省政府的工作汇报。胡锦涛指出，科学发展观是我们党以邓小平理论和"三个代表"重要思想为指导，从新世纪新阶段党和国家事业发展全局出发提出的重要指导思想。必须坚持以科学发展观统领经济社会发展全局，确保经济社会发展沿着正确的方向前进。

- **12月24日** 省委、省政府在云浮市举行广东地级市全部通高速公路的庆典仪式。被称为广东地级市通高速公路"最后两公里"的4个项目全部建成通车，比原定目标提前1年实现。至此，全省高速公路通车总里程超2500公里，在全国处于领先地位。

- **12月30日** 国家铁道部和省政府在广州铁路枢纽新广州站站址（番禺区钟村镇石壁村）举行"新广州站开工暨珠江三角洲城际轨道交通建设动员大会"。

- **2004年** 全省地区生产总值19005.61亿元，比上年增长14.7%。广东人均国内生产总值21032元，首次超过2万元。其中，第一产业增加值1248.59亿元；第二产业增加值9398.61亿元；第三产业增加值8358.41亿元。全社会固定资产投资6025.53亿元，比上年增长19.8%。进出口总额3571.29亿美元。地方一般公共预算收入1418.51亿元。全年社会消费品零售总额6852.03亿元。全年全省城镇居民人均可支配收入12828.94元，农村居民人均可支配收入4246.94元。

2005年

- **1月15日** 省委发出《关于开展以实践"三个代表"重要思想为主要内容的保持共产党员先进性教育活动的实施意见》。1月17日,省委保持共产党员先进性教育活动工作会议召开。保持共产党员先进性教育活动共分三批进行,2006年6月20日,省委先进性教育活动领导小组第九次会议召开,总结全省3个批次的先进性教育活动情况。

- **1月29日** 省林业局与肇庆市政府联合在肇庆市七星岩牌坊广场隆重举行"世界湿地日"纪念活动暨肇庆星湖湿地公园揭幕仪式,宣布广东省首个湿地公园正式成立。

- **1月29日至2月18日** 海峡两岸首次组织春节包机直航。1月29日,南方航空公司的班机首次降落台湾的台北;2月13日,台湾华信航空公司AE873号航班首次飞临广州。

- **1月** 省政府印发《关于加快我省服务业发展和改革的意见》,要求通过体制创新和供给创新,扩大服务业发展空间;坚持生活服务业和生产服务业并举,提升传统服务业,拓展新兴服务业,实现数量扩张和质量提高;在工业化和城市化进程中，推进服务业的现代化和国际化，全面提高居民生活质量和国民经济整体素质。

- 3月7日　省政府发出《关于我省山区及东西两翼与珠江三角洲联手推进产业转移的意见（试行）》，明确提出山区及东西两翼与珠江三角洲联手推进产业转移。

- 3月14日　省委、省政府做出《关于统筹城乡发展、加快农村"三化"建设的决定》，明确了加快农村"三化"建设的指导思想、总体目标、基本原则和主要内容。

- 3月17日　中国社科院组织的"2005中国城市竞争力研讨会"发布2004年度中国城市竞争力排名，综合实力上海、深圳和广州列前三位。

- 3月28日　由中国国民党副主席江丙坤率领的参访团抵达广州白云国际机场，这是56年以来国民党首次以该党的名义正式组团踏足祖国大陆。

- 4月17日　由广东省公安机关单独组建的中国第二期联合国赴海地维和警察防暴队抵达海地执行维和任务。这是全国第一次由一个省份独立组建维和警察防暴队伍。12月14日，公安部、省委、省政府联合在广州召开维和警察防暴队表彰大会，向防暴队员颁发"中国维和警察荣誉章"。2007年10月1日，广东省边防总队组建的第五支驻海地维和警察防暴队在海地太子港获联合国和平勋章。

- 4月　省委、省政府印发《关于大力提高工业产业竞争力的意见》，要求加速发展新兴支柱产业，改造提升传统支柱产业，培育做强做大有潜力产业，推进工业产业的集约化和规模化发展，统筹区域协调发展，走出一条符合广东省实际的新型工业化路子。

- **5月5日** 广州开发区被批准为ISO1400国家示范区，至此，全国已有21个经济技术开发区、高新技术产业开发区和国家风景名胜区成为国家级示范区。
- **5月5日至9日** 省政府分别与海南省、贵州省、云南省政府和中国南方电网有限责任公司签订《广东海南促进南方网主网与海南电网500千伏交流海底电缆联网工程建设框架协议》《广东贵州"十一五"黔电送粤框架协议》《广东云南"十一五"云电送粤框架协议》。
- **7月1日** 广东省开展对广州火车站的整治行动。铁道部先后调集刑侦、治安、审查部门的工作人员参与整治。广州铁路公安局充实了广州火车站警力，抽调民警参与整治行动。通过整治，打掉4个犯罪团伙，破案135起，打开了广州站治安整治的突破口。随后，广州铁路公安机关一举打掉长期盘踞在广州站周边的19个犯罪团伙，挖出案件703起。2006年春运前后，广州铁路警方开展"2006年春运蓝盾"专项行动。4月后，大流花地区的五个派出所，实行治安网格化巡逻，把绝大部分警力和保安员放到路面进行巡逻防控。在火车站广场，警方推出了"治安网格化管理"制度，同时，整个火车站广场也保持常年24小时"重兵压境"的管理态势，每天至少安排60名警察和保安不间断巡逻防控。经过2005年7月的整治行动及"2006年春运蓝盾"专项行动，广州火车站的治安问题得到了有效缓解。

- **7月8日**　省政府在韶关召开全省产业转移工业园工作现场会，总结我省产业转移工作进展情况，交流产业转移工业园建设经验和做法。12月，原广东省经济贸易委员会批准设立了东莞石龙（始兴）、中山火炬（阳西）、中山石岐（阳江）3个产业转移工业园。这是我国最早由发达地区与欠发达地区合作共建的产业转移园。2009年省产业转移工业园全省布局基本完成，共计33个，14个欠发达地市和江门市均至少设立1个园区。2008年至2012年，省产业转移工业园区域经济带动能力不断增强，实现工业增加值4500亿元，税收超过250亿元。

- **7月14日**　省委、省政府印发《广东省信息化发展纲要（2005—2020年）》，要求统筹规划，充分发挥市场主导的作用，加快信息化体制改革，突破发展的障碍，优先发展信息产业，大力推进企业信息化，扎实推进电子政务，全面促进社会事业信息化。

- **7月25日至28日**　第二届泛珠三角区域经贸合作洽谈会在成都举行。广东与各省区的签约项目达910个，占整个"泛珠洽谈会"项目总数的23%，合同总金额1157.83亿元，占整个"泛珠洽谈会"的26.58%。

- **8月3日**　教育部、省政府在广州举行《教育部、广东省人民政府关于继续重点共建中山大学、华南理工大学的决定》签约仪式。

- **8月7日** 兴宁市黄槐镇大兴煤矿发生特大透水事故，121名矿工罹难。12月23日，经国务院研究决定，给予分管副省长行政记大过处分，广东煤矿工业管理等部门共71人受到党纪政纪处分。事故发生后，全省煤矿一律停产整顿，凡无证无照生产、不符合安全生产条件的煤矿一律关闭。至2006年4月，全省253个煤矿全部依法关闭，广东省退出煤炭生产行业。

- **8月29日** 深圳大鹏半岛地质公园、封开地质公园、恩平地质公园被国家国土资源部评为国家级地质公园。至此，广东省已有7个国家级地质公园。

- **8月29日** 华为技术有限公司的华为牌程控交换机成为广东首个世界名牌产品。

- **9月3日** 省委、省政府发出《关于构建和谐广东的若干意见》，明确了构建和谐广东的指导思想、总体目标、基本要求和主要内容。

- **9月22日** 《教育部、广东省人民政府关于提高自主创新能力，加快广东经济社会发展合作协议》签约仪式在广州举行。10月28日，省委、省政府做出《关于提高自主创新能力提升产业竞争力的决定》，明确了提高自主创新能力提升产业竞争力的主要目标和内容。

- **10月1日** 《广东省政务公开条例》正式实施。《广东省政务公开条例》在7月29日省十届人大常委会第十九次会议通过，这是全国第一部全面、系统规范政务公开行为的省级地方性法规。

- **10月25日** 《人民日报》头版发表长篇特稿《广东酝酿发展模式之变》，全面报道广东在科学发展观指导下的实践经验。

- **10月28日** 省委、省政府做出《关于深化国有企业改革的决定》，指出深化国有企业改革的主要目标是：未来5年，着力推动全省国有企业改革取得新突破，完成新一轮国有经济的战略性重组，努力打造若干营业收入超千亿元的国企"航母"，一批营业收入超百亿元的企业群体和具有核心竞争力的"单打冠军"；基本完成大中型国有企业股份制改造，实现国有企业产权多元化；完善公司法人治理结构，实现国有企业管理规范化、制度化、科学化；加快推进配套改革，解决国有企业的历史遗留问题；完善国有资产监管体系，实现国有资产监管机构管资产和管人、管事职能的统一。

- **10月29日** 省委九届七次全会通过《中共广东省委关于制定全省国民经济和社会发展第十一个五年规划的建议》，提出"十一五"时期经济社会发展要"以建设经济强省、文化大省、法治社会、和谐广东，实现全省人民富裕安康为总目标"。

- **11月9日** 省委、省政府做出《关于推进农村免费义务教育的决定》，提出实施农村免费义务教育的总体目标，从2005年秋季起，在16个扶贫开发重点县开展农村免费义务教育试点；从2006年秋季起，鼓励支持珠江三角洲有条件的市开展免费义务教育试点，全省在总结经验基础上，逐步扩大试点范围。

- **2005年** 全省地区生产总值22723.29亿元，比上年增长14.2%，突破2万亿元，从1万亿到2万亿用时4年。其中，第一产业增加值1428.27亿元，第二产业增加值11497.85亿元，第三产业增加值9797.17亿元。人均地区生产总值24828元。全社会固定资产投资7164.11亿元，比上年增长18.9%。进出口总额4280.02亿美元。地方一般公共预算收入1807.20亿元。社会消费品零售总额7915.51亿元。全省城镇居民人均可支配收入13783.18元，农村居民人均可支配收入4544.02元。

2006 年

- 1月4日　省第一次全国经济普查领导小组办公室、省统计局公开发布《广东省第一次全国经济普查主要数据公报（第二号）》数据：至2004年末，全省共有工业企业法人单位14.6751万个，就业人员1389.49万人；工业个体经营户29.8378万户，就业人员282.17万人。5日发布的《公报（第三号）》数据：2004年，全省房地产业企业法人单位主营业务收入2131.73亿元，利润总额235.83亿元。
- 1月7日　第五届詹天佑土木工程颁奖大会在北京召开。广州白云国际机场、广州国际会议展览中心、深圳福建兴业银行大厦和东深供水改造工程等项目获奖。
- 1月16日　国道G106线韶关仁化锦江水库至湖南交界段改造工程建成通车，标志着全省"十五"期间的10条通邻省的国道省道建设任务全部完成。
- 2月9日　深圳市义工联艺术团团长丛飞入选中央电视台"感动中国·2005年度人物"。24日，丛飞获评"中国十大杰出青年志愿者"。6月23日，省委印发《关于追授丛飞同志"广东省模范共产党员"称号的决定》。2007年9月19日，丛飞荣获"全国道德模范"称号。

- 2月15日　省委、省政府印发《关于发挥行业协会商会作用的决定》，明确了培育发展行业协会、商会，发挥行业协会、商会作用的指导思想、目标任务和政策措施，是省委、省政府全面落实科学发展观、推进行政管理体制改革、完善社会主义市场经济体制的重大战略决策。

- 2月18日　本省固定电话、移动电话用户总数达到1.6408亿户，成为全国首个电话用户总数超亿的省份。

- 2月24日　省委、省政府印发《关于建设中医药强省的决定》，明确中医药工作的指导思想、发展目标、工作思路，确定"十一五"期间的"五大工程"35类重点建设项目，加大投入。2007年11月29日，"中医中药中国行"广东行暨中医"治未病"健康工程启动仪式在广州举行。卫生部宣布确定广东省为构建中医"治未病"预防保健服务体系试点省。

- 3月23日　总投资4500万元、占地面积500亩的全国最大种猪场——广东省现代农业集团广三保养猪有限公司广宁种猪场在宾亨镇妙村奠基。

- 4月3日　国家税务总局通报：2005年广东省个税收入283.87亿元（含深圳），比上年增收44.23亿元，增幅为18.46%，收入总量和增幅均列全国首位。

- 4月8日至9日　省委、省政府在湛江召开全省推进建设社会主义新农村工作座谈会。14日，省委、省政府印发《关于加快社会主义新农村建设的决定》，明确了广东省新农村建设的指导思想、基本原则和"十一五"期间的发展目标，指导全省开展社会主义新农村建设。社会主义新农村建设目标：按照"生产发展、生活宽裕、乡风文明、村容整洁、管理民主"的要求，珠三角地区要全面推进城乡统筹发展，加快社会主义新农村建设；东西两翼和粤北山区要加大发展县域经济力度，发展特色农业、效益农业，促进农民持续增收，推进各具特色的社会主义新农村建设。

- **4月29日** 省委、省政府召开全省深化文化体制改革工作会议。8月15日，省委、省政府印发《关于深化文化体制改革加快文化事业和文化产业发展的决定》，明确了广东文化体制改革的指导思想、原则要求和目标任务。

- **7月14日** 省政府第十届95次常务会议通过了《广东省农村集体经济组织管理规定》，这是全国第一个给农村集体经济组织颁发身份证明书，以解决农村集体经济组织的基本地位、经营主体等身份性问题的行政规章。

- **7月28日** 茂名石化100万吨乙烯改扩建工程核心项目64万吨/年乙烯裂解装置建成，标志着国内首座100万吨乙烯生产基地在广东建成。2009年12月8日，茂名石化乙烯完成生产乙烯100万吨，首次实现产量达标，成为中国第一个实际年产超过百万吨的乙烯基地。

- **8月15日** 中国品牌研究院公布省标志性品牌名单，共有275个品牌成为全国各地的"经济名片"。其中，广东省10个标志性品牌为：健力宝、海王、TCL、美的、华为、中兴、以纯、东鹏、豪爵、万科。

- **8月17日** 全省乡镇综合配套改革试点工作会议召开，部署推进乡镇综合配套改革的试点工作，广州增城市、清远清新县、潮州饶平县、湛江徐闻县、梅州蕉岭县和东莞长安镇成为首批试点。《关于做好乡镇综合配套改革试点工作的意见》在会上印发。

- **9月13日** 广东电信公司全面启动实现全省20户以上自然村"村村通电话"工程大会战。至2007年5月9日，完成全省20户以上自然村100%通电话的目标，共有12.8427万个自然村开通固定电话。

- **9月18日** 省政府在沙角A电厂举行签订全省"十一五"主要污染物排放总量控制目标责任书暨环保执法用车派发仪式，标志着我省化学需氧量和二氧化硫排放量削减工作全面启动。

- **9月19日至20日** 省委、省政府在汕头召开促进粤东地区加快经济社会发展工作会议，提出了在产业布局、基础设施、财政、教育等方面加大对粤东地区的扶持力度。粤东四市发展开始提速。2006年，粤东地区实现生产总值1805.43亿元，比上年增长13.3%。2009年6月13日至16日，省委、省政府分别在汕尾、汕头、潮州、揭阳召开粤东地区现场会，总结"三年打基础"目标的实现情况，进一步部署"五年大变化、十年大发展"和推进"三促进一保持"（促进提高自主创新能力、促进传统产业转型升级、促进建设现代产业体系、保持经济平稳较快增长）等工作。

- **10月14日** 省委、省政府印发《关于加快发展专业镇的意见》。2011年1月9日，省委、省政府在东莞市大朗镇召开全省专业镇转型升级现场会，总结近年来全省专业镇发展情况，交流经验，推广典型，并对"十二五"时期专业镇转型升级工作进行全面部署。2012年7月19日，省委、省政府印发《关于依靠科技创新推进专业镇转型升级的决定》。

- **10月15日至30日** 第100届中国出口商品交易会在广州举行。本次"广交会"展区面积增至28.2万平方米，展位总数为31408个，共有192691名采购商到会，成交额达340.6亿美元，均创历史新高。从下一届起，"广交会"正式更名为"中国进出口商品交易会"。中国出口商品交易会（以下简称"广交会"）是由中华人民共和国商务部与广东省人民政府联合主办、由中国对外贸易中心承办的综合性国际贸易盛会。它创办于1957年春，每年春秋两季定期在广州举行，已成功举办50年100届，有"中国第一展"之称。"广交会"已成为当时中国创办历史最长、层次最高、规模最大、商品种类最齐全、到会采购商最多、信誉最佳的综合性国际贸易盛会。

- **10月17日** 第二届中国消除贫困奖颁奖大会在北京举行，河源市的"千村脱贫"创新扶贫政策获得中国消除贫困奖"政策奖"。

- **10月18日至20日** 省委九届九次全体会议举行，审议通过

《关于贯彻〈中共中央关于构建社会主义和谐社会若干重大问题的决定〉的实施意见》。全省大力发展县域经济，推进产业转移、新农村建设，着力解决发展不平衡问题；深化文化体制改革，扎实推进文化大省建设；积极开展依法治省工作，使社会沿着法制化轨道发展；努力创新社会管理体制，强化政府公共服务和社会管理职能；稳步推进民主政治建设，确保人民当家作主地位；全面实施"绿色广东"战略，科学编制环保规划，实施珠江综合整治和治污保洁工程；实施"十项民心工程"，着力解决民生问题；加强和改进宣传思想工作，提高舆论引导的正能量和高水平；建立维稳工作领导机制、矛盾纠纷调处机制，初步形成预防化解社会矛盾机制；实施固本强基工程，重视抓基层打基础。

- 10月20日　省政府做出《关于表彰奖励我省获得中国世界名牌产品中国名牌产品和中国驰名商标称号企业的决定》。中兴通讯股份有限公司的程控交换机和珠海格力电器股份有限公司的空调器等两个产品被质检总局评为"中国世界名牌产品"。

- 10月25日　广州市首座以循环经济和资源再生利用为理念、采用世界最先进技术和最严格环保标准、日处理量1000多吨的现代化生活垃圾焚烧发电厂——李坑生活垃圾焚烧发电厂正式投产。

- 11月15日　广州市正式全面禁止电动自行车上牌、上路行驶。2007年1月1日开始在市区全面禁行摩托车。限制电动自行车上路行驶，有效缓解了广州市的交通压力，改善交通秩序。全面禁行摩托车也有效解决了利用摩托车进行抢夺等违法犯罪案件多发的社会问题。

- 11月19日　国家首个"住宅产业化综合试点城市"命名揭牌仪式在深圳市民中心举行，深圳成为当时国家首个，也是唯一的住宅产业化综合试点城市。

- 12月30日　湛江海湾大桥通车仪式在湛江市举行。该大桥是继虎门大桥后当时本省建成的最大规模的桥梁工程，全长3981米，主跨480米。

- 2006年　全省地区生产总值26800.32亿元，比上年增长14.9%。其中，第一产业增加值1532.17亿元，第二产业增加值13655.80亿元，第三产业增加值11612.35亿元。人均地区生产总值28762元。全年全社会固定资产投资8132.37亿元，比上年增长13.5%。全年进出口总额5272.07亿美元。地方一般公共预算收入2179.46亿元。全年社会消费品零售总额9194.29亿元。全年全省城镇居民人均可支配收入14815.37元，农村居民人均可支配收入4900.83元。

2007 年

- **1月9日** 省政府召开电视电话会议,部署全省农村义务教育学校危房改造和免收课本费有关工作。省政府与各地级以上市政府签订了《广东省农村义务教育学校危房改造责任书》。"十五"期间,仅省级财政对基础教育的投入就超过110亿元。

- **2月13日** 中国科学院与省政府共同签署《中国科学院和广东省人民政府关于中国散裂中子源项目暨广东东莞散裂中子源国家实验室合作备忘录》。这是中国最大科学装置,也是大科学装置首次落户广东。2011年10月20日,中国散裂中子源在东莞开工建设。2017年8月28日,位于东莞大朗镇的中国散裂中子源项目首次产生中子束流并成功打靶。

- **3月1日** 全省承担退役士兵职业技能培训任务的93所技工学校、中等职业技术学校同时举行开学仪式,1.9万多名城乡退役士兵走进学堂,开始接受为期2年的免费职业技能培训。这标志着我省退役士兵安置工作翻开了新的一页。

- **3月** 梅州市蕉岭县在三圳镇芳心村开展试点,探索建立村务监事会,并选举产生了广东省首个村务监事会。2011年,根据新修订的村民委员会组织法,改名为村务监督委员会。这一模式经不断完善发展,成为广东"蕉岭模式"。广东"蕉岭模式"与浙江"温岭模式"、河北"青县模式"并称为中国农村治理改革的三大模式。

- **4月8日** 由国家文物局指导、中国文物报社和中国考古学会主办的2006年度中国十大考古新发现在北京揭晓。广东两项考古发现——深圳咸头岭新石器时代遗址和高明古椰贝丘遗址成功入选,这是我省首次有两项考古发现入选。

- **4月20日** 全国第一个省级行政审批电子监察系统——广东省行政审批电子监察系统正式开通运行。

- **4月30日** 省委组织部、省人事厅、省教育厅、省财政厅、省农业厅、省卫生厅、省工商局、省扶贫办、团省委联合印发《关于引导和鼓励高校毕业生到农村基层从事支教、支农、支医和扶贫工作的实施意见》。8月15日,发出《关于印发〈广东省支教、支农、支医和扶贫高校毕业生管理暂行办法〉的通知》。

- **5月1日** 广东省首批10个电价代管县实现同网同价。2008年1月1日,全省50个代管县最后一批17个代管县的销售电价与所在地级市实行同网同价。至此,全省所有县的销售电价与所在地级市实现同网同价,全省电价区由原来的71个减少为11个。

- **5月21日至25日** 中共广东省第十次代表大会在广州召开。大会讨论并通过张德江代表第九届省委作的题为《坚持科学发展，促进社会和谐，为率先基本实现社会主义现代化而努力奋斗》的报告。报告提出，今后五年是我省经济社会发展全面转入科学发展轨道，开创社会主义和谐社会新局面的关键时期，要以科学发展观统领经济社会发展全局，实现经济又好又快发展，开创社会和谐新局面，全面加强和改进党的建设，与时俱进，一往无前，夺取改革开放和社会主义现代化建设的新胜利。

- **5月25日**　在省委十届一次全会上选举张德江、黄华华、刘玉浦、黄龙云、李鸿忠、胡泽君、朱小丹、肖志恒、辛荣国、林雄、梁伟发等为省委常委；选举张德江为省委书记。

- **6月28日**　开平碉楼与村落成功申报世界文化遗产。这是广东省第一个世界文化遗产。

- **7月1日**　深圳湾口岸开通仪式在口岸旅客联检大楼内举行。胡锦涛出席深圳湾口岸开通仪式，并为口岸开通剪彩。深圳湾口岸是为了缓解内地与香港交往日益增多带来的陆路通关压力而设立的，开通后实行"一地两检"的新通关模式。

- **7月19日**　省政府印发《广东省节能减排综合性工作方案》，把节能减排各项工作任务落实到各个部门和各市政府，并要求建立和完善节能减排管理工作机制，修订《广东省节约能源条例》，制定《广东省固定资产投资项目节能评估和审查办法》等规范性文件，建立起完善的节能减排监督管理机制。2007年全省节能减排取得初步成效，淘汰一批钢铁、电力和水泥落后产能，建成并运行一批污染减排基础设施，至年底累计建成脱硫机组2399万千瓦，居全国前列。全省单位生产总值能耗和化学需氧量、二氧化硫排放量下降，完成本年度节能减排目标。

- **8月3日** 中共中山市新经济组织和新社会组织工作委员会正式挂牌成立，这是全国第一个"两新组织"党工委。

- **8月24日** 省政府举行专项整治行动誓师大会，在全省掀起了声势浩大的产品质量和食品安全专项整治，以打击当前产品质量和食品安全方面存在的各种违法行为。经过4个月的不懈努力，全省的专项整治工作取得了明显成效，"八大专项整治任务"顺利完成，药品质量安全专项整治取得显著成效。广东专项整治工作开辟了产品质量和食品安全监管工作规范化、制度化、科学化的新途径，为全国进一步提升产品质量和食品安全水平创造了许多鲜活经验，不少长效监管经验值得在全国大力推广。

- **8月30日** 省委、省人民政府下发《关于解决社会保障若干问题的意见》，指出，分别就被征地农民生产生活保障制度、城镇居民基本医疗保险制度、困难企业退休人员基本医疗保险问题、企业退休人员养老保险待遇、农垦企业职工养老保险问题、华侨农场职工生产生活保障等6大突出问题提出了具体的政策措施和解决办法。至2007年底，全省参加基本养老、医疗、失业、工伤和生育保险的参保人数分别为2227万、2022万、1308万、2113万和659万，前4个险种位居全国第一；各项社会保险基金历年滚存积累1914亿元，占全国的18%。

- 9月28日　广东省粤电集团有限公司与香港长江基建集团有限公司签订珠海金湾发电项目二期工程合作协议。该项目涉及资金68亿元，为当时广东省内电力领域最大的合资项目。
- 10月6日　省政府印发《广东省知识产权战略纲要（2007—2020年）》。这是全国首个省级知识产权战略纲要。
- 10月11日　经中国银监会批准，中国邮政储蓄银行广东省分行正式挂牌开业。这是中国邮政储蓄银行在全国成立的第一家省级分行。12月28日，邮政储蓄银行广东省分行下辖20家地市分行全部开业，成为中国邮政储蓄银行全国第一家完成地市分行组建的省级分行。
- 10月11日至17日　第九届中国国际高新技术成果交易会在深圳举行。具有重大科学和产业意义的黄种人基因图谱在会上首次向全球发布。
- 10月15日至21日　中国共产党第十七次全国代表大会举行。胡锦涛作题为《高举中国特色社会主义伟大旗帜，为夺取全面建设小康社会新胜利而奋斗》的报告。大会全面总结了过去5年的工作和改革开放近30年的伟大进程、巨大成就和宝贵经验。大会对举什么旗、走什么路这一根本问题做出明确回答，并首次对马克思主义中国化第二次飞跃的理论成果——中国特色社会主义理论体系作了概括。高举中国特色社会主义伟大旗帜，最根本的就是要坚持中国特色社会主义道路和中国特色社会主义理论体系。大会对实现全面建设小康社会的宏伟目标做出全面部署，提出更高要求，第一次把建设生态文明作为实现全面建设小康社会奋斗目标提出来。

- 10月23日　广州白云山和记黄埔中药有限公司（简称"白云山和黄中药"）与钟南山院士领衔的呼吸疾病国家重点实验室联合宣布，双方共建呼吸疾病国家重点实验室，开创国家重点实验室与企业共建的先例。2008年7月6日，由钟南山等5位院士领衔，50多家产学研机构和白云山和黄中药共同发起的中国中医界首个产学研联盟——"中医药防治病毒性传染病产学研联盟"在广州正式成立。

- 11月10日至18日　第八届全国少数民族传统体育运动会在广州举行。本届全国少数民族传统体育运动会是历届中规模最大的一届，广东代表团的竞赛项目获得12金17银9铜共38块奖牌，表演项目获得15个奖项，实现了赛前提出的竞赛成绩和精神文明双丰收的目标。

- 11月27日　中共中央决定：张德江不再兼任广东省委书记、常委、委员职务，汪洋任广东省委委员、常委、书记。

- 12月7日　新华社播发长篇述评《中国前沿新跃动——广东转变经济发展方式述评》，肯定广东转变经济发展方式取得的成就。

- 12月18日　国内首个应急管理专门网站——广东省人民政府应急管理办公室网站正式开通。建设省政府应急办网站，是省委、省政府在新形势下为加强应急能力建设而做出的一项重要决策，是我省争当全国应急工作排头兵的标志性工作。

- 12月25日至26日　省委十届二次全会在广州召开，学习贯彻党的十七大精神和中央经济工作会议精神。汪洋强调，广东要争当实践科学发展观的排头兵，首先必须争当解放思想的排头兵，以新一轮思想大解放推动新一轮大发展。2008年1月2日，省委发出《关于开展"继续解放思想，坚持改革开放，争当实践科学发展观的排头兵"学习讨论活动的通知》。学习讨论活动从2008年1月开始至5月底结束，分三个阶段进行。6月17日至18日，中共广东省委十届三次全会召开，会议总结了全省开展解放思想学习讨论活动取得的成果。

- **12月31日** 全省无电村改造计划完成，15个市50个县（市区）、513个自然村、22409户、117309人的生产和生活用电问题如期解决。

- **2007年** 全省地区生产总值32063.91亿元，比上年增长15%，突破3万亿元，从2万亿到3万亿，用时仅仅2年。其中，第一产业增加值1705.69亿元，第二产业增加值16252.47亿元，第三产业增加值14105.75亿元。全年全社会固定资产投资9596.95亿元，比上年增长18.0%。人均地区生产总值33572元，首次超过3万元。全年进出口总额6340.35亿美元。地方一般公共预算收入2785.80亿元。实现社会消费品零售总额10731.28亿元。全年城镇居民人均可支配收入16227.53元。农村居民人均可支配收入5403.03元。

2008 年

- 1月8日　2007年度国家科学技术奖励大会在北京隆重举行。广东获奖数量为历年最多，共有28个项目获奖，其中国家自然科学奖3项，国家技术发明奖1项，国家科学技术进步奖24项。

- 1月17日至25日　省十一届人大一次会议在广州召开。黄华华向大会作《政府工作报告》。会议选举欧广源为省十一届人大常委会主任，选举黄华华为省长。会议选举产生广东参加全国十一届人民代表大会人员，来自四川广安的佛山市三水新明珠建陶有限公司员工胡小燕，当选首位农民工全国人大代表，成为全国首批三位农民工代表之一，参加3月在北京举行的第十一届全国人民代表大会。

- 1月中下旬至2月上旬　广东省遭受80年一遇的持续大范围低温、雨雪和冰冻极端天气，特别是临近年关，上百万返乡旅客被迫滞留在车站、机场，上百万人民群众面临缺电、缺水、缺粮危机。国家领导对此高度重视，中央政治局常委、国务院总理温家宝亲赴广东视察和指导抗灾救灾工作。省委、省政府领导也分别召开会议部署救灾工作。2月1日，省委、省政府发出《告全省人民书》，号召全省人民投入抗灾救灾，夺取抗灾救灾工作的全面胜利。希望外来务工人员留在广东过春节。经过一个多月的艰苦奋战，赢得抗击雨雪冰冻灾害的决定性胜利。

- **1月18日**　广东铁路春运提前5天启动，至3月2日，45天内，共发送旅客2227.8万人。为破冰抢通京珠北高速，从1月25日到2月4日，进行11天大会战，共投入人员4.5万人次，投入各种机械11500多台班，破冰里程双向累计达600千米，清除积雪9万立方米，将京珠北结冰路段铲过5遍。

- **2月18日**　国家人口计生委在广州召开会议，发布《计划生育利益导向机制——广东模式研究报告》，向全国推介广东经验，求解"和谐计生"难题。广东从计生落后省变为计生先进省。

- **2月19日**　《广东省城镇免费义务教育实施办法》颁布，规定从2008年春季学期起全省城镇全面实施免费义务教育。

- **3月10日**　中国经济综合竞争力研究中心发布全国31个省级行政区的最新经济综合竞争力评价结果，上海、北京、广东继续蝉联前三名。

- **3月19日**　省水利厅举行新闻发布会，公布推进农村饮水安全工程。规划从2006年起至2012年，本省将投入73.4亿元资金，解决农村1645.5万人饮水不安全的问题。

- **3月28日**　我国首艘自主研发与设计的超大型油轮（VLCC）

在广州中船南沙龙穴造船基地开工建造。这预示国家三大造船基地之一的珠江口造船基地基本建成，标志着广州，乃至华南地区从此告别不能建造10万吨以上船舶的历史。

- **3月29日** 中国电信广东公司近3年累计投入资金达20亿元，顺利完成行政村通宽带工程，实现全省21320个行政村"村村通宽带"的目标。

- **4月9日** 广州史上最大规模的外商投资高科技企业——由韩国LG.LCD株式会社投资兴建的乐金显示（广州）有限公司一期工程竣工并投入量产。该项目总投资11亿美元。

- **4月10日** 中国广东核电集团公司与国家开发银行、中国银行千亿银团贷款包销协议签字仪式在北京举行。中国广东核电集团公司开发建设的台山核电站和阳江核电站总贷款金额超过人民币1000亿元，台山核电站于2009年开工建设。

- **5月7日至10日** 北京奥运会火炬在本省传递。全省832名火炬手分别在广州、深圳、惠州、汕头4个城市进行传递，143千米的火炬传递沿线，550万市民夹道迎接圣火，为北京奥运会加油。

- **5月12日** 四川省汶川县发生里氏8.0级大地震。省委、省政府向四川灾区发出慰问电并捐款捐物，各行各业、各界人士纷纷捐款、捐物和献血，全省各地掀起赈灾热潮。至2008年年底，广东共向灾区派出各类专业技术援助队伍2万多人次；共向灾区拨出食品、药品、棉衣棉被、工程机械、设备器材等各类救援物资价值8.45亿元；捐款54.28亿元。

- **5月15日** 由中国电信广州分公司与国家软件产业基地广州天河软件园合作建设的、具有国际一流水准和规模的、亚太地区最大的互联网数据中心——"亚太信息引擎"在广州全面落成启用。

- **5月24日** 省委、省政府出台《关于推进产业转移和劳动力转移的决定》(简称"双转移"),提出推动产业和劳动力"双转移"重大战略决策,为贯彻落实"双转移"战略,省劳动保障厅发改委、公安厅联合发出《关于做好优秀农民工入户城镇的意见》《广东省产业转移和劳动力转移目标责任考核评价试行办法》《广东省农村劳动力技能培训及转移就业实施办法》等相关配套政策。省经贸委等有关单位分别制订出台《广东省产业转移区域布局指导意见》等多个相关配套文件,细化"双转移"各项政策措施。省政府为强化"双转移"工作机制,于6月23日成立领导小组,对省示范性产业转移工业园评选、认定;对年度目标责任考核评价、环保督查、产业集聚调研、劳动力转移调研等作出部署。至年底,产业转移工业园已开发约54134公顷,已投入开发资金111.38亿元。

- **6月14日** 经国务院批准,广东省潮州工夫茶、广东汉剧、蔡李佛拳等29项入选《第二批国家级非物质文化遗产名录》;澄海灯谜、岭南派古琴艺术等16个项目入选《第一批国家级非物质文化遗产扩展项目名录》。

- **6月14日** 省委召开常委会议,传达全国省区市和中央部门主要负责人会议精神，研究广东贯彻意见。中共中央、国务院要求广东对口支援地震重灾区四川省汶川县和甘肃省4个严重受灾县的恢复重建工作，本省是唯一对口支援2个省5个县的省份。7月24日，省委、省政府召开省对口支援地震灾区灾后恢复重建工作会议。会上宣布《广东省对口支援地震灾区灾后恢复重建工作方案》，按照"一地级以上市支援汶川县一乡（镇）"的原则，安排广州等13个珠江三角洲和东西两翼的地级以上市对口支援四川省汶川县。

- **6月26日**　广州市举行首次市、区、镇三级政府官员大接访活动。全市共接待群众4576批8350人次，近万名领导干部与工作人员参与接访，规模之大全国首见。

- **7月2日**　省委、省政府做出《关于加快建设现代产业体系的决定》，提出加快转变产业发展方式，建设以现代服务业和先进制造业双轮驱动的主体产业群，打造示范带动力强的八大重要载体，优化产业发展环境，建立既与世界接轨又有广东特色的现代产业体系，争当全国现代产业发展排头兵。

- **7月4日**　"全省重点项目建设工作会议"在广州召开，计划在2008年及未来陆续投资2.27万亿元，启动有222个项目的"新十项工程"。新十项工程包括交通运输体系工程、能源保障工程、现代服务业工程、高新技术产业工程、先进制造业工程、现代农业和水利工程、产业转移工程、宜居环境工程、社会发展工程、资源储备保障工程等。

- **7月7日**　由省高级人民法院、省劳动争议仲裁委员会联合制定的《关于适用〈劳动争议调解仲裁法〉〈劳动合同法〉若干问题的指导意见》，在全省正式实施。《指导意见》规定，用人单位恶意规避与劳动者订立无固定期限劳动合同的将被认定为无效行为。

- **7月16日至17日** 广东省核电建设领导小组暨核电建设专家组第五次会议在东莞召开，研究本省创新核电发展的机制、打造全国首个"核电特区"的主要措施。

- **7月22日** 东莞市公共资源拍卖中心（原名"东莞市集中拍卖中心"）正式投入使用，首次统一了拍卖会举办场所，成为全国第一个公共资源拍卖中心。此次改革正式开启了国内拍卖行业经营管理模式的新篇章。

- **7月29日** 《内地与香港关于建立更紧密经贸关系的安排》（CEPA）补充协议五在香港签署。在补充协议的34项政策措施中，有17项在广东先行先试。此外，中央政府还批准8项框架外的政策措施在广东先行先试。7月30日，《内地与澳门关于建立更紧密经贸关系的安排》（CEPA）补充协议五在澳门签署。在补充协议的28项政策措施中，有13项在广东先行先试。此外，中央政府还批准7项框架外的政策措施在广东先行先试。

- **8月5日** 广东省2008年产业转移竞争性扶持资金专家评审会在广州召开，由6个地级市通过公开竞争的方式，争夺15亿元的扶持资金，梅州、肇庆、河源三市胜出，分别获得了5亿元扶持资金。至2009年9月第5批评审会，广东省75亿产业转移资金分配结束。省级财政专项资金以公开竞争的方式进行分配，在全省和全国均属首创。

- 8月8日至24日 第29届奥林匹克运动会在北京举行。本届奥运会广东共有74位运动员参加26个大项52个小项的比赛，居全国各省市之首，并取得7金6银4铜的历史最佳成绩。

- 8月13日 省高级法院下发《关于进一步加强民事调解工作促进和谐广东建设的若干意见》，规定民事案件的审理，遵循"调解优先"的原则，并在全国率先赋予当事人对调解法官的选择权。

- 8月27日 "世界第一高塔"——广州新电视塔工程完成454米的主体塔封顶。广州新电视塔是广州市的地标工程，其核心筒结构的主塔体高度454米，天线桅杆高度146米，总高度达到600米。

- 9月17日 省委召开常委会议，讨论通过《中共广东省委贯彻落实中共中央〈建立健全惩治和预防腐败体系2008—2012年工作规划〉实施办法》，全面部署了今后5年惩治和预防腐败体系建设的任务。这是省委贯彻落实党的十七大，十七届中央纪委二次全会及省委十届二次、三次全会精神，推进反腐倡廉建设的重要措施，是当前和今后一个时期推进广东省惩防腐败体系建设的指导性文件。

- 9月17日 省委、省政府发出《关于加快吸引培养高层次人才的意见》，指出：解放思想，把吸引培养高层次人才作为本省争当实践科学发展观排头兵的新引擎。优化环境，努力创造吸引高层次人才的新优势。狠抓培养，搭建高层次人才成长的新平台。

- **9月17日** 省政府召开新闻发布会，通报省质监部门对全省所有婴幼儿配方奶粉生产加工企业进行专项检查，要求产品中检出三聚氰胺的企业停业整顿，对不合格产品启动一级召回。至是日，全省共报告婴幼儿泌尿系统结石病例84例。

- **9月22日至25日** 第五届中博会暨中韩中小企业博览会在广州举行。这是迄今规模最大、国际化程度最高的一届中小企业博览会，58个国家和地区共27万人次到场参观、洽谈、采购，合作项目共12241个。

- **9月26日** 省委、省政府召开广东省科技大会，提出建设"创新型广东"的战略部署，推动"广东制造"向"广东创造"转变。首创与国家科技部、教育部共建创新型省份新机制。深化开展省部产学研合作。2008年全省区域创新能力综合指标稳居全国第三；中国名牌产品、中国世界名牌产品数稳居国内首位；中国驰名商标数居全国前列。

- **10月11日** 国家税务总局在北京发布最新的2007年度"中国纳税百强排行榜"。在相关的8个榜单中，广东省在独立企业属地纳税五百强、外商及港澳台商投资企业纳税百强和独立企业四十行业纳税百强三个排行榜中上榜企业最多。2007年度中国纳税五百强中广东上榜企业有60家，在数量上继续保持全国首位。

- **10月13日** 贵广铁路开工动员大会在广西桂林市灵川县召

开。贵广铁路工程连接广东、广西、贵州三省，投资812.6亿元，全长857公里，其中广东境内207.5公里。

- **10月18日** 国务院正式批复同意设立深圳前海湾保税港区。这是国务院批准的国内第9个、广东省当时唯一的保税港区。

- **10月29日** 国家统计局广东调查总队发布2007年广东农村建设全面小康社会监测结果。2007年广东农村全面建设小康实现程度为64.8%，比上年提升6.5个百分点。农村全面小康六个方面的实现程度如下：农村经济发展方面，实现程度78.3%，比上年提升7.8个百分点。农村社会发展方面，实现程度67.3%，比上年提升13.1个百分点。农村人口素质方面，实现程度42.5%，比上年提升1.5个百分点。农村居民生活质量方面，实现程度53.9%，比上年提升2.0个百分点。农村民主法制方面，实现程度80.3%，比上年提升8.5个百分点。农村资源环境方面，实现程度71.4%，比上年提升5.3个百分点。

- **11月10日至11日** 省委、省政府在汕头召开全省第六次海洋工作会议，总结近5年来广东省的海洋工作，对今后一段时期推动海洋经济科学发展、建设海洋经济强省的工作作出部署，并出台《关于促进海洋经济科学发展的决定》。

- **11月** 省政府印发《关于建立和健全粮食流通监督检查工作部门协调机制的意见》。广东在全国率先建立省、市、县三级粮食流通监督检查工作部门协作机制。

- **12月5日** 全国首个省级志愿者联合会——广东省志愿者联合会成立。

- **12月15日** 比亚迪双模电动车F3DM在深圳成功上市，这是全球第一款不依赖于专业充电桩的双模电动车。

- **12月16日** 全国在建装机容量最大的核电项目广东阳江核电站正式开工。2014年3月25日，广东阳江核电站1号机组正式投入商业运行。

- **12月21日** 珠江三角洲城际轨道交通穗莞深项目开工仪式在深圳市宝安区举行。穗莞深城际轨道交通项目是经国务院批准的珠三角城际轨道交通线网规划的主轴线之一。该项目线路走向起于广州，经东莞至深圳机场（预留延长至深圳福田中心区），线路全长约87公里，总投资196.98亿元。

- **2008年** 全省地区生产总值37138.35亿元，比上年增长10.5%。其中，第一产业增加值1969.46亿元，第二产业增加值18813.11亿元，第三产业增加值16356.28亿元。人均地区生产总值达37988元。全社会固定资产投资11165.06亿元，比上年增长16.3%。进出口总额6834.92亿美元。地方一般公共预算收入3310.32亿元。全年社会消费品零售总额12986.60亿元，比上年增长20.3%。全年城镇居民人均可支配收入17929.92元。全年农村居民人均可支配收入6121.64元。

2009 年

- **1月8日** 国务院发布《珠江三角洲地区改革发展规划纲要（2008—2020年）》，赋予珠三角，乃至广东"探索科学发展模式试验区、深化改革先行区、扩大开放的重要国际门户、世界先进制造业和现代服务业基地、全国重要的经济中心"5个全新的战略定位。4月10日，省委、省政府做出《关于贯彻实施〈珠江三角洲地区改革发展规划纲要（2008—2020年）〉的决定》。此后，广东将之浓缩为"科学发展，先行先试"。2009年，广东省以实施《规划纲要》为全省工作主轴，出台推进珠三角区域经济一体化指导意见并编制实施基础设施、产业布局、城乡规划、公共服务和环境保护等5个一体化专项规划。推进广佛肇、深莞惠、珠中江三大经济圈建设和相关重大项目建设，开工建设莞惠、佛肇等城际轨道交通，加快广深沿江、广珠西线等高速公路建设，推动区域内交通基础设施互联互通。实现了省委、省政府提出的"一年开好局"的目标。

- **1月20日** 在北京举行的全国精神文明建设工作表彰大会上，

广东省的惠州、东莞市获授全国文明城市,广州、珠海、江门市获授全国创建文明城市工作先进城市,连平、蕉岭县获授全国文明县城,深圳市龙岗区南湾街道南岭村社区获授全国文明社区;广东省还有55个单位获授全国文明单位,23个村镇获授全国文明村镇,88个单位获授全国精神文明建设工作先进单位,45个村镇获授全国创建文明村镇工作先进村镇,5人获全国精神文明建设先进工作者。

- 2月7日　西气东输二线东段工程在深圳市正式开工,标志着中国首条引进境外天然气资源的能源大动脉进入全面建设、加快推进阶段。

- 2月　全球最具规模的快递运输公司美国联邦快递公司将亚太转运中心落户在广州,广州由此成为物流中心全国之最。

- 3月7日　胡锦涛参加十一届全国人大二次会议广东代表团审议,要求广东紧紧围绕保持经济平稳较快发展的首要任务,全力做好保增长、保民生、保稳定各项工作。

- 3月24日　省政府召开省、市、县政府机构改革工作电视电话会议,贯彻落实党中央、国务院关于地方政府机构改革的精神,动员、部署广东省地方政府机构改革工作。30日,经党中央、国务院批准,中共中央办公厅、国务院办公厅印发《广东省人民政府机构改革方案》。改革后,设置工作部门42个,其中,省政府办公厅和组成部门24个、直属特设机构1个、直属机构17个,另设置部门管理机构(规格为副厅级)6个。

- 3月31日　《广东省粮食安全保障条例》由广东省第十一届人民代表大会常务委员会第十次会议颁布，自2009年7月1日起施行。它是中国第一部全面系统地规定粮食安全保障工作的法规，填补了全省乃至全国粮食安全保障立法的空白。

- 3月　省政府印发《关于深圳等地深化行政管理体制改革先行先试的意见》，分别选择广州、深圳、珠海、阳江市和佛山市顺德区先行先试。在大部门体制改革方面，创造"深圳模式""顺德模式""阳江模式"，为全省树立了标杆，在全国引起强烈反响，受到国务院有关领导高度肯定。

- 4月初　为了应对国际金融危机对广东的冲击，省经贸委下发《关于印发广东产品全国行系列活动方案的通知》。通过政府引导和市场运作相结合，实施广货北上、广货西行等一系列市场开拓活动，挖掘内需潜力，加大内销力度。4月6日，"广东产品全国行"系列活动首站在西安启动。5月21日，汪洋、省长黄华华专程前往正在长沙举行的"广东产品湖南行"活动现场，为广货"站台"。全省各地市积极筹办以"广东产品全国行"为主线的系列活动，吸引超过3000家中小企业参与。一年来，全省先后组织举办130多场促销活动，成交额达5800多亿元。

- 5月9日　《内地与香港关于建立更紧密经贸关系的安排》（CEPA）补充协议六在香港签署。补充协议29项政策措施中，有9项在广东先行先试，涉及银行、证券、海运、铁路运输、会展、公用事业、电信、法律等8个领域。5月11日，

《内地与澳门关于建立更紧密经贸关系的安排》（CEPA）补充协议六在澳门签署。补充协议28项服务贸易政策措施中，有8项在广东先行先试，涉及银行、证券、海运、会展、公用事业、电信、法律等7个领域。

- **5月26日至27日** 省委、省政府在梅州市召开全省产业转移和劳动力转移工作会议，贯彻实施《珠江三角洲地区改革发展规划纲要》和推进"双转移"决定精神，总结我省"双转移"工作情况，交流经验，表彰先进，研究部署进一步推进"双转移"工作。

- **6月12日** 省政府办公厅正式出台《关于加快推进珠江三角洲区域经济一体化的指导意见》，明确提出，以交通一体化为先导，以广州、佛山同城化为示范，省市联手推进基础设施、产业发展、环保生态、城市规划、公共服务一体化，到2012年，在珠三角基本实现基础设施一体化，初步实现经济一体化；到2020年，在珠三角实现区域经济一体化和基本公共服务均等化。

- **6月26日** 省委、省政府在广州召开全省扶贫开发"规划到户、责任到人"工作电视电话会议，做出扶贫开发"规划到户、责任到人"工作战略部署，对3407个贫困村、36.7万贫困户、158.6万贫困人口，展开历时3年多的定点、定人、定责大规模帮扶。至此，扶贫开发"双到"工作逐步在全省大规模展开，并形成统一规划和常态机制。

- **7月9日** 粤澳合作联席会议在澳门举行，签署《关于贯彻落实全国人大常委会决定,推进横琴岛澳门大学新校区项目的合作协议》。8月19日,粤港合作联席会议第十二次会议在香港举行。会议对下一步推进粤港紧密合作工作重点作了部署。会后,双方签署了《关于推进前海深港现代服务业合作的意向书》《粤港共同落实CEPA及在广东先行先试政策措施备忘录》等8个合作协议。

- **7月9日** 由11部委组成的联合小组,通过对广州南沙保税港区(一期)的验收。南沙保税港区由此成为全国第5个、广东第1个通过正式验收的保税港区。

- **7月14日** 省委、省政府出台《关于加快提升文化软实力的实施意见》,明确提出了未来5至10年广东文化发展的总体要求、基本目标和重大举措,继提出建设文化大省后首次提出建设文化强省。为了推进文化强省建设,全面提升文化软实力,决定实施"七大工程":提高公民素质工程、文化精品工程、文化创新工程、公共文化服务体系建设工程、文化创意产业提升工程、文化"走出去"工程、高端文化人才工程。全年建设文化强省成果初显。突出表现有:电视剧《潜伏》等广东文艺精品走红全国,广东首次捧得全国美术作品展油画类金奖;广州大剧院、广东省博物馆、广州市新图书馆等新文化地标名片相继在珠江新城落成;粤港澳三地共同申报的粤剧正式被联合国教科文组织批准列入《人类非物质文化遗产代表作名录》。

- **7月29日** 东风日产乘用车公司宣布,投资50亿元在广州市花都区扩建新工厂。扩建后东风日产在花都区的产能将增至60万辆,成为华南地区最大的汽车制造基地。

- **8月24日** 为促进高校毕业生就业,广东省劳动保障部门联合组织、财政、教育、人事等14个部门出台《关于贯彻落实〈广东省人民政府办公厅关于促进普通高等学校毕业生就业工作的通知〉的意见》,推出"六补贴一扶持"(社会保险补贴、岗前培训补贴、职业技能鉴定补贴、职业介绍补贴、岗位补贴、临时生活补贴和一次性创业资助)政策,并对申领条件、程序、办结时限等作了具体规定,还进一步细化了现行税费优惠政策。

- **9月24日至27日** 省委、省政府分别在云浮、阳江、茂名、湛江四市举行粤西地区现场会,检查各市推进"三促进一保持""双转移"工作的进展情况。28日,省委、省政府在湛江召开粤西地区工作会议,强调要科学谋划粤西新一轮大发展,把粤西地区打造成为全省经济新的增长极。10月22日,省委、省政府印发《关于促进粤西地区振兴发展的指导意见》。

- **10月13日** 全省首个行政复议委员会中山市人民政府行政复议委员会揭牌。该委员会独立于政府部门以外,专门受理和审理行政复议案件。行政复议委员会的设立,将有效避免过去行政复议过程中"官官相护"的现象。

- **10月23日** 汪洋与中国证监会主席尚福林在深圳共同为创业板开板,中国资本市场自此掀开新的一页。创业板又称二板市场，即第二股票交易市场，是与主板市场不同的一类证券市场，专为暂时无法在主板上市的创业型企业、中小企业和高科技产业企业等需要进行融资和发展的企业提供融资途径和成长空间的证券交易市场。创业板在上市门槛、监管制度、信息披露、交易者条件、投资风险等方面和主板市场有较大区别。创业板是对主板市场的重要补充，在资本市场占有重要的位置。

- **11月4日** 全省深化行政审批制度改革工作现场会在中山市召开。

- **11月9日** 省委、省政府印发《关于深化医药卫生体制改革的实施意见》。23日，省政府召开全省深化医药卫生体制改革动员大会。2009年至2011年广东省各级财政需要新增投入420亿元，重点抓好5项改革，缓解"看病难""看病贵"问题。

- **11月26日** 广东省"三旧"（旧城镇、旧厂房、旧村庄）改造工作现场会在佛山召开。据各地调查摸底，全省共有"三旧"用地面积11.33万公顷，其中旧城镇2.27万公顷、旧厂房5.4万公顷、旧村庄4万公顷；珠三角"三旧"用地面积达6万公顷。广东省国土资源厅组织广州、深圳、佛山、东莞等市开展"三旧"改造专题的试点工作。2009年，全省累计完成"三旧"改造面积3013公顷，新增亿元生产总值消耗建设用地比上年下降11%。佛山市围绕提高集体建设用地产出效益，创新开展"三旧"改造工作，形成多种改造模式。

- **12月11日** 省政府印发《广东省基本公共服务均等化规划纲

要（2009—2020年）》，明确提出从公共教育、公共卫生、公共文化体育、公共交通、生活保障、住房保障、就业保障和医疗保障等八个方面全面推进基本公共服务均等化的建设目标和实现措施。广东率先在全国各省市中出台全省基本公共服务均等化纲领性文件。

- **12月20日至21日** 胡锦涛视察广东，深入到企业、研发机构和技工学校，考察指导广东加快经济发展方式转变、提高自主创新能力、实现经济平稳较快发展等工作。考察中，胡锦涛多次强调要把提高自主创新能力作为提升国际竞争力的中心环节来抓。尤其要加快建立以企业为主体、市场为导向、产学研相结合的技术创新体系。

- **12月23日** 省政府召开全省推广居住证制度工作会议。24日，省人大召开《广东省流动人口服务管理条例》颁布实施新闻发布会，宣布于2010年1月1日起实施。

- **12月25日** 广东海上丝绸之路博物馆于海陵岛正式开馆。这是全国第一个水下考古专题博物馆。

- **12月26日** 武广客运专线正式投入运营。武广客运列车运营里程1069公里，平均运行时速为350公里。这是当时世界上一次建成最长、运行时速最高并已经投入运营的电气化铁路。武广高速铁路投入运营，对于实现珠江三角洲经济转型和"泛珠三角"区域各省区经济结构互补，推动区域经济协调发展均具有重要的意义

- **2009年** 全省地区生产总值39923.24亿元，比上年增长

9.9%。其中，第一产业增加值1996.38亿元，第二产业增加值19718.72亿元，第三产业增加值18208.14亿元。人均地区生产总值39876元。全社会固定资产投资13353.15亿元，比上年增长19.6%。进出口总额6111.18亿美元。地方一般公共预算收入3649.81亿元。社会消费品零售总额14891.78亿元。全年城镇居民人均可支配收入19431.51元。全年农村居民人均可支配收入6579.57元。

2010 年

- **1月5日** 汪洋对珠三角绿道网建设做出部署,要求珠三角各市按照"一年基本建成,两年全部到位,三年成熟完善"的目标,努力将珠三角绿道网打造成为落实科学发展观、建设宜居城乡、惠及广大百姓的标志性工程。2月,省政府批准实施《珠江三角洲绿道网总体规划纲要》,明确要求规划建设总里程为1690公里的6条珠三角省立绿道。各地市结合自身实际编制绿道网建设规划,确定九市省立绿道的实际总里程为2372公里。按照生态化、土木化、多样化、人性化的要求,打造出主题不同、特色鲜明的绿道。3月22日,珠三角绿道网建设启动仪式在广州举行。珠三角绿道网建设是广东践行科学发展观、建设生态文明的创新举措。
- **1月11日** 2009年度国家科学技术奖励大会在北京举行。广东有26项成果获2009年度国家科学技术奖,其中,自然科学奖2项,技术发明奖1项,科技进步奖23项。有3位广东科学家参与的《中国植物志》编研项目,首次荣获"含金量"最高的国家自然科学奖一等奖,实现了历史性重大突破。同时,广东以第一完成单位完成的成果共12项，占所获奖项目数的46%，比上个年度提高16个百分点。

- 1月11日至14日　省委、省政府先后在梅州、河源、清远、韶关四市召开粤北地区现场会。15日，在韶关召开粤北山区工作会议。1月28日，省委、省政府公布《关于促进粤北山区跨越发展的指导意见》。

- 1月16日　总投资245亿元的深圳华星光电8.5代液晶面板项目在光明新区开工。这既是深圳建市以来最大的投资项目，也是华南地区首个高世代液晶面板项目和中国自主建设的、国内最高世代TFT-LCD生产线之一。

- 1月30日　国内现代化程度最高的铁路客站之一、位于广州市番禺区石壁的广州火车南站举行开站仪式。广州南站站房总建筑面积48.6万平方米，是铁道部和广东省合作建设的特大型综合交通枢纽，也是2010年广州亚运会重点工程。

- 3月1日　广东天然气主干管网一期工程在广州、惠州、肇庆、东莞、韶关、清远等六市同时开工，标志着天然气"全省一张网"建设进入实质性的全面启动阶段。

- 3月1日　广汽本田第200万辆轿车在黄埔工厂总装生产线下线。广汽本田成为中国第四家、广东第一家累计生产突破200万辆的轿车企业。

- 3月18日　国务院办公厅在《中国应急管理》刊发题为《先行先试全力打造应急管理"广东模式"》，推广应急管理工作"广东经验"。这是国务院办公厅首次全面、系统地介绍地方应急管理工作经验。

- **4月7日** 省政府和香港特别行政区政府在北京人民大会堂正式签署《粤港合作框架协议》。此框架协议是中国内地省份与香港间签署的一个综合性合作协议，共11章50条，为粤港合作提出六大发展定位，提出基础设施、产业发展、营商环境、优质生活、教育与人才、重点合作区、专项合作规划、合作机制等要求，实现金融、教育、医疗、环保、交通、科技创新、口岸通关、专项规划等八大领域的政策突破。

- **4月19日** 省委、省政府印发《关于加快外经贸战略转型提升国际竞争力的决定》。23日，全省加工贸易转型升级工作现场办公会在广州召开。

- **5月10日** 由文化部、省政府主办，广州市政府承办的第九届中国艺术节在广州体育馆开幕。这是中国艺术节首次在华南地区举办，也是首次由省会城市承办。艺术节期间，开展"文华奖"和"群星奖"评选活动，首次推出"中国（广州）优秀舞台艺术演出交易会"，举办"中国风格·时代丹青——全国优秀美术作品展"，以及组织150多场多种形式的配套活动。

- **5月31日** 2010年粤澳合作联席会议在澳门举行，双方代表签署《关于进一步做好粤澳合作框架协议起草工作的备忘录》《关于探讨粤澳双方共建中医药产业合作基地的备忘录》和《粤澳旅游合作协议》。

- **6月7日** 省政府出台《关于开展农民工积分制入户城镇工作

的指导意见（试行）》。今后，广东省将积极引导和鼓励农民工及其随迁人员通过积分制入户城镇、融入城镇。2012年1月1日，广东省开始实施积分制入户新政策。新政策将适用对象范围由在粤务工的农业户籍劳动力扩大至在粤务工的城乡劳动者，使用范围也由原先仅用于积分入户扩大至享受城镇公共服务。

- **6月29日** 中共广东省委粤北机关旧址修复保护工程落成仪式在韶关举行。1938年10月广州沦陷后，为了适应抗战形势发展需要，中共广东省委机关从广州迁到了韶关，随后转迁到南雄、始兴等地。1940年12月，中共中央和中央南方局撤销中共广东省委，成立中共粤北省委和中共粤南省委，粤北省委一直延续到1942年5月。

- **6月30日** 省委、省政府在广州举行"广东扶贫济困日"活动启动仪式。至是日下午，全省各界捐款总额已达30亿元。经国务院批准，自2010年起，每年6月30日为"广东扶贫济困日"。至2019年6月30日第十个"广东扶贫济困日"，广东已成功走出了一条本地特色的扶贫济困道路，企业成社会扶贫"顶梁柱"，是扶贫济困道路的主力源泉。社会组织扶贫是广东社会扶贫的一支重要力量，成为政府扶贫的重要补充。2010年至2018年连续9年的"广东扶贫济困日"活动，全省各级共认捐257.36亿元。

- **7月16日** 省委十届七次全会召开。全会专题研究文化强省建设，审议通过《广东省建设文化强省规划纲要（2011—2020

年）》，对全面深化文化体制改革、推动社会主义文化大发展大繁荣做出部署。为保障文化强省建设顺利推进，省委、省政府制定建设文化强省综合评价指标体系和《〈广东省建设文化强省规划纲要（2011—2020年）〉分工方案》，实施文化强省"十大工程"建设。

- **7月26日** 省政府分别与工业和信息化部、中国工程院在广州签订全面推进产学研合作协议。27日，省部产学研合作五周年总结大会在广州举行。据不完全统计，"十一五"期间，全国640多所高校和科研机构的1万多名专家在广东省开展产学研合作项目1.5万多项，五年累计实现产值8131亿元、利税1223亿元，获得专利2万多件，为企业培养技术和管理人才7.4万人。5年来，省部、省院产学研合作在广东省，甚至在全国产生了良好的经济社会效益，成为广东科技工作的一大品牌。

- **7月** 省政府在全国率先出台《关于开展质量强省活动的意见》，部署开展质量强省活动。2013年10月，省政府正式发布《关于建设质量强省的决定》，广东成为全国第一个以省级政府决定形式开展质量强省活动的省份。

- **9月4日至6日** 胡锦涛视察广东，深入深圳企业、科研机构、居民社区，就加快转变经济发展方式、推动经济社会又好又快发展进行调查研究。考察过程中，胡锦涛对广东近一个时期的工作给予充分肯定，他希望广东广大干部群众以邓小平理论和"三个代表"重要思想为指导，深入贯彻落实科学发展观，紧紧抓住国家支持东部地区率先发展、支持珠江三角洲地区改革发展、支持经济特区创新发展的宝贵机遇，在新的起点上继续解放思想，坚持改革开放，奋力攻坚克难，着力加快经济发展方式转变，着力加强社会主义精神文明建设，着力完善社会服务和管理，努力当好推动科学发展、促进社会和谐的排头兵，在夺取全面建设小康社会新胜利、开创中国特色社会主义事业新局面的征程上再立新功。

- **9月6日** 深圳经济特区建立30周年庆祝大会在深圳举行。胡锦涛出席庆祝大会并发表重要讲话。他强调，面对错综复杂的国际形势，面对艰巨繁重的改革发展稳定任务，我们要胜利实现既定战略目标，必须坚定不移坚持中国特色社会主义道路，坚定不移坚持中国特色社会主义理论体系，勇于变革、勇于创新，永不僵化、永不停滞，不为任何风险所惧，不被任何干扰所惑，继续奋勇推进改革开放和社会主义现代化建设的伟大事业。

- **11月12日至27日** 第16届亚运会在广州举行。该届亚运会共有来自亚洲各地的9700多名运动员参加42个大项476个小项的角逐，参赛规模创历届亚运会之最。该届亚运会刷新了3项世界纪录、15项亚洲纪录和27项亚运会纪录。中国体育代表团获得金牌199枚、奖牌416枚，创造了中国体育代表团参加亚运会以来的最好成绩，连续八届名列亚运会金牌榜首位。12月12日至19日，广州2010年亚洲残疾人运动会举行。此届亚残运会共有来自亚洲41个国家和地区的2500多名运动员参加

19个大项的比赛。中国体育代表团取得185枚金牌、391枚奖牌的优异成绩,名列金牌榜和奖牌榜首位。

- **12月19日至20日** 第四届中国国际客家山歌文化节在"客家山歌艺术之乡"梅州举行。广东第一个、全国第五个国家级的文化生态保护区——客家文化生态保护区同时在梅州正式挂牌。

- **12月31日** 全省高速公路完成"十一五"建设目标暨2010年建成800公里通车典礼在国道主干线广州绕城公路南段(南二环)顺德勒流服务区主会场举行。黄华华在主会场出席通车典礼并宣布南二环、韶赣、湛徐、阳阳、江肇、汕揭6条高速公路建成通车,广东"十一五"高速公路建设目标全面完成。

- **2010年** 全省地区生产总值46544.63亿元,突破4万亿元,从3万亿到4万亿,用时仅仅3年,比上年增长12.5%。人均地区生产总值45252元,首次超过4万元。全社会固定资产投资16113.19亿元,比上年增长20.7%。进出口总额7848.96亿美元。全省财政总收入突破1万亿元。地方一般公共预算收入4517.04亿元。全年社会消费品零售总额17458.44亿元。全年城镇居民人均可支配收入21331.98元。全年农村居民人均可支配收入7483.58元。

2011 年

- **1月30日** 省委办公厅、省政府办公厅印发《关于进一步完善和深化顺德行政体制改革的意见》，确定顺德区为省直管县唯一试点。顺德区享有地级市的行政执法权限，并将接受广东省的直接考核，分数单列。顺德区被赋予了在全省率先以行政体制改革为主线，开展深化综合改革试验的角色。鼓励和支持顺德区在社会体制改革、公共服务体制改革、文化体制改革、农村管理体制改革、干部人事和事业单位工作人员收入分配制度改革、新型区域合作等领域大胆探索。

- **2月1日** 省政府办公厅发出《印发〈关于办好十件民生实事的分工方案〉的通知》，要求各地级以上市人民政府、省直各有关单位认真贯彻执行，扎实有序推进相关工作。分工方案明确了十件民生实事的职责分工，确定了牵头单位和协办单位的具体工作任务。

- **3月6日** 省政府和澳门特别行政区政府在北京签署《粤澳合作框架协议》，标志着粤澳合作迈向新的历史阶段。《粤澳合作框架协议》共8章38条，全面涵盖粤澳经济、社会、民生、文化等各合作领域，明确新形势下粤澳合作的定位、原则、目标，确立合作开发横琴、产业协同发展、基础设施与便利通关、社会公共服务、区域合作规划等合作重点，提出了一系列具体、务实、可操作的合作举措。框架协议提出合作开发横琴、共建粤澳合作产业园区。8月22日，省政府和澳门特别行政区政府共同在澳门举行"粤澳合作框架协议暨横琴政策创新宣讲会"，公布国务院最近批复的横琴开发创新政策。

- 3月28日　国家知识产权局公布2010年中国内地发明专利授权量排名情况，广东在省（区、市）排名中位居第一，深圳市在副省级城市中位居第一。国家知识产权局同时还发布"2010年内地发明专利授权量国内企业排行榜"，华为技术有限公司、中兴通讯股份有限公司、鸿富锦精密工业（深圳）有限公司、比亚迪股份有限公司、腾讯科技（深圳）有限公司入围前十名。

- 4月2日　省委、省政府召开全省山区县农村综合改革工作会议，学习推广云安县综合改革经验，全面部署推进全省山区县农村综合改革工作。至年底，全省40个山区县大部分乡镇职能从原来主要依靠招商引资抓经济转向通过综合改革重点抓社会管理服务。

- 4月2日　科技部公布2011年新增国家重点实验室名单。中国科学院广州地球化学研究所建设的"同位素地球化学国家重点实验室"、中国科学院南海海洋研究所建设的"热带海洋环境国家重点实验室"、华南理工大学建设的"发光物理与化学国家重点实验室",以及广西大学与华南农业大学联合建设的"亚热带农业生物资源保护与利用国家重点实验室"等4所广东科研机构入选。

- 5月15日　省政府印发《广东省国民经济和社会发展第十二个五年规划纲要》,其中提出:到2015年,全省人均生产总值提前五年实现比2000年翻两番的目标,经济发展方式转变取得显著进展,社会软实力显著提升,民生福祉显著改善,科学发展的体制机制日益完善。全省生产总值年均增长8%以上,到2015年约6.7万亿元。人均生产总值年均增长7%以上,到2015年约6.6万元。

- 5月16日　省政府与海关总署在北京签署《共同建设全国加工贸易转型升级示范区推进转变发展方式合作备忘录》。

- 5月21日　深汕特别合作区授牌仪式在广州举行。深汕特别合作区规划范围包括汕尾市海丰县鹅埠、小漠、鲘门、赤石四镇,总面积约463平方公里,合作期限初定30年。建设深汕特别合作区是省委、省政府实施提升珠三角带动粤东西北发展战略的重大举措,是继珠海横琴新区、深圳前海合作区、中新(广州)知识城之后,广东在推进科学发展、加快转型升级上的又一个重大载体。

- 6月8日　国务院印发《全国主体功能区规划》将珠三角列入国家优化开发区域,将汕头、潮州、揭阳、汕尾、湛江等市划入国家重点开发区域,将粤北11县市列入国家重点生态功能区。

- 6月9日　由省考古研究所主持发掘的水下考古项目"南澳Ⅰ号"入选"2010年度全国十大考古新发现"。

- 8月2日　我省设立社会工作委员会。它既是省委的工作部门，又是省政府的职能机构。其主要职责是按照"党委领导、政府负责"的要求，牵头制定并组织实施社会工作总体规划和重大政策，协调相关部门起草社会工作方面的政策法规；宏观指导和综合协调全省社会工作，督促检查工作落实情况；参与拟定劳动就业、社会保障、教育、卫生、文化、体育等方面的政策；推进和创新群众工作，协调建立健全群众利益协调、诉求表达、矛盾调处、权益保障机制；配合推进社会领域党建工作；研究推动社会建设和管理体制改革创新。这是贯彻落实省委十届九次全会精神的重要举措，标志着广东省加强社会建设、创新社会管理工作迈出了坚实步伐。

- 8月3日　中国社科院发布2011年《城市蓝皮书·中国城市发展报告No.4——聚焦民生》。在城市科学发展指数综合排名中，深圳、广州分别位居第一、第四位。

- 8月11日至15日　胡锦涛视察广东并作重要讲话。就加快转变经济发展方式、深化改革开放、保障和改善民生、加强和改进党的建设等进行调研。8月12日，胡锦涛出席深圳第26届世界大学生夏季运动会。来自152个国家和地区的大学生运动员参加了24个大项、306个小项的比赛。

- **10月11日** 省委、省政府在南沙召开广州南沙新区开发建设现场会。深入研究南沙新区开发规划,明确开发任务,努力在新起点上推动南沙新一轮的开发建设,为广州加快建设国家中心城市注入新动力,为"加快转型升级,建设幸福广东"打造新平台。

- **10月11日** 省政府新闻办公室在广州召开新闻发布会,全国首个省级幸福指标体系——幸福广东指标体系正式向社会颁布。14日,省政府发出《关于全省十件民生实事1—9月落实情况的通报》,向全省各地各部门通报2011年前9个月十件民生实事办理情况。

- **10月20日** 财政部印发《2011年地方政府自行发债试点办法》。经国务院批准,广东以及计划单列市深圳将开展地方政府自行发债试点。

- **11月4日** 省十一届人大常委会第二十九次会议召开。会议决定接受黄华华辞去省人民政府省长职务的请求,朱小丹代理省人民政府省长职务。2012年1月13日至17日,省十一届人大五次会议召开。会议选举朱小丹为省长。

- **11月30日** 广东省十一届人大常委会第三十次会议审议通过《广东省自主创新促进条例》,这是国内首部促进自主创新的地方性法规。

- **11月** 广东省成立财政专家咨询委员会,引入第三方评价财政资金使用绩效,这是在推进财政决策方式改革方面的重要举措。

- **12月24日**　广东顺德清远（英德）经济合作区授牌暨项目动工签约仪式在清远英德市举行，在"双转移"实施探索三年之际，转出地和转入地创新区域协调发展机制，创造了联合开发、利益共享的"飞地经济"新模式、新路径。
- **12月26日**　广深港高速铁路广深段在深圳举行开通运营仪式。广深港高速铁路是我国《中长期铁路网规划》"四纵四横"快速客运干线中"北京—广州—香港"高铁的重要组成部分，全线设计长度142公里，其中广州南至深圳北102.4公里，投资总额204.3亿元。
- **2011年**　全省地区生产总值53908.59亿元，突破5万亿，从4万亿到5万亿，仅仅用时1年，比上年增长10.2%。其中，第一产业增加值2614.59亿元，第二产业增加值26733.70亿元，第三产业增加值24560.30亿元。人均地区生产总值57474元，首次超过5万元。全社会固定资产投资16843.83亿元，比上年增长19.6%。进出口总额9133.34亿美元。地方一般公共预算收入5514.84亿元。全年社会消费品零售总额20297.52亿元。全年城镇居民人均可支配收入24009.59元。全年农村居民人均可支配收入8888.62元。

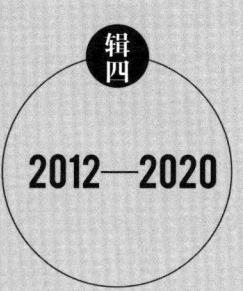

辑四

2012—2020

2012 年

- **1月11日** 《广东省低碳试点工作实施方案》获国家发展与改革委员会批复同意。这是国家低碳省试点工作启动一年多以来，全国13个低碳试点省市中首个批复的低碳试点工作实施方案。
- **2月2日** 省政府发布《印发2012年扶持中小微企业发展的若干政策措施》。这是国内首个省级层面扶持中小微企业发展的政策性文件。
- **2月6日** 省政府公布粤东西北3个区域的"十二五"经济社会发展规划纲要，分别提出三地2011年至2015年经济社会发展的战略定位和主要目标。这是广东省首次出台欠发达地区经济社会发展的总体规划。
- **2月9日** 全省以打击欺行霸市、打击制假售假、打击商业贿赂、建设社会信用体系、建设市场监管体系为主要内容的"三打两建"工作会议召开。会议专题以研究优化市场环境的目标，对"三打"工作进行部署。9月，启动为期4个月的建设社会信用体系和建设市场监管体系的"两建"专项行动。2012年,"三打两建"活动取得明显成效,各地、各部门打掉一批欺行霸市犯罪团伙,查处一批制假售假、商业贿赂大案要案。据群众满意度、社会认可度、市场秩序好转度调查显示,全省92.7%的群众认为"三打"净化了市场环境,增强了经济发展动力和活力。

- **2月24日** 国家知识产权局发布"2011年我国发明专利授权量排名"等榜单(不含港澳台),广东发明专利授权量居全国第一。

- **3月8日** 珠三角17个监测站点正式公布包括PM2.5在内的环境空气质量监测数据。珠三角成为全国第一个按照新标准公布监测指标并评价空气质量的地区。

- **3月19日** 由省委常委会差额票决产生的8名正厅职干部暨省委委员提名人选正式公示。这是广东在中央总体政策要求的框架内,首次采用组织提名、全委会民主推荐、常委会差额票决的方法产生省委委员提名人选,在全国亦属创新之举。

- **4月5日** 国家海洋局公布《2011年中国海洋经济统计公报》,经初步估算,2011年广东省海洋生产总值达9807亿元,占全国海洋生产总值的21.5%,第十七年领跑全国。

- **4月26日** 省政府批复同意佛山市顺德区率先开展商事登记制度改革试点工作。5月3日,佛山市顺德区发出首个商事登记营业执照,在全省率先开展商事登记制度改革试点工作。2013年3月1日起,深圳、珠海在全市范围内实施商事登记改革,并率先启用企业法人营业执照、非法人企业营业执照、分支机构营业执照和个体工商户营业执照等4种新版营业执照。2013年，全省工商登记制度改革取得成效，有效降低市场准入门槛，激发市场主体活力和社会投资创业热情。全省新登记各类市场主体110.8万户，其中，新登记各类企业35.3万户，比上年分别增长35.7%和50.4%。

- **5月9日至13日** 中国共产党广东省第十一次代表大会召开。大会讨论并通过汪洋代表第十届省委作的题为《坚持社会主义市场经济的改革方向，加快转型升级，建设幸福广东》的报告。报告提出：今后5年要深入贯彻落实科学发展观，坚持社会主义市场经济的改革方向，加快转型升级，建设幸福广东，提高管党治党水平，推动经济建设、政治建设、文化建设、社会建设以及生态文明建设和党的建设迈上新台阶，切实当好推动科学发展、促进社会和谐的排头兵，为率先全面建成小康社会，率先基本实现社会主义现代化而努力奋斗。5月13日，省委十一届一次全会选举汪洋、朱小丹、黄先耀、王荣、李玉妹、林雄、徐少华、林木声、庹震、黄善春等为常委，选举汪洋为省委书记。省纪委十一届一次全会选举黄先耀为省纪委书记。

- **5月20日** 省委十一届一次全会决定就建设法治化国际化营商环境等八项重点工作，制定实施八个行动计划。10月29日，省委、省政府召开电视电话会议，就实施八个行动计划作全面部署，提出明确要求。12月31日，省委督查室发出《决策督查事项通知书》，要求各牵头单位加强指导、协调和检查，抓好八个行动计划贯彻实施工作。

- **5月23日** 国家知识产权局发布《2011年全国专利实力状况报告》，广东省专利综合实力以82.19分排在全国第一。

- **5月24日** 由广州海关、广东出入境检验检疫局、广东省外经贸厅联合举办的关检合作"三个一"（一次申报、一次查验、一次放行）通关模式试点启动仪式举行。

- **5月至6月** 省财政厅分别印发《政府向社会组织购买服务暂行办法》和《省级政府向社会组织购买服务目录（第一批）》。这是改革开放以来，全国出台的第一个省级地方政府向社会组织购买服务的办法和目录。

- **7月17日** 全省转变政府职能深化行政审批制度改革工作电视电话会议召开，公布广东2012年行政审批制度改革事项第一批目录，全面启动市县转变政府职能深化行政审批制度改革工作。10月31日，《国务院关于同意广东省"十二五"时期深化行政审批制度改革先行先试的批复》正式印发，批准66项行政审批事项在广东省区域内停止实施，下放34项行政审批事项的管理层级。11月26日，省委、省政府召开全省贯彻落实国务院批准广东行政审批制度改革先行先试动员会。在深圳、珠海、东莞、顺德等地开展商事登记制度改革。同时，在佛山、梅州、惠州、肇庆、揭阳、清远等地进行企业登记审批制度改革，激发企业创造活力。

- **7月20日** 省委、省政府印发《关于充分发挥海洋资源优势努力建设海洋经济强省的决定》。11月1日，国务院批复广东省海洋功能区划，明确广东为全国海洋经济发展试点地区。

- **9月6日** 国务院批复《广州南沙新区发展规划》。南沙新区成为国家级新区，南沙新区的开发建设上升到国家战略。

- **9月11日** 广东省碳排放权交易试点启动暨广州碳排放权交易所揭牌仪式举行。广州碳排放权交易所是全国首家碳排放权交易所。

- **10月19日** 国内首个全省统一的网上办事平台——广东省网上办事大厅（www.gdbs.gov.cn）正式开通运行启动仪式举行。网上办事大厅开设政务公开、投资审批、网上办事、政民互动、效能监察五大功能模块，同时链接党委系统的"网上信访大厅"。首批45个省级单位共有1106项服务事项进驻。

- **10月21日** 第七届广东省区域发展经济技术合作洽谈会（前六届称为"山洽会"即"广东省珠江三角洲地区与山区及东西两翼经济技术合作洽谈会"，从本届开始正式更名为"区洽会"）在江门举办，其任务是进一步加强珠三角与粤东西北地区产业对接合作，增强珠三角辐射带动环珠三角地区发展能力，深入实施"双转移"战略和"乡贤反哺工程"，总结交流各地区域协调和乡贤反哺工作经验，研究部署下一阶段推进区域协作、"双转移"的工作思路和工作重点。

- **11月1日** 根据财政部、国家税务总局要求，11月1日起我省正式试点营业税改征增值税（简称"营改增"）。为确保"营改增"业务在综合征管软件系统顺利运行，广东国税分阶段完成核心征管系统CTAIS及外围软件共17个应用系统的改造，为确保"营改增"宣传服务到位，广东国税在国税门户网站增设了《营改增》政策专栏，方便纳税人查阅、下载及使用。至2016年5月1日，"营改增"试点为广东省增值税纳税人累计减税392.55亿元，其中"3+7"行业累计减税119.32亿元；四大行业累计减税113.84亿元；原增值税行业因增加抵扣累计减税159.39亿元。全面推开"营改增"试点消除了营业税的重复征税，形成完整的增值税抵扣链条，助推供给侧结构性改革进程，促使税制改革红利释放。

- **11月8日至14日**　中国共产党第十八次全国代表大会举行。胡锦涛作题为《坚定不移沿着中国特色社会主义道路前进，为全面建成小康社会而奋斗》的报告。大会回顾和总结了过去五年的工作和党的十六大以来的奋斗历程及取得的历史性成就，确立了科学发展观的历史地位；阐明中国特色社会主义道路、中国特色社会主义理论体系、中国特色社会主义制度的科学内涵及其相互联系，建设中国特色社会主义，总依据是社会主义初级阶段，总布局是社会主义经济建设、政治建设、文化建设、社会建设、生态文明建设"五位一体，总任务是实现社会主义现代化和中华民族伟大复兴"；确定全面建成小康社会和全面深化改革开放的目标。大会通过《中国共产党章程（修正案）》，把科学发展观同马克思列宁主义、毛泽东思想、邓小平理论、"三个代表"重要思想一道确立为党的指导思想并载入党章。

- **12月7日至11日**　中共中央总书记、中共中央军委主席习近平到深圳、珠海、佛山顺德、广州等地调研。其间，先后到深圳罗湖区渔民村、深圳光启高等理工研究院、腾讯计算机系统有限公司、中航通用飞机有限责任公司珠海基地、珠海横琴、广东工业设计城、顺德区黄龙村和广州东濠涌考察。11日上午，听取广东省委、省政府工作汇报并发表讲话，习近平肯定30多年来广东改革开放的成就，肯定广东近年来的工作，要求广东努力成为发展中国特色社会主义的排头兵、深化改革开放的先行地、探索科学发展的实验区，为率先全面建成小康社会、率先实现社会主义现代化而奋斗（简称"三个定位、两个率先"）。这是十八大召开以后，习近平第一次到地方调研。习近平发表的深刻讲话表明了新一届中央领导集体坚持改革开放的坚强决心，向全党全国发出了凝聚力量、攻坚克难的动员令。

- **12月10日**　省委组织部、省人力资源和社会保障厅、省科技厅、省教育厅、省民政厅、省财政厅、省地税局、省工商局、省金融办联合出台《关于进一步加强博士后工作促进广东自主创新的实施意见》，旨在贯彻落实《广东省自主创新促进条例》、推动广东产业转型升级，发挥博士后制度在增强自主创新能力、壮大创新人才队伍、培养高层次专业技术人才中的重要作用。

- **12月18日**　中共中央决定：汪洋同志不再兼任广东省委书记、常委、委员职务，胡春华同志兼任广东省委委员、常委、书记。

- **2012年** 全省地区生产总值57924.76亿元，比上年增长8.3%。其中，第一产业增加值2778.48亿元，第二产业增加值27981.32亿元，第三产业增加值27164.96亿元。人均地区生产总值54908元。地方一般公共预算收入6229.18亿元；全年固定资产投资19307.53亿元，比上年增长14.6%。全年进出口总额9839.47亿美元。全年社会消费品零售总额22677.11亿元。全年城镇居民人均可支配收入26981.38元。全年农村居民人均可支配收入9999.35元。

2013年

- 1月11日　省委、省政府印发《贯彻落实〈十八届中央政治局关于改进工作作风、密切联系群众的八项规定〉实施办法》。"八项规定"针对的都是人民群众长期反映强烈的问题，展示了新一届中央领导集体亲民、为民的执政新风，显示了党中央整治沉疴顽疾的决心；强调坚持艰苦奋斗、勤俭节约，下决心改进文风会风，着力整治庸懒散奢等不良风气，坚决克服形式主义、官僚主义，将行为准则和规范固化为制度，具有重大而长远的意义。

- 1月18日　国家科学技术奖励大会在北京召开。广东省共有26个项目获得2012年度国家科技奖，其中，3项获国家自然科学奖，5项获国家技术发明奖，18项获国家科技进步奖。

- 2月6日　广东省珠三角绿道网建设项目获"2012年全球百佳范例"称号。至2012年12月底，珠三角建成绿道7350公里。

- 3月1日　广东省117家三级医疗保健机构及部分医学检验所实施医学检验、影像检查结果互认，互认细项包括X光、CT等38项，实现"一单通"。

- 5月9日　广东召开全省实施《珠江三角洲地区改革发展规划纲要（2008—2020年）》"四年大发展"总结暨"九年大跨越"动员会。

- 6月3日　省林业厅发布《2013年广东省林业生态状况公报》，广东省森林生态效益总值首次超过万亿元，达1.11万亿元。

- 6月19日　在韩国光州举行的联合国教科文组织世界记忆工程国际咨询委员会会议上，广东省档案局与福建省档案局联合申报的"侨批档案——海外华侨银信"入选联合国教科文组织的《世界记忆名录》，实现广东世界记忆文献遗产零的突破。

- 6月26日　省委印发《关于在我省深入开展党的群众路线教育实践活动的实施意见》。群众路线教育实践活动共分两批开展：第一批开展时间为2013年7月1日至2014年1月25日；第二批开展时间为2014年1月25日至10月8日。2014年10月8日，全省党的群众路线教育实践活动总结大会召开，会议强调要巩固教育实践活动成果，推动党的作风建设不断取得新成效。

- 7月23日　省政府召开新闻发布会，通报广州白云机场口岸将于8月1日起实行72小时过境免签政策的有关情况。经国务院批准，自2013年8月1日起，在广州白云机场口岸对45个国家持有第三国签证和机票的外国旅客实行72小时过境免签政策。广州是继北京、上海之后国内第三个获准实施这一重要政策的城市。

- **7月25日**　省委、省政府印发《关于进一步促进粤东西北地区振兴发展的决定》。26日，全省进一步促进粤东西北地区振兴发展工作会议召开。各市成立由市主要领导任组长的振兴发展工作领导小组，珠三角相关市全力落实帮扶责任。11月，省委办公厅、省政府办公厅出台《关于调整珠三角地区与粤东西北地区对口帮扶工作的通知》，确定由广州市帮扶梅州市、清远市，深圳市帮扶河源市、汕尾市，珠海市帮扶阳江市，佛山市帮扶云浮市，东莞市帮扶韶关市，中山市帮扶潮州市。截至年底，粤东西北地区生产总值14069亿元，比上年增长10.4%，比全省高1.9个百分点，占全省比重21%。

- **8月13日**　中央党史研究室确认梅州市梅江区、蕉岭县、丰顺县、五华县四县（区）为原中央苏区范围。至此，梅州市全境为原中央苏区县。广东的大埔、南雄、饶平、龙川、平远、兴宁、梅县、梅江、蕉岭、丰顺、五华11县（市、区）被确认为原中央苏区县。

- **8月25日**　省委、省政府印发《关于全面推进新一轮绿化广东大行动的决定》，提出通过10年左右的努力，将广东建设成为森林生态体系完善、林业产业发达、林业生态文化繁荣、人与自然和谐的全国绿色生态第一省。明确提出森林覆盖率、森林蓄积量、森林面积等九个建设全国绿色生态第一省的指标体系。

- **8月29日**　中央人民政府和香港特别行政区政府在香港签署《内地与香港关于建立更紧密经贸关系的安排》（CEPA）补

充协议十。协议包括65项服务贸易开放措施，以及8项加强两地金融合作和便利贸易投资的措施，其中15项在广东先行先试，主要集中在金融、法律、检测认证、通讯等服务贸易领域。

- **9月25日** 一汽-大众佛山公司正式建成投产，首辆整车下线，项目一期设计产能30万辆，为当时全球最先进的绿色汽车工厂。

- **11月20日** 由国防科技大学研制的天河二号超级计算机系统，正式落户国家超级计算广州中心。2014年6月23日，国际TOP500组织在德国莱比锡市发布了"第43届世界超级计算机500强"排行榜，天河二号超级计算机系统再次位居榜首，获得世界超算"三连冠"。这也是天河系列超级计算机第4次问鼎世界超算之巅。

- **12月2日** 由科技部政策法规司策划和资助的《中国区域创新能力报告》发布。报告显示：广东省的创新能力位居全国第二，这是广东省连续6年保持第二名的成绩。自1999年至2019年，中国科技发展战略研究小组连续20年对全国31个省（区、市）创新能力进行评价分析。2019年广东区域创新能力排名第一。

- **2013年** 广东省经济总量和进出口总额双双突破1万亿美元。全省实现地区生产总值63357.92亿元，比上年增长8.5%，成为全国唯一一个经济总量超6万亿元的省份。其中，第一产业增加值2876.42亿元，第二产业增加值29837.46亿元；第三产业增加值30644.04亿元。三大产业结构为4.5∶47.1∶48.4，产业结构从第二产业主导的"二、三、一"格局，调整为服务业主导的"三、二、一"格局，标志着广东省产业发展进入新阶段。人均地区生产总值达到59665元。地方一般公共预算收入7081.47亿元。全年固定资产投资22828.65亿元，比上年增长18.23%。全年社会消费品零售总额25453.93亿元。全年进出口总额10918.22亿美元。农村居民人均可支配收入11067.79元。城镇居民人均可支配收入29537.29元。

2014 年

- 1月17日　省委印发《贯彻落实〈中共中央关于全面深化改革若干重大问题的决定〉的意见》，要求深刻认识全面深化改革的重大意义，准确把握指导思想、总体目标和基本要求，把坚持和完善基本经济制度、激发市场主体发展活力等10个方面的工作作为全面深化改革的主要任务和工作重点，从强化全面深化改革的领导责任等方面下功夫，加强和改善各级党委对全面深化改革的领导。

- 1月17日　中国电子商务互联网金融创新基地在佛山市南海区千灯湖畔挂牌成立，是国内首个以互联网金融创新为主题的产业基地。

- 1月21日　广东已建森林公园460处，总面积107万公顷，占全省国土面积的5.9%，居全国第一。

- 1月28日　全球最大的海洋主题乐园——珠海长隆海洋王国开业。

- 2月26日　省工商局召开全省工商系统全面推开工商登记制度改革动员会，工作部署从3月1日起，改革工商登记程序，全面实行"先照后证"的登记，推行注册资本认缴登记制等放宽工商登记条件，以及强化工商登记后续监管、构建严管体制机制的多项改革措施。

- **2月27日**　省政府公布《关于取消和下放一批行政审批项目的决定》，取消和下放47项行政审批项目。

- **3月6日**　习近平参加十二届全国人大二次会议广东代表团的审议。习近平强调指出，30多年来，广东在改革开放中很好发挥了窗口作用、试验作用、排头兵作用。要继续发扬敢为人先的精神，勇于先行先试，大胆实践探索，在全面深化改革中走在前列。要坚持社会主义市场经济改革方向，加快完善现代市场体系，加快转变政府职能，协同推进各领域改革，努力健全与社会主义市场经济相适应的各方面体制机制。要着力推动产业优化升级，充分发挥创新驱动作用，走绿色发展之路，努力实现凤凰涅槃。要抓住当前世界经济格局深刻调整带来的机遇，实施更加积极主动的开放战略。

- **5月27日**　省委印发《关于贯彻落实中央〈建立健全惩治和预防腐败体系2013—2017年工作规划〉实施办法》。

- **8月1日**　国家发展改革委发出《珠江—西江经济带发展规划》，明确了珠江—西江经济带发展的指导思想、战略定位、基本原则、发展目标和重点任务，标志着珠江—西江经济带建设上升为国家战略。珠江—西江经济带规划范围包括广东省的广州、佛山、肇庆、云浮4市和广西的南宁、柳州、梧州、贵港、百色、来宾、崇左7市，区域面积16.5万平方公里。

- 9月27日　广乐高速公路贯通，全长302.6公里。广乐高速开通后，广东省高速公路通车里程达到6000.8公里，成为全国第一个高速公路通车里程超过6000公里的省份。

- 10月12日至13日　第十届泛珠三角区域合作与发展论坛暨经贸洽谈会举行。"9+2"各方共达成合作项目780个，总金额5493亿元。国家重点支持建设的"五纵七横"高速公路主干线在泛珠三角区域全部完工，实现省际间的高速公路连通。铁路营业里程10年来增长25%，达到2.38万公里。建成南北盘江、红水河贵州境出省通道，2000吨级船舶从南宁可直航粤港澳。跨省（区）工业园区建设推进，昆明深圳工业园、衡阳深圳工业园、湘西广州工业园、广西凭祥广东工业园、赣州香港工业园等顺利建成。

- 11月19日　国家食品安全（横琴）创新工程在珠海横琴正式启动，由国家科技部、广东省、珠海市三方共建。项目总用地面积10万平方米，建设投资30亿元，包括食品安全检测认证及标准中心、食品安全科技创新中心、实验及研发基地、创新企业孵化基地等建设内容，是中国食品安全发展的里程碑式工程。2015年11月9日，国家食品安全创新中心及其运营平台——珠海（横琴）食品安全研究院在珠海横琴澳门青年创业谷揭牌成立。

- 12月2日　省政府办公厅发布《广东省行政审批事项通用目录》。这是国内首张涵盖省、市、县三级全部行政审批事项的一单式"纵向权力清单"，包含省、市、县三级部门通用行政审批事项1070项,其中,行政许可事项618项,非行政许可审批事项452项。

- **12月12日** 国务院常务会议要求在广东、天津、福建特定区域再设3个自由贸易园区。中国(广东)自由贸易试验区116.2平方公里,其中,广州南沙新区片区60平方公里(含广州南沙保税港区7.06平方公里)、深圳前海蛇口片区28.2平方公里、珠海横琴新区片区28平方公里。

- **12月18日** 商务部代表中央政府与香港、澳门特区政府分别签署内地与香港、澳门《关于建立更紧密经贸关系的安排》在广东省对港澳基本实现服务贸易自由化的协议,成为内地首份以准入前国民待遇+负面清单的方式签署的协议,也是首次采用国际通行分类标准制定负面清单。

- **12月22日** 《广东省食品药品违法违规企业"黑名单"信息(第一期)》发布,这是广东首份食品药品"黑名单",也是国内第一个公开的同类"黑名单"。

- **12月26日** 联合国教科文组织为佛山市顺德区颁发创意城市网络——"美食之都"牌匾。佛山市顺德区成为第二个获此殊荣的中国城市,也是粤菜区的首个城市。同日,中国烹饪协会授予顺德"中国美食文化国际示范城市"称号。

- **2014年** 全省实现地区生产总值67809.85亿元,比上年增长7.8%。其中,第一产业增加值3166.67亿元,增长3.3%;第二产业增加值31345.77亿元,增长7.7%;第三产业增加值33381.35亿元。人均地区生产总值64374元,首次超过1

万美元，这标志着全省经济社会发展进入一个新的重要阶段。全年一般公共预算收入8065.08亿元。全年固定资产投资25928.09亿元，比上年增长15.9%。全年社会消费品零售总额28471.15亿元。全年进出口总额10745.84亿美元。农村常住居民人均可支配收入12246元，比上年增长10.6%，扣除价格因素，实际增长8.3%。城镇常住居民人均可支配收入32148元，比上年增长8.8%，扣除价格因素，实际增长6.4%。

- **2014年** 从全国范围看，广东成为继天津、北京、上海、江苏、浙江、内蒙古等省（市、区）之后又一个人均地区生产总值超过1万美元的省份。从世界范围看，2013年人均地区生产总值在1万美元以上的国家和地区有67个，2014年有68个。如果把广东作为一个经济体参与排位，则广东地区生产总值约排在第66位，达到世界平均水平，标志着广东经济社会的整体发展已达到中等发达国家水平。

2015年

- 1月9日 国家科学技术奖励大会在北京举行。广东有45个项目获得2014年度国家科学技术奖，数量为历年之最，较2013年度增加了17个项目，获奖项目数量位居全国第四，居北京、江苏、上海之后，广东的科技创新水平有明显提升。

- 1月15日至17日 省委十一届四次全会召开，审议通过《中共广东省委贯彻落实〈中共中央关于全面推进依法治国若干重大问题的决定〉的意见》。1月21日，省委印发《中共广东省委贯彻落实〈中共中央关于全面推进依法治国若干重大问题的决定〉的意见》。

- 1月28日 最高人民法院第一巡回法庭在深圳揭牌。这是最高人民法院首个制度化、固定化的巡回法庭。

- 4月10日 省委、省政府印发《关于建设高水平大学的意见》，设立50亿元专项资金，高水平大学建设正式启动。省教育厅会同省发展改革委、财政厅制定高水平大学建设实施方案、资金安排方案、管理办法等，遴选确定7所重点建设高校和18个重点学科建设项目。2015年，参建高校在研国家级项目6102项，比上年增长6%；在国际期刊发表论文13911篇，增长15%；省级以上科研平台459个，增长22%。参建高校还围绕落实创新驱动发展战略，主动面向经济社会发展主战场，不断产出创新成果，为实施创新驱动发展战略、建设创新型广东做出重要贡献。

- **4月10日** 东莞在全国率先启动陆运口岸"三互"（信息互换、监管互认、执法互助）大通关模式，实现通关效率再提速、企业通关成本再降低、监管服务水平再提升。

- **4月21日** 中国（广东）自由贸易试验区挂牌仪式在广州南沙举行。23日，中国（广东）自由贸易试验区珠海横琴新区片区正式挂牌运作。27日，中国（广东）自由贸易试验区深圳前海蛇口片区正式挂牌。广州、深圳和珠海市分别制定南沙、前海蛇口和横琴片区建设实施方案，与《中国（广东）自由贸易试验区建设实施方案》共同形成广东自贸试验区的"1+3"建设实施方案，明确在3年时间内推动完成353项工作任务。至年底，累计新设立企业5.6万家，注册资本10亿元以上的企业超过220家，吸引合同外资1566亿元人民币，34家世界500强企业在广东自贸试验区投资设立51家企业。

- **5月14日** 省政府印发《关于深化预算管理制度改革的实施意见》。此后又在此基础上出台关于实行中期财政规划管理、开展省级财政零基预算改革、加强政府性债务管理、规范省级财政专项资金管理、规范一般性转移支付资金管理等一系列文件，推动财政改革落实。

- **5月18日** 全省公务用车制度改革工作电视电话会议召开。《广东省全面推进公务用车制度改革总体方案》和《广东省省直机关公务用车制度改革实施方案》公开发布。在车改实施中，广东省按照中央的要求，严格执行公务用车纪律，对没车不办公、钱少不出门等懒政行为采取有效手段，及时加以纠正。

- **6月5日** 中国疾病预防控制中心病毒所与广东省及惠州市疾病预防控制中心合作完成国内首例输入性中东呼吸综合征（MERS）病例的病毒全基因组序列测定。

- **6月10日** 广东碳交易平台——广州碳排放权交易所主办的"创新与可持续发展——广东碳交易信息发布会"举行。广东成为中国第一大碳市场，继欧盟、韩国之后的全球第三大碳市场。7月17日，省政府印发《广东省碳普惠制试点工作实施方案》。这是全国首个促进小微企业、家庭和个人碳减排的创新性碳普惠制度，碳普惠制试点工作纳入各地市温室气体排放控制目标责任考核内容。广州、中山、东莞、韶关、河源五市列入首批试点。

- **7月27日** 全省贯彻落实《中国制造2025》暨珠江西岸先进装备制造产业带建设工作会议召开。珠江西岸"六市一区"（珠海、佛山、中山、江门、阳江、肇庆和佛山顺德区）和省直及中央驻粤有关部门，突出抓好招商引资、项目落地、创新驱动等工作，推动珠江西岸先进装备制造产业带建设实现良好开局。截至年底，珠江西岸有818家装备制造业企业实施技术改造，计划总投资386.6亿元，共有456家装备制造业企业完成技术改造，完成投资额108亿元。培育龙头企业，初步形成龙头带配套的产业集聚发展格局。新增装备制造业上市企业（含主板、创业板、中小板、新三板）33家。

- 8月14日至17日　第四十三届世界技能大赛在巴西圣保罗举行。来自广东省机械技师学院的选手钟世雄、林春泷为中国实现金牌零的突破。

- 8月28日　中共中央办公厅、国务院办公厅印发《关于在部分区域系统推进全面创新改革试验的总体方案》，京津冀、上海、广东、安徽、四川、武汉、西安、沈阳8个区域被确定为全面创新改革试验区。

- 9月1日　全省全面实施"三证合一、一照一码"登记制度改革，比全国统一实施时间提早一个月。首日向1431户企业发出"三证合一、一照一码"营业执照。

- 9月20日　横琴在全国率先发布《与香港、澳门差异化市场轻微违法经营行为免罚清单（工商行政管理类）》，对30项违法经营行为免予行政处罚或罚款。

- 10月12日　广东省法官检察官遴选委员会首届全体会议召开，广东省法官、检察官遴选委员会正式成立，审议通过《广东省法官、检察官遴选委员会章程（试行）》。

- 10月14日　省委、省政府印发《关于加快建设创新驱动发展先行省的意见》。2015年，省委成立全面深化改革加快实施创新驱动发展战略领导小组，加强创新驱动发展的整体统筹协调。出台《关于加快科技创新的若干政策意见》《关于建设高水平大学的意见》《关于加强理工科大学和理工类学科建设服务创新发展的意见》《关于建立创新驱动发展工作考核指标体系的意见》等政策性文件，创新发展的顶层设计和政策体系逐步完善。高新技术企业实现新发展，自主创新能力稳步提升，创新成果加速涌现。2015年，广东发明专利申请量和授权量为10.3941万件和3.3477万件，比上年分别增长38.3%和50.3%；PCT（专利合作条约）国际专利申请量1.5190万件。

- 11月11日　广东省广物控股集团有限公司正式挂牌，广东21家省属企业全部完成公司制改制。

- 11月18日至21日　首届广东国际机器人及智能装备博览会在东莞举办。此次博览会是以国内外高端先进机器人、智能装备及其零部件为主题的专业年展，搭建了智能制造创新成果与企业产业化现实需求对接的平台。

- 11月25日　《广东省政务微信2015年度报告》在"互联网+智慧粤政"2015广东互联网政务论坛上正式发布，2015年广东政务微信公众号达到1772个，规模位列全国第一。

- 11月25日至26日　省委十一届五次全会在广州举行。会议审议通过《中共广东省委关于制定国民经济和社会发展第十三个五年规划的建议》。12月1日，省委印发《中共广东省委关于制定国民经济和社会发展第十三个五年规划的建议》。

- 12月7日　中国工程院、中国科学院公布2015年院士增选结果，广东3人当选为中国工程院院士，分别是华南理工大学校长王迎军、深圳市建筑设计研究总院有限公司总建筑师孟建民、广东省微生物研究所所长吴清平。

- **12月30日至31日** 广东共有9条高速公路相继建成通车，全年高速公路建成通车项目达11个。至2015年年底，新丰、紫金、连平等8个县（市）结束未通高速公路的历史，广东省67个县（市）实现"县县通高速"；与陆路相邻的广西、湖南、江西、福建4省（区）均有3条以上高速公路相连，经过广东的21条国家高速公路已有14条实现粤境段全线贯通。全省高速公路通车总里程达7018公里，继续保持全国第一。

- **12月31日** 省委、省政府印发《关于建设卫生强省的决定》，明确建设卫生强省的指导思想、基本原则和主要目标，提出构建区域医疗卫生事业协调发展新格局、建立健全多层次城乡医疗服务体系、加强公共卫生安全体系建设、促进中医药发展、建立健全城乡医疗保险机制、完善药品供应保障体系、加强医药卫生科技创新和人才队伍建设、提高医疗卫生信息化国际化水平、着力提升医疗卫生法治化水平等要求，并从加强组织领导、加大投入力度、强化督促考核等方面提出保障措施。

- **2015年** 全省地区生产总值73876.37亿元，比上年增长8.0%。其中，第一产业增加值3189.76亿元，第二产业增加值33642.00亿元，第三产业增加值37044.61亿元。人均地区生产总值68490元。地方一般公共预算收入9366.78亿元。全年固定资产投资30031.20亿元，比上年增长15.8%。全年社会消费品零售总额31517.56亿元。全年进出口总额63559.70亿元。全年农村常住居民人均可支配收入13360.44元。全年城镇常住居民人均可支配收入34757.16元。

2016 年

- **1月14日** 国家知识产权局新闻发布会发布2015年中国发明专利申请、授权等情况。截至2015年,广东有效发明专利量达13.8878万件,居全国第一,这也是广东连续6年位居全国首位。

- **1月20日** 2015年,广东研发经费支出占GDP比重预计达到2.5%,技术自给率上升至71%。根据国际通认标准,这两个指标双双达到关键拐点,标志着广东正式跨入创新型地区行列,进入创新驱动发展阶段。

- **2月2日** 省委发布《广东省委巡视工作实施办法》,指出巡视工作要落实中央巡视工作方针,聚焦党风廉政建设和反腐败斗争,发现问题,形成震慑,推动党的先进性和纯洁性建设。2017年9月27日,省委印发《关于修改〈广东省委巡视工作实施办法〉的决定》。

- **2月29日** 省委、省政府召开全省供给侧结构性改革工作会议,贯彻落实习近平总书记关于供给侧结构性改革的系列重要讲话精神和工作要求,研究广东供给侧结构性改革,部署推动"去产能、去库存、去杠杆、降成本、补短板"各项工作。

- **3月30日** 佛肇城际铁路正式开通。佛肇城际铁路是珠三角城际轨道交通线网中的东西向骨干线路，全长80公里，设计速度200公里/小时。

- **3月** 国务院印发《关于深化泛珠三角区域合作的指导意见》（下称《意见》），推动泛珠三角区域合作向更高层次、更深领域、更广范围发展。《意见》指出：新形势下深化泛珠区域合作，有利于深入实施区域发展总体战略，统筹东中西协调联动发展，加快建设统一开放、竞争有序的市场体系；有利于更好融入"一带一路"建设、长江经济带发展，提高全方位开放合作水平；有利于深化内地与港澳更紧密合作，保持香港、澳门长期繁荣稳定。

- **4月8日** 省委常委会召开会议专题传达学习习近平总书记关于开展"两学一做"学习教育的重要指示和中央"两学一做"学习教育工作座谈会精神。2016年，广东省深入开展"两学一做"学习教育。聚焦解决党员党性意识、宗旨观念、组织纪律和党员教育管理、党内生活等方面存在的问题，推动各级党组织把学习教育融入日常、抓出实效。

- **4月14日** 国内运距最长的中欧班列开行，从东莞石龙到德国杜伊斯堡，全程1.3万公里。8月28日，广州至欧洲班列正式开通运行，这是广州在丝绸之路上构建的一条全新国际物流陆路大通道。

- **5月1日** 广东省全面推开"营改增"试点以来，减税效应凸显。"营改增"试点为广东省增值税纳税人累计减税392.55亿元，其中，"3+7"行业累计减税119.32亿元；四大行业累计减税113.84亿元；原增值税行业因增加抵扣累计减税159.39亿元。全面推开"营改增"试点消除了营业税的重复征税，形成完整的增值税抵扣链条，助推供给侧结构性改革进程，促使税制改革红利释放。

- **5月4日** 住房城乡建设部与省政府决定在部省签订的《共同推进城乡规划建设体制改革试点省建设合作协议》基础上，进一步聚焦城乡规划管理体制改革，支持广东省创建城乡规划管理体制改革试点省。其后，在住房城乡建设部确定的城乡规划改革方向下，省住房城乡建设厅制定《广东创建城乡规划管理体制改革试点省工作方案》。12月29日，省住房城乡建设厅提请省政府向住房城乡建设部申报创建城乡规划管理体制改革试点省。

- **6月2日** 省委、省政府印发《关于落实发展新理念加快农业现代化率先实现全面小康目标的实施意见》，明确广东落实发展新理念加快农业现代化实现全面小康目标指导思想和总体目标，提出要推进农业供给侧结构性改革和农村产业融合发展，强化农业农村基础设施建设，创新农业经营和服务体系，加强生态资源保护和农村人居环境建设，推动城乡协调发展，深入推进农村改革，加强和创新农村基层治理，努力开创"三农"工作新局面。

- **6月5日** 省委、省政府印发《关于新时期精准扶贫精准脱贫三年攻坚的实施意见》，明确广东省关于新时期精准扶贫精准脱贫三年攻坚工作的指导思想、对象范围、目标任务和基本原则，提出要实施脱贫攻坚八项工程，强化脱贫攻坚政策支撑，夯实脱贫攻坚的基层基础，并通过实施对口帮扶、落实工作责任、健全工作机制、严格考核督查问责、加强扶贫开发队伍建设、营造浓厚社会氛围等方式为脱贫攻坚提供坚实保障。

- 7月8日　广东南方媒体融合发展投资基金在广州举行首批项目签约仪式，这是广东省首个百亿元级的媒体融合发展基金。

- 7月15日　宝钢湛江钢铁2号高炉点火成功并投入试运行。这标志着湛江钢铁一期工程全面建成，具备年产900万吨钢铁的能力。

- 9月22日　深圳国家基因库正式开业。这是国内唯一一个获批筹建的国家基因库。基因库的数据库、样本库、活体库，以及规划数据能力均超越国际三大基因数据中心，综合能力位居世界第一。

- 10月10日　第十三届中博会在广州开幕，此届中博会首次与非洲国家科特迪瓦、金砖国家印度联合主办。

- 10月26日　大数据应用及产业发展大会在广州召开。广东省委、省政府贯彻落实国家大数据战略和国家大数据综合试验区建设总体方案，促进大数据发展和珠三角国家大数据综合试验区建设，取得积极成效。10月8日，广东省正式获批建设珠江三角洲国家大数据综合试验区，成为国家首批确定的两个跨区域类综合试验区之一（另一个是京津冀）。省有关单位先后制订出台《关于运用大数据加强对市场主体服务和监管的实施意见》《广东省加快推进"互联网+政务服务"工作方案》等政策文件。

- 11月20日至21日 省委十一届八次全会召开，部署全面从严治党工作。11月21日，省委印发《关于深入推进全面从严治党的决定》

- 11月25日 省政府出台《广东省促进粤东西北地区产业园区提质增效的若干政策措施》，提出24项政策措施，涵盖产业共建、对口帮扶、园区及项目建设、园区产业升级、营商环境、绿色高效发展等多个方面。

- 12月5日 深港股票市场交易互联互通机制（简称"深港通"）正式启动。至年底，共148家市场机构参与技术测试，121家机构开通首批"深港通"业务权限。至年底，深股通累计交易金额288.66亿元，占标的交易金额比例0.54%；港股通累计交易金额88.49亿元，占标的交易金额比例0.62%。

- 12月5日 首届珠江—西江经济带沿线城市联合招商推介会暨西江绿色发展论坛在肇庆市举行。广州、佛山、肇庆、云浮、南宁、柳州、梧州、贵港、百色、来宾、崇左、桂林、玉林、贺州、河池等15个城市共同发布《保护西江、绿色发展——肇庆宣言》。

- 12月28日 全省4条高速公路：江（门）罗（定）二期、潮

（州）惠（州）二期、广佛肇高速（肇庆段）、广中江一期（荷塘至龙溪段）等建成通车。

- **12月28日** 深圳至中山跨江通道（以下简称"深中通道"）主体工程开建。深中通道工程自1988年起开始酝酿，是连接中国广东自由贸易试验区（广州南沙、深圳前海和珠海横琴）之间的交通纽带，具有重大的经济意义和社会意义。

- **12月31日** 党的十八大以来，广东区域协调发展取得突出成就，珠三角实现优化发展，粤东西北实现较快发展。2013年至2016年，粤东西北地区十二市地区生产总值实现年均8.8%的增长，比全省高0.9个百分点。人均地区生产总值年均增速达8.2%，高出全省1.2个百分点，人均地区生产总值达35516元，超过5000美元关口。

- **2016年** 全省地区生产总值80666.72亿元，比上年增长7.5%。其中，第一产业增加值3500.49亿元，第二产业增加值35109.66亿元，第三产业增加值42056.51亿元。人均地区生产总值73844元。全年地方一般公共预算收入10390.35亿元，成为全国第一个地方一般公共预算收入突破1万亿元的省份。全年全部工业增加值比上年增长6.4%。全年固定资产投资33008.86亿元，比上年增长10.0%。全年社会消费品零售总额34739.00亿元。全年进出口总额63099.68亿元，比上年下降0.8%。全年城镇常住居民人均可支配收入37684.3元。

2017 年

- 1月9日　中共中央、国务院在北京隆重召开国家科学技术奖励大会。2016年度国家科学技术奖共授奖279个项目、7名科技专家和1个国际组织，广东共有33个项目获得国家科学技术奖，其中，国家自然科学奖4项、国家技术发明奖6项、国家科技进步奖23项。以广东为第一完成单位或第一完成人的项目有8项。

- 1月19日至23日　省十二届人大五次会议召开。会议选举李玉妹为省人大常委会主任，马兴瑞为广东省省长。

- 1月25日　省委印发《关于我省深化人才发展体制机制改革的实施意见》。坚持问题导向，结合广东实际，提出一系列举措，目的是推动建立具有全球竞争力的人才制度体系，加快建设人才高地。

- 2月23日　省政府与国家标准化管理委员会在广州签署《关于深化标准化工作改革创新推进广东先进标准体系建设的合作备忘录》。

- 3月15日　广东省与广西壮族自治区在北京举行"十三五"时

期粤桂扶贫协作框架协议签署仪式。10月15日,广东省人民政府、广西壮族自治区人民政府联合印发《关于进一步加强粤桂扶贫协作工作的意见》,明确要求进一步做实"携手奔小康"行动,突出扶贫协作工作重点,加大财政援助资金的帮扶力度,加强统筹协调。

- 4月4日　习近平对广东工作作出重要批示,充分肯定党的十八大以来广东各项工作,希望广东坚持党的领导、坚持中国特色社会主义、坚持新发展理念、坚持改革开放,为全国推进供给侧结构性改革、实施创新驱动发展战略、构建开放型经济新体制提供支撑,努力在全面建成小康社会、加快建设社会主义现代化新征程上走在前列。

- 4月17日　省政府举行新闻发布会,发布《2016年度广东省知识产权保护状况》。2016年,全省发明专利申请量15.56万件,发明专利授权量3.86万件,分别比2015年增长49.7%和15.4%;PCT国际专利申请受理2.4万件,连续15年保持全国第一。

- 5月22日至26日　中国共产党广东省第十二次代表大会在广州召开。大会讨论并通过胡春华代表第十一届省委作的题为《深入贯彻习近平总书记治国理政新理念、新思想、新战略努力在全面建成小康社会加快建设社会主义现代化新征程上走在前列》的报告。报告指出:大会召开前,习近平总书记对广东工作作出重要批示,提出了"四个坚持、三个支撑、两个走在前列"的要求。这是习近平总书记系列重要讲话精神和治国理政新理念新思想新战略在广东的具体化,对广东发展具有重大的里程碑意义。大会提出全省工作的主要目标是:经济综合实力迈上新台阶,全省地区生产总值年均增长7%左右,居民收入增长与经济增长同步,向更高收入阶段迈进。经济结构调整取得重大进展,整体进入创新型经济体行列,现代产业体系基本形成,开放型经济新体制基本建立;人民民主更加健全,法治政府基本建成;文化繁荣发展,公民素质和社会文明程度明显提高;人民群众过上美好小康生活,社会更加和谐稳定;生态环境质量从局部改善转向全面改善,生产生活方式绿色化水平显著提升。

- **5月26日** 省委第十二届一次会议选举胡春华、马兴瑞、任学锋、王伟中、慎海雄、林少春、邹铭、何忠友、施克辉、江凌、严植婵等为常委,选举胡春华为省委书记。省纪委第十二届一次会议选举施克辉为省纪委书记。

- **7月1日** 《深化粤港澳合作推进大湾区建设框架协议》签署。习近平出席签署仪式。香港特别行政区行政长官林郑月娥、澳门特别行政区行政长官崔世安、国家发展和改革委员会主任何立峰、广东省省长马兴瑞共同签署了《深化粤港澳合作推进大湾区建设框架协议》。

- **7月3日** 从2017年1月1日起,广东省再次调整城乡居民基本养老保险基础养老金最低标准,从每人每月110元提高到每人每月120元。各地从7月份起按新标准发放,1至6月调整提高的部分于7月底前补发完毕。

- **7月10日** 全省设6名省级河长、75名市级河长、1043名县级河长，马兴瑞担任省级总河长。2018年1月5日，省委、省政府决定：中央政治局委员、省委书记李希担任省第一总河长、马兴瑞担任省总河长。至此，省、市、县、镇四级均实行双总河长制。2018年3月20日，省河长制办公室召开2018年第1次全省河长制工作月推进会，会议决定：到2018年底前，在全省境内所有湖泊建立省、市、县、镇、村五级湖长体系，并建议省、市、县、镇四级双总河长（指地方党委、政府主要领导共同担任当地总河长）同时担任本级总湖长。2019年，广东深入实施"五清""清四乱""让广东河湖更美"专项行动，高质量规划建设万里碧道，推动河长制湖长制从"有名"转向"有实"，全省河湖面貌明显改观。2019年5月，广东作为河长制湖长制工作推进力度大、河湖管理保护成效明显的5个省份之一，受到国务院督查激励表彰。

- **7月13日** 省委召开专题会议研究省定贫困村创建社会主义新农村示范村实施方案，以全省2277个省定贫困村创建社会主义新农村示范村为突破口，全面推开全省新农村建设。省委明确围绕"三年攻坚、两年巩固，到2020年如期完成脱贫攻坚任务"的总目标，把省定贫困村建设成为中等以上水平的社会主义新农村示范村，实现贫困村由后队变前队。至年底，粤东西北地区14个市先后启动4批次54个省级新农村连片示范建设工程，涉及县（市、区）54个、行政村248个、自然村1778个，受益62.9万人。

- 7月15日　广东省公立医院综合改革将全面推开。本轮启动改革的地区，包括广州、佛山和粤东西北地区共14个地市，改革范围包括各级各类公立医院，中央、军队、武警、省属和国有企事业单位举办的公立医院同步参加属地改革。

- 8月16日　省委办公厅、省政府办公厅印发《关于完善农村土地所有权承包权经营权分置办法的实施意见》，拉开了广东实行农村土地所有权、承包权、经营权分置的改革序幕。

- 8月31日至9月1日　广东省举办首次知识产权交易博览会。至9月1日14时，107个展位及专场活动区成交金额7.2亿元，涉及专利1301件。

- 9月27日　广东法官权益保障委员会在广州正式成立。41名由省法院及各中级人民法院法官代表、人大代表、政协委员、省总工会专家、律协代表、法学专家等共同组成的首届广东法官权益保障委员会，将为法官权益提供保护。

- 9月29日　省委、省政府印发《关于加强耕地保护和改进占补平衡的实施意见》，深入贯彻落实中央关于加强耕地保护和改进占补平衡的决策部署，从指导思想、总体目标、严格控制建设占用耕地、改进耕地占补平衡管理、推进耕地质量提升和保护、健全耕地保护补偿机制、强化保障措施和监管考核等方面对推进我省加强耕地保护和改进占补平衡工作提出明确要求，作出部署安排。

- 9月29日　《广东省海洋生态红线》获省政府批复。《广东省海洋生态红线》划定了13类、268个海洋生态红线区，确定了我省大陆自然岸线保有率、海岛自然岸线保有率、近岸海域水质优良（一、二类）比例等控制指标，是我省海洋生态安全的基本保障和底线，必须严守，不得突破。

- **10月8日** 经省委、省政府批准，省属高速公路板块企业实现"三合一"，即以广东省交通集团有限公司为主体，整合广东联合电子服务股份有限公司和广东省南粤交通投资建设有限公司。重组后，交通集团运营的高速公路里程超过5500公里，管理的总资产超过5000亿元，资产规模和运营的高速公路里程在全国省属交通企业排名第一。

- **10月11日** 党的十八大以来，珠三角始终坚持稳中求进工作总基调，紧紧抓住珠三角规划纲要重要战略机遇，推动珠三角优化发展和转型升级，经济增长换挡不失速，始终运行在合理区间，为全省经济企稳回升贡献重要力量。其中，人均地区生产总值突破11万元大关。

- **10月18日至24日** 中国共产党第十九次全国代表大会在北京举行。习近平作题为《决胜全面建成小康社会，夺取新时代中国特色社会主义伟大胜利》的报告。大会回顾和总结党的十八大以来党和国家事业的历史性变革和历史性成就；做出中国特色社会主义进入新时代、我国社会主要矛盾已经转化为人民日益增长的美好生活需要和不平衡不充分的发展之间的矛盾等重大政治论断；深刻阐述新时代中国共产党的历史使命，确定决胜全面建成小康社会、开启全面建设社会主义现代化国家新征程的目标；对2020年到本世纪中叶进行了两个阶段的战略安排，即第一个阶段，从2020年到2035年，在全面建成小康社会的基础上，再奋斗15年，基本实现社会主义现代化，第二个阶段，从2035年到本世纪中叶，在基本实现社会主义现代化的基础上，再奋斗15年，把我国建设成为富强民主文明和谐美丽的社会主义现代化强国。大会确立习近平新时代中国特色社会主义思想的历史地位，通过《中国共产党章程（修正案）》，把习近平新时代中国特色社会主义思想同马克思列宁主义、毛泽东思想、邓小平理论、"三个代表"重要思想、科学发展观一道确立为党的指导思想并载入党章。

- **10月19日** 经省政府同意，省发改委决定再集中取消、下放和委托管理一批行政审批事项，印发了《广东省发展改革委关于取消、下放和委托管理一批行政审批事项的通知》。按照"应放尽放"的原则，取消、下放和委托管理的行政审批事项共74项，占涉及省发改委现有审批事项总数62%。

- **10月28日** 中共中央决定：胡春华同志不再兼任广东省委书记、常委、委员职务，政治局委员李希同志兼任广东省委委员、常委、书记。

- **10月** 广东省成立"数字政府"改革建设工作领导小组、"数字政府"改革建设工作专家组以及"数字政府"建设管理筹备推进工作小组，统筹推进"数字政府"改革建设工作。11月，由腾讯公司及三大电信运营商共同出资成立数字广东网络建设有限公司并正常开展运作。12月11日，《广东

"数字政府"改革建设方案》通过省委全面深化领导小组审议并以省政府名义印发。

- 11月9日　省发展改革委等24个省有关部门共同签订广东省投资项目审批优化事项协议，立下优化投资项目审批流程"军令状"。根据协议，省有关部门承诺按照《广东省优化投资项目审批流程实施方案》要求，进一步明确部门责任，通过精简审批事项、下放审批权限、缩小实施范围、实行并联办理、分类简化手续、健全监管机制等方式，优化投资项目审批流程，加快推进项目前期工作，力促项目早落地、早开工，为推进项目建设提供有力制度支撑。

- 12月1日　广东联合产权交易中心正式确定为全省唯一从事企业国有资产交易机构。

- 12月6日至8日　2017广州《财富》全球论坛举行。本届《财富》全球论坛以"开放与创新：构建经济新格局"为主题，聚焦全球发展面临的关键问题，与会嘉宾就此交流思想、建言献策，对促进世界经济增长具有积极意义。

- 12月11日　省政府正式批准省属建筑工程板块企业重组，广东省建筑工程集团有限公司（以下简称"建工集团"）与广东省水电集团有限公司合并，建工集团作为合并后的新主体。新建工集团将成为国内为数不多的拥有房屋建筑、市政公用和水利水电三项特级施工资质的大型建筑企业。

- 12月19日　广东省基层医疗卫生机构管理信息系统全面上线，标志着广东省15个地级市、1967家基层医疗卫生机构将打破信息壁垒，实现医疗数据的互联互通。

- **12月31日** 截至年底，广东省各级财政投入2703.3亿元，其中，省级投入994.72亿元，集中力量为人民群众办好底线民生、扶贫济困、教育发展、医疗卫生、就业创业、群众生产生活、污染治理、防灾减灾、基层公共服务、公共安全等十件民生实事。

- **2017年** 全省地区生产总值89705.23亿元，比上年增长7.5%。其中，第一产业增加值3611.44亿元，第二产业增加值38008.06亿元，第三产业增加值48085.73亿元。人均地区生产总值80932元。地方一般公共预算收入11320.35亿元。全年固定资产投资37477.96亿元，比上年增长13.5%。全年社会消费品零售总额38200.07亿元。全年城镇居民人均可支配收入40975.14元。全年农村居民人均可支配收入15779.74元。

2018 年

- **1月1日** 经省政府同意,省民政厅、省财政厅联合印发《关于提高我省2018年至2020年孤儿基本生活最低养育标准的通知》,进一步提高孤儿基本生活最低养育标准。该政策从2018年1月1日起执行,将惠及全省约3.2万名孤儿。

- **1月11日** 省环境保护厅公布的2017年广东空气质量状况显示:纳入国标监测的6项污染物全面达标,意味着广东空气质量如期实现连续三年稳定达标,圆满完成国家"大气十条"终期考核目标。

- **1月13日** 省政府印发《广东省国民经济和社会发展第十三个五年规划纲要》(简称《十三五规划纲要》),确立2018年为我省率先全面建成小康社会的目标年。经济保持中高速增长,全省地区生产总值年均增长7%;到2020年地区生产总值约11万亿元,人均地区生产总值约10万元。到2018年全省小康指数达到97%以上,力争提前实现地区生产总值和城乡居民人均收入比2010年翻一番。根据《"十三五"规划纲要》,全面建成小康社会指标评价体系包括经济发展、民主法制、文化建设、人民生活、资源环境5个领域、共39个指标。

- **1月21日** 据《南方日报》报道，2017年佛山市南海区狮山镇预计实现地区生产总值1000亿元，成为我省首个地区生产总值超千亿元的经济强镇，在全国综合实力千强镇中列第二。

- **1月25日至31日** 省第十三届人民代表大会第一次会议在广州召开。会议选举李玉妹为省十三届人大常委会主任，马兴瑞为省长。

- **1月** 最新基本科学指标数据库ESI（Essential Science Indicators）发布，广东13所高校60个学科进入全球前1%，其中7所高校进入国内高校百强。

- **2月1日** 广东省监察委员会成立大会举行，广东省监察委员会正式成立，标志着我省如期顺利完成省、市、县三级监察委员会组建任务。

- **2月5日** 广东省扫黑除恶专项斗争工作会议召开，部署开展扫黑除恶专项斗争工作。2018年，广东省公安机关打掉黑社会性质组织88个、恶势力犯罪集团334个，刑拘犯罪嫌疑人5.3万人，查封、冻结、扣押涉案资产85.4亿元。

- **3月3日至20日** 十三届全国人大一次会议和全国政协十三届一次会议在北京举行。7日，习近平参加广东代表团的审议并发表重要讲话。习近平充分肯定党的十八大以来广东工作，要求广东的同志们进一步解放思想、改革创新，真抓实干、奋发进取，以新的更大作为开创广东工作新局面，在构建推动经济高质量发展体制机制、建设现代化经济体系、形成全面开放新格局、营造共建共治共享社会治理格局上走在全国前列。

- **3月12日**　2018年全省教育科研工作会议暨省教育研究联盟论坛在广州举行,会上发布的广东教育蓝皮书——《广东教育改革发展研究报告(2018)》指出,广东教育整体规模稳居全国第一。

- **3月26日**　省旅游局印发《广东省贯彻落实〈全国旅游厕所建设管理新三年行动计划〉实施方案》,要求进一步加强对厕所革命的政策引导、资金补助、标准规范,计划从2018年至2020年,新建和改扩建旅游厕所2708座,其中,新建1518座,改扩建1190座;提高旅游厕所建设质量,健全管理体制,推广科技应用,提升文明水平,实现"数量充足、分布合理,管理有效、服务到位,卫生环保、如厕文明"的新三年目标,争取成为全社会厕所革命的行业标杆。2019年10月18日,全省农村"厕所革命"垃圾污水治理现场会在广州市从化区良口镇召开,部署推进我省下一步农村人居环境整治,特别是"厕所革命"、垃圾污水治理工作。截至是年9月底,全省96.4%的自然村启动了"三清三拆三整治",有96.2%的自然村建立了垃圾收运体系,农村无害化卫生户厕普及率达97.9%,完成标准化公厕改造5万多座。

- **4月11日**　我国欠发达城市养老保险基金常年收不抵支问题,在广东全国先行先试养老保险省级统筹改革下首获根本性解决,广东成为成功"消除"养老金赤字城市。

- **5月1日**　即日起,广东将全面启动刑事案件律师辩护全覆盖，成为我国唯一一个实现三级法院刑事案件律师辩护全覆盖的省份。

- 5月4日　广东省和澳门在广州正式就广东粤澳合作发展基金签约，基金首期规模200亿元，这是粤港澳大湾区建设又一重大实质性行动，标志着粤澳合作推进粤港澳大湾区建设迈出了坚实的一步。

- 5月14日　省委办公厅印发《广东省加强党的基层组织建设三年行动计划（2018—2020年）》，提出，我省将通过3年工作，推动党在基层的组织覆盖和工作覆盖更加有效，党组织的领导核心作用更加坚强，政治引领更加突出，体制机制更加科学，基层党建与基层治理结合更加紧密，党支部建设更加规范，党组织书记队伍建设更加系统，党员教育管理更加精准，党员先锋模范作用发挥更加充分，基层党组织保障更加有力，党在基层的执政根基更加牢固。

- 5月21日　微信小程序"粤省事"及同名公众号正式上线。这是全国首个集成民生服务的微信小程序，也是广东"数字政府"改革建设的阶段性成果。9月30日，广东省在全国率先推出居民身份电子凭证，持证人可通过"粤省事"小程序实名实人验证后关联本人的居民身份电子凭证。截至2019年10月，"粤省事"实名用户突破2000万；电子证照绑卡人次超过3250万。作为全国首个移动政务服务平台，"粤省事"上线不到一年半时间，推出的高频政务服务已从142项拓展到867项，其中，663项服务实现"零跑动"，91项服务实现

"最多跑一次"，业务办理量累计已超过3.4亿，每6个广东人中就有1人在使用"粤省事"。

- **5月29日** 省委、省政府印发《关于推进乡村振兴战略的实施意见》。2018年，广东省把实施乡村振兴战略作为广东解决发展不平衡不充分问题、实现"四个走在全国前列"的战略举措，举全省之力部署实施乡村振兴战略。建立强有力的领导体制，成立省委实施乡村振兴战略领导小组。落实五级书记抓乡村振兴要求。实行超常规的政策措施，围绕组织、产业、生态、人才、文化振兴和脱贫攻坚6项重点任务，制定出台推进乡村振兴战略实施意见、全域开展农村人居环境整治、建设生态宜居美丽乡村的实施方案及乡村振兴战略规划等6项重大规划、23个配套文件以及44项重点任务，形成100多个促进乡村振兴的政策性文件，形成"1+1+N"政策体系。2019年2月20日，全省实施乡村振兴战略工作推进会在广州召开，总结2018年全省乡村振兴及脱贫攻坚工作，研究部署近两年工作任务。会议提出将全面实施"千村示范、万村整治"工程、决战决胜脱贫攻坚、大力发展富民兴村产业等多项硬任务。

- **6月6日** 广东实施高水平医院建设"登峰计划"，决定分3年投入60亿省级财政资金，打造一批国内一流、世界知名的医院。"登峰计划"拟分两批推出20家左右重点建设医院。会上，省卫生计生委与首批9家重点建设医院签署了《目标管理责任书》。第二批遴选10家左右重点建设医院于是年下半年启动。2019年1月2日,全省召开加快推进高水平医院建设工作会和深化医药卫生体制改革(建设卫生强省)领导小组会议,研究部署第二批高水平医院建设和下一步深化医药卫生体制改革工作。

- 6月29日 中国广核集团台山核电1号机组首次并网发电成功。该机组由此成为全球首台实现并网发电的EPR三代核电机组。

- 6月29日 省工商局等16部门联合发布了《广东省实施全国统一"多证合一"改革暨外商投资企业商务备案和工商登记"一口办理"的通告》,将从2018年6月30日起,在全省全面实施全国统一"多证合一"改革和外商投资企业商务备案与工商登记"一口办理"。

- 8月22日 省直机关加强党的政治建设推进会在广州召开,提出积极开展"当好'三个表率'、服务'四个走在全国前列'"模范机关创建活动。活动启动后,各单位按照省委部署要求,全面推动省直机关党的政治建设,全面落实广东省加强党的基层组织建设三年行动计划。2019年3月,为深入推进2019年模范机关创建活动,省委办公厅印发了《2019年省直机关模范机关创建活动实施方案》,要求当好"三个表率",大力实施"四大重点行动"。

- 8月24日 省委、省政府印发《关于加强和完善城乡社区治理的实施意见》,对加强和完善我省城乡社区治理提出明确要求,作出部署安排。

- **10月9日** 省委办公厅、省政府办公厅印发《关于打赢脱贫攻坚战三年行动方案（2018—2020年）》，提出到2020年，稳定实现农村相对贫困人口不愁吃、不愁穿，义务教育、基本医疗和住房安全有保障，贫困地区基本公共服务主要领域指标相当于全省平均水平，现行标准下农村相对贫困人口全部实现稳定脱贫，2277个相对贫困村全部出列，如期完成脱贫攻坚任务。

- **10月11日** 省委、省政府印发《广东省机构改革方案》的通知。此后，全省开始进行深化机构改革，省级机构改革于2018年12月底，市县机构改革于2019年3月29日总体完成。本次机构改革，广东省、市、县三级组建、撤销、优化调整党政机构7000多个，省级制定印发52个部门"三定"规定和机构编制调整文件，部门机构编制数均严格控制在中央明确的控编基数内，总体实现精简。

- **10月22日至25日** 习近平在李希和马兴瑞陪同下，先后来到珠海、清远、深圳、广州等地，深入企业、高校、乡村、社区，就贯彻落实党的十九大精神、深化改革开放、推动经济高质量发展等进行调研。22日，习近平考察了珠海横琴新区粤澳合作中医药科技产业园、格力电器股份有限公司。23日，到清远市所辖英德市电子商务产业及连江口镇连樟村考察调研。24日，先后到深圳"大潮起珠江——广东改革开放40周年展览"、广东自由贸易试验区深圳前海蛇口片区、深圳市龙华区民治街道北站社区、广州市荔湾区西关历史文化街区永庆坊、暨南大学、广州明珞汽车装备有限公司等地参观考察。25日下午，习近平听取了广东省委和省政府工作汇报，对广东各项工作给予肯定。习近平强调，广东40年发展历程充分证明，改革开放是党和人民大踏步赶上时代的重要法宝，是坚持和发展中国特色社会主义的必由之路，是决定当代中国命运的关键一招，也是决定实现"两个一百年"奋斗目标、实现中华民族伟大复兴的关键一招。习近平对广东提出了四个方面的工作要求。一是深化改革开放。二是推动高质量发展。三是提高发展平衡性和协调性。四是加强党的领导和党的建设。

- **10月23日** 港珠澳大桥开通仪式在珠海市举行。习近平出席仪式，宣布大桥正式开通并巡览大桥。港珠澳大桥全长55公里，工程项目总投资额1269亿元。港珠澳大桥建设历经近9年。港珠澳大桥的建设创下多项世界之最，体现了我国综合国力、自主创新能力，是"一国两制"下粤港澳三地首次合作共建的超大型跨海交通工程。大桥建成开通，有利于三地人员交流和经贸往来，有利于促进粤港澳大湾区发展，有利于提升珠三角地区综合竞争力，对于支持香港、澳门融入国家发展大局，全面推进内地、香港、澳门互利合作具有重大意义。

- **11月5日** 首届中国国际进口博览会在上海开幕。广东参展企业共6023家，其中，制造业及生产性服务业企业占比超过60%，采购重点涉及智能及高端装备、食品及农产品、医疗器械及医药保健、服务等多个领域。

- **11月7日** 省委办公厅、省政府办公厅印发《关于促进民营经济高质量发展的若干政策措施》。11月12日，广东省统计局发布的数据显示，2018年前三季度广东民营经济实现增加值37837.24亿元，同比增长7.1%，增幅高于同期全省地区生产总值0.2个百分点，占全省地区生产总值的53.6%，是推动广东经济持续平稳增长的主力军。民营经济保持较快增长，为全省经济平稳健康发展提供了重要支撑。

- **11月24日** 《中国区域创新能力评价报告2018》在北京发布，2018年度广东蝉联全国区域创新综合能力第一。

- **11月** 广东省在全国率先出台《广东省进一步促进就业若干政策措施》，为国务院重要就业政策提供实操配套。广东在全国率先出台"受影响企业和职工认定"办法，2019年前8月向60家企业返还2.34亿元失业保险费，每家企业平均获约400万元返还款。2018年11月至2019年9月，广东系列降社保成本举措已为企业减负237.4亿元。

- **2018年** 全省实现地区生产总值97277.77亿元，比上年增长6.8%。其中，第一产业增加值3831.44亿元；第二产业增加值40695.15亿元；第三产业增加值52751.18亿元。地方一般公共预算收入12105.26亿元。全年固定资产投资（具体数值没公布）比上年增长10.7%。全年社会消费品零售总额39501.12亿元。全年进出口总额71645.73亿元。外贸规模首破7万亿元，创历史新高，占全国外贸总值的23.5%，已连续33年保持全国第一。人均地区生产总值86412元。城镇常住居民人均可支配收入44340.97元。农村常住居民人均可支配收入17167.74元。

2019 年

- **1月1日** 新的个人所得税法正式实施,纳税人在每月5000元基本费用扣除基础上,还能享受6项专项附加扣除政策减税。此次个税改革最大的特点是明确居民纳税人取得工资薪金所得、劳务报酬所得、稿酬所得、特许权使用费所得为综合所得,标志着我国个税制度改革从分类征收向综合征税迈出了关键一步。

- **1月1日** 截至当前,深圳纯电动出租车比例达99.06%,基本实现出租车全面纯电动化。深圳成为全球首个公交车和出租车基本实现全面电动化的城市。作为我国"节能与新能源汽车示范推广"13个试点城市之一,深圳从2010年开始,最早在全国范围内推广新能源车辆。据统计,城市公交和出租车全面电动化后,深圳每年减少二氧化碳排量220.9万吨,交通行业燃油削减量也达到95%以上。

- **1月8日** 2018年度国家科学技术奖励大会在北京召开。在国家深化科技奖励制度改革、大幅减少奖励数量的新形势下,2018年度广东共有45个项目(含专用项目4项)荣获国家科学技术奖,为近年来最好成绩,获奖项目总数位居全国第四,比2017年增长18.42%,获奖项目数占全国比例达到15.79%,创历史最高。

- **1月10日** 德国巴斯夫集团与省政府签署框架协议,进一步明确巴斯夫在广东建立智慧一体化基地的规划细节。11月23日该项目动工。该外商独资项目总投资额将达100亿美元,是广东放宽制造业外资准入、扩大对外开放在全国率先取得的重要突破。

- **1月15日** 日前,省政府印发《广东省深入推进审批服务便民化工作方案》,提出直接面向企业和群众的6类政务服务事项,努力打造优质高效的办事和营商环境,力争2020年年底前,在政务服务"马上办、网上办、就近办、一次办"方面实现4个100%。

- **1月24日** 华为在北京举办5G发布会暨2019世界移动大会预沟通会,发布了全球首款5G基站核心芯片——华为天罡,致力打造极简5G,助推全球5G大规模快速部署。8月9日,在东莞松山湖举行的华为开发者大会上,华为公司正式发布自主研发的鸿蒙操作系统。首款搭载鸿蒙操作系统的终端产品于8月10日下午发布。9月6日,华为在2019德国柏林消费电子展(IFA)上发布了最新一代旗舰手机芯片——麒麟990系列。其中,麒麟9905G是全球首个内置全制式5G基带的系统芯片(SoC)。

- **2月18日** 中共中央、国务院印发《粤港澳大湾区发展规划纲要》，作为指导粤港澳大湾区当前和今后一个时期合作发展的纲领性文件。规划近期至2022年，远期展望到2035年。2月21日，广东省政府、香港特别行政区政府、澳门特别行政区政府在香港共同举办《粤港澳大湾区发展规划纲要》宣讲会，对规划纲要进行解读和阐释。

- **2月18日** 省委全面深化改革委员会（简称"省委深改委"）印发《佛山市顺德区率先建设广东省高质量发展体制机制改革创新实验区实施方案》。2月19日，佛山市顺德区正式部署建设广东省高质量发展体制机制改革创新实验区。顺德将以村级工业园改造整治提升为突破口，大力推动工业4.0发展，加快构建现代化产业体系和全面开放新格局。

- **2月26日** 广东等8省市启动高考综合改革，从2018年秋季入学的高中一年级学生开始实施，改革方案将由各省向社会发布。4月23日，广东省政府正式发布《广东省深化普通高校考试招生制度综合改革实施方案》，明确广东新高考不再分文理科，将本科高校考试招生和专科高校考试招生适当分开，分夏季高考和春季高考两类。本科高校考试招生考试科目按"3+1+2"（必选+限选+任选）模式设置。

- **2月27日** 全省推进粤港澳大湾区建设工作会议在广州召开，对深入学习贯彻《粤港澳大湾区发展规划纲要》进行全面部署推动。7月5日，省委、省政府印发《关于贯彻落实〈粤港澳大湾区发展规划纲要〉的实施意见》，同时，省推进粤港澳大湾区建设领导小组印发《广东省推进粤港澳大湾区建设三年行动计划（2018—2020年）》，形成了广东推进大湾区建设的施工图和任务书。

- **3月1日** 上海证券交易所南方中心正式揭牌落户广州。9月10日，正式开业。未来，其将以服务粤港澳大湾区国家战略和金融供给侧结构性改革为宗旨，为广东、福建、海南等南方地区提供资本市场相关服务。

- **3月14日** 新出台的《财政部税务总局关于粤港澳大湾区个人所得税优惠政策的通知》明确，粤港澳大湾区珠三角九市将按照内地与香港个人所得税税负差额，对在大湾区工作的境外（含港澳台）高端人才和紧缺人才给予补贴，且该补贴免征个人所得税。政策从2019年1月1日起至2023年12月31日止执行。

- **3月15日** 广州市黄埔区、广州开发区在全省率先成立广州开发区营商环境改革局。这也是在北上广深四个特大城市中，首个成立的营商环境改革局。

- **3月22日** 广东省高级人民法院是日依法裁定：准许广东国际信托投资公司案清算组第六次破产财产分配方案，指定清算组负责执行事宜。至此，我国首宗非银行金融机构破产案最终以全部债权足额清偿结案。1999年1月16日，广东省国际信托投资有限公司依法宣告破产。2003年2月28日，该案依法终结破产程序。为确保最大限度维护债权人权益，清算组继续保留，并负责破产财产处置和对外债权追收。2017年6月29日，广东高院支持相关机构拍卖转让广东国际信托投资公司对子公司广信房地产公司持有的100%股权和债权，拍卖价款完税后，对破产债权进行追加分配，破产债权得以全额清偿。

- **3月22日** 广东碳市场配额累计成交量突破亿吨大关，成为国内首个成交量破亿吨的试点碳市场。数据显示，截至是日，广东碳市场配额累计成交量为1.00691964亿吨，占全国比重的34.33%，全国排名首位。2011年11月，国家批准试点，2013年6月18日，深圳率先正式开启碳排放权交易市场，2013年12月，广东启动运行碳交易市场，经过探索创新、稳步推进、不断完善，到2017年，广东已基本建立起系统完备、公开透明、运行有效、全国领先的碳排放权管理和交易市场体系。

- **4月1日** 国务院正式发布关于横琴国际休闲旅游岛建设方案的批复，原则同意《横琴国际休闲旅游岛建设方案》。按照批复，横琴将推进粤港澳大湾区建设的决策部署，打造粤港澳深度合作示范区。

- **4月2日** 南沙大桥（虎门二桥）正式开通。它是粤港澳大湾区新建世界级跨江特大桥，总长度12.89公里，是当前世界上跨径最大的钢箱梁悬索桥。该工程于2013年12月28日动工建设。通车后，从广州到东莞的路程可缩短10公里，比现在缩短约半小时车程。

- **4月初** 广东研究制定并公布了《广东省贯彻落实中央环境保护督察"回头看"及固体废物环境问题专项督察反馈意见整改方案》，全面部署并系统推进整改落实工作。2018年6月5

日至7月5日，中央第五环境保护督察组对广东第一轮中央环境保护督察整改情况开展为期一个月的"回头看"，针对固体废物环境问题统筹安排专项督察，并于2018年10月19日正式向广东省反馈了督察意见。

- 4月9日　《广东省人民政府关于广东省全面推行行政执法公示制度执法全过程记录制度重大执法决定法制审核制度的实施方案》正式印发。这标志着行政执法公示制度、执法全过程记录制度、重大执法决定法制审核制度等"三项制度"将在广东省各级行政执法主体全面推行。

- 4月28日　广东省在汕尾市陆河县召开全省脱贫攻坚工作现场推进会。会议强调，脱贫攻坚目前已到攻下最后"山头"的决战决胜阶段。各地各部门要切实扛起攻坚责任，扎实推动"两不愁三保障一相当"（不愁吃、不愁穿，义务教育、基本医疗和住房安全有保障，基本公共服务主要领域指标相当于全省平均水平）政策措施落地生效。

- 5月13日　中共中央政治局召开会议，决定从2019年6月开始，以县处级以上领导干部为重点，在全党自上而下分两批开展"不忘初心、牢记使命"主题教育。为贯彻落实中央精神，6月2日，全省开展"不忘初心、牢记使命"主题教育工作会议在广州召开，对全省开展主题教育进行动员部署。按照党中央统一部署，2019年6月至12月，广东以县处级以上领导干部为重点、自上而下分两批，组织29万多个党组织、530多万名党员深入开展"不忘初心、牢记使命"主题教育。

- 5月　省委、省政府印发《关于进一步推动我省革命老区和原中央苏区振兴发展的意见》，提出9个方面的具体政策，进一步落实中央对革命老区、苏区一系列支持政策，促进我省老区、苏区振兴发展。

- 6月17日　省政府转发国务院《关于做好自由贸易试验区第五批改革试点经验复制推广工作的通知》，要求尽快在全省复制推广"公证'最多跑一次'""自然人'一人式'税收档案"等17项自贸试验区改革试点经验，在广东自贸试验区复制推广"推进合作制公证机构试点"，力争及早取得实效。

- 6月28日　省委、省政府召开全省污染防治攻坚战工作推进会，强调采取有力举措，坚决打赢污染防治攻坚战。要求聚焦国考断面水质达标攻坚、臭氧和PM2.5协同控制、固体废物处理、农村污水治理，统筹推进工业、生活、农业面源污染治理，加快推进能源结构、产业结构和交通运输结构调整优化。

- 6月　国务院办公厅印发通报，对2018年落实打好三大攻坚战和实施乡村振兴战略、深化"放管服"改革、推进创新驱动发展、持续扩大内需、推进高水平开放、保障和改善民生等有关重大政策措施真抓实干、取得明显成效的24个省（区、市）、80个市、120个县予以督查激励，相应采取30项奖励支持措施。其中，广东省共获相关27项督查激励中的19项，数量位居全国首位，创历年最好成绩。

- 7月4日　省委深改委批复同意东莞建设广东省制造业供给侧

结构性改革创新实验区。东莞是全省唯一一个以制造业供给侧结构性改革创新为主题的实验区，肩负着为全省制造业高质量发展探路的重任。8月23日，东莞市召开建设广东省制造业供给侧结构性改革创新实验区暨"拓空间"工作动员部署大会，动员全市全力推进创新实验区建设，推动拓展优化空间工作取得新的更大突破，会上还发布了创新实验区建设首批40多项试点建设项目。

- **7月25日** 广东省12个部门联合出台了《关于印发我省促进生猪生产保障市场供应十条措施的通知》，修订了《广东省生猪生产发展总体规划和区域布局（2018—2020年）》，全省各地各部门接续发力，打响了一场生猪"保供稳价"之战。9月8日，省政府召开工作会议，贯彻落实党中央、国务院关于稳定生猪生产保障市场供应的决策部署，研究部署稳定生猪生产、保障市场供应具体措施，切实抓好生猪稳产保供工作。

- **7月** 省委、省政府印发《广东省实施乡村振兴战略规划（2018—2022年）》，提出着力打造农业农村经济高质量发展的先行区、农村基层治理的示范区、农村综合改革的试验区，力争三年取得重大进展、五年见到显著成效、十年实现根本改变，在全国率先基本实现农业农村现代化。

- **7月** 省委和省政府印发《关于构建"一核一带一区"区域发展新格局促进全省区域协调发展的意见》。提出以功能区战略定位为引领，加快构建形成由珠三角核心、沿海经济带、北部生态发展区构成的"一核一带一区"区域发展新格局。

- **7月** 汕头举行广澳港区二期工程10万吨级集装箱码头试运营仪式。广澳港区10万吨级集装箱码头投入运营,结束汕头港没有10万吨级码头的历史,极大提升汕头港口综合竞争力。

- **8月9日** 省委全面依法治省委员会办公室印发《广东省开展法治政府建设示范创建活动的实施意见》和《关于开展2019年法治政府建设示范创建活动的实施方案》,全面启动广东省法治政府建设示范创建活动。9日上午,省委依法治省办召开全省法治政府建设示范创建活动动员部署视频会,全面铺开示范创建活动。

- **8月18日** 《中共中央国务院关于支持深圳建设中国特色社会主义先行示范区的意见》发布,为深圳未来相当长一段时间的发展锚定了航向。深圳新的战略定位是高质量发展高地、法治城市示范、城市文明典范、民生幸福标杆、可持续发展先锋。8月23日,省委、省政府印发《关于认真学习宣传贯彻〈中共中央国务院关于支持深圳建设中国特色社会主义先行示范区的意见〉的通知》,要求迅速兴起学习宣传贯彻热潮,全省动员、举全省之力支持推动建设,确保各项工作任务有力有序有效向前推进。

- **8月** 广东有关部门制定出台《广东省推进"粤港澳大湾区文化圈"建设三年行动计划(2019—2021)》,落实国家关于"共建人文湾区"的部署,提出实施"粤港澳大湾区文化圈"建设重点工程、湾区人文精神"同心圆"工程等。大湾区文化圈建设重点工作全面启动，高起点开局。

- **9月5日** 广州、深圳签署《广州市深圳市深化战略合作框架协议》。这是继2013年以后，广、深时隔六年再次牵手合作签订框架协议。协议明确了广、深将在支持深圳建设先行示范区、共建国际科技创新中心、打造国际性综合交通枢纽、共建具有国际竞争力的现代产业体系、共建宜居宜业宜游优质生活圈、共同引领"一核一带一区"建设、加强广州南沙粤港澳全面合作示范区和深圳前海深港现代服务业合作区等方面深化合作。

- **9月10日** 国家卫生健康委员会（简称"卫健委"）在广州花都召开广东基层医改新闻发布会，推介广东基层医改经验。以广州花都为代表，广东创造性地在基层医疗卫生机构实施"公益一类财政供给、公益二类绩效管理"的举措，取得了留住基层人才、增强业务能力、提升医疗质量、赢得群众满意的成效，打造出了全国基层卫生综合改革的"广东医改经验"。

- **9月20日至30日** 省委宣传部、省文明办在全省各地级以上市开展"爱我新中国奋斗新时代"文明实践基层主题活动。其中，9月24日至26日，在佛山顺德区、中山小榄镇、阳江江城区、肇庆德庆县、清远英德市5地开展新时代文明实践广东"七个一百"精品项目第三批下基层活动，26日晚，在广州、珠海、佛山、东莞市市区开展新时代文明实践广东"七个一百"精品项目下基层专场文艺展演。

- 10月8日　《中共广东省委全面深化改革委员会关于印发广州市推动"四个出新出彩"行动方案的通知》正式下发。指出：广州推动"四个出新出彩"实现老城市新活力是习近平总书记对广州、也是对广东的重要指示要求，各地各部门要提高政治站位、深化思想认识，要把支持广州"四个出新出彩"实现老城市新活力与支持深圳先行示范区建设紧密结合起来，以同等的力度，全力推动实施。

- 10月11日　中宣部、中央文明办部署启动深化拓展新时代文明实践中心建设试点工作。除乳源瑶族自治县、博罗县2个首批全国试点县外，广东共有20个县（市、区）进入新一轮试点名单，为进一步打通宣传、教育、关心、服务群众"最后一公里"提供有力支撑。

- 10月16日　省政府正式印发《广东省加强紧密型县域医疗卫生共同体建设实施方案》，提出：到2020年6月，实现全省所有县（市、区）县域医疗卫生共同体（简称"医共体"）全覆盖。到2020年底，各地级以上市至少初步建成1个优质、高效运行的县域医共体，医共体所在县域内就诊率达到90%左右。

- 11月15日　2019森林城市建设座谈会在河南信阳召开。汕头市和梅州市获全国绿化委员会、国家林业和草原局授予的"国家森林城市"称号。近年来，我省以推进新一轮绿化广东大行动为契机，全面启动国家森林城市创建工作，统筹推进城乡绿化，多维度建设美丽广东。2018年，广东省深圳市、中山市被授予"国家森林城市"称号，珠三角地区九市全部建成国家森林城市。至2019年，全省共有11个城市成功创建为国家森林城市。

- **11月28日** 广东省医疗保障局等八部门联合印发《关于推进落实国家组织药品集中采购和使用试点扩大区域范围实施方案》的通知，明确全省除广州、深圳以外的其他19个地市公立医疗机构全部参加试点扩围工作，于2019年12月正式实施。2019年4月1日，国家选取北京、广州、深圳等11个城市，遴选25个试点品种，实施"4+7"药品集中采购和使用试点。目前，广州、深圳试点工作进展态势良好，25个中选品种药价平均降幅59%，有效减轻了百姓医药费用负担。

- **11月29日** 全国电子政务工作座谈会暨国家电子政务综合试点工作现场会在广州召开。广东作为国家电子政务综合试点省份，自2018年以来，以政务互联网思维打造一体化数字政府，以移动化建设思路推进"掌上政府指尖办"，并在全国首创"政企合作、管运分离"的政务信息化建设新模式。

- **12月9日** 全省生活垃圾分类工作推进会在广州召开。会议深入学习贯彻习近平总书记关于垃圾分类工作的重要指示批示精神，部署推进全省生活垃圾分类工作。会议全面动员，全民参与，高质量推进全省垃圾分类工作。

- **2019年** 全省实现地区生产总值（初步核算数）107671.07亿元，比上年增长6.2%。其中，第一产业增加值为4351.26亿元，第二产业增加值43546.43亿元，第三产业增加值59773.38亿元。全年规模以上工业增加值33616.10亿元，比上年增长

4.7%。全年固定资产投资39244.61亿元，比上年增长11.1%。全年社会消费品零售总额42664.46亿元，比上年增长8.0%。进出口总额71436.8亿元，比上年下降0.2%。全年地方一般公共预算收入12651.46亿元，可比增长4.5%。人均地区生产总值94172元（按年平均汇率折算为13651美元），比上年增长4.5%。全年全省居民人均可支配收入39014元，比上年增长8.9%。按常住地分，城镇常住居民人均可支配收入48118元，比上年增长8.5%；农村常住居民人均可支配收入18818元，比上年增长9.6%。

2020 年

- 1月1日　广东开始实施修订后的《广东省城乡居民基本养老保险实施办法》，修订从完善待遇确定机制、建立基础养老金正常调整机制、调整个人缴费档次标准等方面进行调整完善。

- 1月1日　全国取消高速公路省界收费站，广东18个省界站退出历史舞台。广东高速公路同步启用新的收费系统，实现不停车快捷通行。广东省ETC发行量已超过1900万，居全国第一。

- 1月1日　《广东省河道管理条例》施行，将河长制湖长制提升至立法层面，为广东省河长湖长履职和推进河道管理体系现代化提供了法治保障。

- 1月2日　省委常委会召开会议，传达学习习近平总书记对做好"三农"工作做出的重要指示和中央农村工作会议精神，研究贯彻落实意见。会议提出要切实增强政治责任感和历史使命感，强力实施乡村振兴战略，坚决打赢脱贫攻坚战，为我省全面建成小康社会圆满收官提供有力支撑。

- 1月2日　广州互联网法院举行发布会，上线运行全国首个"点即达"智能短信送达系统。该系统短信通过工信部审批的专用短信通道号发送。

- 1月3日　由广东珠江投资管理集团投资90亿元建设的广东省重点项目，全球首台1240兆瓦高效超超临界火力发电机组——阳西5、6号机组，在阳西县阳西电厂启动试运行。该机组是目前全球单轴全速单机容量最大、煤耗最低的火电机组，在参数、容量、模块化设计等多方面突破了引进国外技术的限制，拥有完全自主知识产权。

- 1月3日　珠海市公安局举行新闻发布会，该局侦破一起全国首宗利用新型的网络技术实施制造销售假发票案件。该案涉及假发票数量达110万余份，票面总金额逾350亿元，受票客户共约24.8万家，遍及全国30个省份。

- 1月6日　全省"四好农村路"建设工作电视电话会议在广州召开，进一步学习贯彻习近平总书记关于"四好农村路"建设的重要指示批示精神，研究部署下一阶段工作，推动我省"四好农村路"建设再上新台阶。会议强调，要坚持科学谋划、实事求是，结合农村人居环境整治、现代农业产业园建设、乡村旅游发展等，因地制宜推进农村交通基础设施网络建设。

- 1月7日　省污染防治攻坚战指挥部发布2020年1号令——《关于全省决战决胜污染防治攻坚战的命令》。要求到2020年12月31日，全省空气质量优良天数比例（AQI达标率）达到

92.5%，同时，71个国考断面水质优良比例达到84.5%，基本消除劣Ⅴ类国考断面。

- **1月10日** 2020全省卫生健康工作会议在广州召开，提出2020年6月前，广东力争实现全省所有县（市）县域医共体全覆盖；2020年底前，实现全省建档立卡的贫困人口家庭医生签约全覆盖。

- **1月11日** 广东省医保电子凭证上线启动仪式在广州举行。广东作为全国医保电子凭证首批试点省份之一，目前已完成全省1.07亿参保人基础数据在系统内的部署，可支持全部参保人激活医保电子凭证。

- **1月12日** 省政府办公厅印发《广东省地质灾害防治三年行动方案（2020—2022年）》，提出：在2022年底前基本完成全省在册威胁100人以上的482处大型及以上地质灾害隐患点和6.5万处（户）农村削坡建房风险点综合治理，基本建成地质灾害大数据管理平台，建成更加完善、覆盖全省的群测群防体系和地质灾害防治技术支撑体系，全面提高全省地质灾害防治能力。

- **1月14日** 广东发现省内首例新型冠状病毒感染的肺炎疑似病例。1月19日，国家卫健委确认广东首例输入性新型冠状病毒感染的肺炎确诊病例。自武汉市出现新型冠状病毒感染的肺炎疫情以来，省政府成立了疫情处置领导小组、防治专家组和疫情防控保障组，统筹领导全省疫情防控工作。省卫生健康委成立了疫情防控工作领导小组和临床救治、防控、病原学等3个专家组,及时制定各项应急措施和工作方案。各地市相应成立了领导小组和专家组,按照国家和省委、省政府统一部署,严密监测疫情,全力救治患者,强化发热门诊预检分诊,规范开展对可疑病例的筛查、诊断治疗和处置工作。各部门联防联控,深入开展爱国卫生运动,加强环境卫生整治。

- **1月17日** 广东省生活垃圾分类技术研究中心揭牌仪式在广东省建筑科学研究院举行。广东将加快建立分类投放、收集、运输、处理的垃圾处理系统,因地制宜形成垃圾分类"广东模式"。

- **1月18日** 广东银保监局召开2020年辖区银行业保险业监管工作会议,全省农村信用社已通过改制基本完成风险处置任务,辖内银行业各项贷款规模突破10万亿元大关。

- **1月19日** 省政府召开常务会议,研究进一步稳定和促进就业、防范化解经济领域重大风险等工作,强调要把稳就业摆在更加突出位置,进一步完善稳就业促就业政策举措,着力稳定就业总量,改善就业结构,提升就业质量。2月20日,省政府印发《广东省进一步稳定和促进就业若干政策措施》,为实现2020年全省城镇新增就业120万人以上、城镇调查失业率控制在5.5%以内、城镇登记失业率控制在3.5%以内的目标打好基础。

- **1月21日** 西气东输三线闽粤支干线(广州—潮州段)投产运行。它是西气东输三线在广东地区的首条支干线、粤东地区首条天然气长输管道、国家重点互联互通工程之一。工程于2018年6月开工建设，线路全长385.88公里，设计年输气量58.1亿立方米。

- **1月23日** 广东省新型冠状病毒感染的肺炎疫情防控工作领导小组决定，启动广东省重大突发公共卫生事件一级响应。1月24日，广东省推出防控新型冠状病毒感染的肺炎疫情一级响应16条措施。2月24日，一级响应调整为二级响应。5月9日，二级响应调整为三级响应，进入常态化防控，全省生产生活秩序逐步全面恢复正常化。

- **1月29日** 省疫情防控指挥部召开省新型冠状病毒感染的肺炎疫情社区防控工作电视电话会议，决定开展3项大排查：一个不漏地排查我省确诊病例的所有密切接触者、重点疫情地区来粤人员、全省发热门诊重点人群。广东成为全国最早一批开展此项工作的省份。

- **1月** 为防控新型冠状病毒感染的肺炎疫情，减少不必要的交叉感染风险，广东多家三甲医院推出互联网医疗服务，通过专家在线问诊的方式提供免费咨询。

- **2月6日** 省政府印发《关于应对新型冠状病毒感染的肺炎疫情支持企业复工复产的若干政策措施》，从进一步加大保障企业复工复产工作力度、降低企业用工成本、减轻企业经营负担、加大财政金融支持、优化政府服务等关键环节，提出了5方面共20项政策措施。

- **2月7日** 省政府印发《广东省划转部分国有资本充实社保基

金实施方案》，将省国有及国有控股大中型企业、金融机构纳入划转范围，通过划转部分国有资本充实社保基金。公划转比例统一为纳入划转范围企业国有股权的10%。12月底前将基本完成划转部分国有资本充实社保基金工作。

- **2月10日** 广东省农业农村抗疫情促生产保供给工作视频会议在广州召开，要求明确确保全域完成农村人居环境基础整治，到年底粤东西北地区80%以上、珠三角地区100%村庄达到干净整洁村标准。

- **2月10日** "光明科学城人才银行"成立暨支持疫情防控"人才贷"项目启动仪式通过视频会议举行，全省首家人才银行落户深圳光明科学城。

- **2月14日** 省政府发布《关于进一步压实"菜篮子"市长负责制切实做好农产品稳产保供工作的通知》，从5个方面提出要求，以进一步压实"菜篮子"市长负责制，切实抓好农产品稳产保供工作，坚决打赢疫情防控阻击战。

- **2月19日** 经省政府同意，省政府办公厅印发《广东省政务服务"好差评"管理办法》，提出"好差评"适用各级政务服务机构、各类政务服务平台，要确保每个政务服务事项均可评价，每个政务服务机构、政务服务平台和人员都接受评价。各级政务服务机构的"好差评"情况将纳入绩效评价。

- **2月25日** 省政府办公厅印发《关于促进3岁以下婴幼儿照护服务发展的实施意见》，要求本年内婴幼儿照护服务的政策标准体系初步建立，广州、深圳市建成5家以上，其他市建成

2家以上具有带动效应、可承担一定指导功能的示范性婴幼儿照护服务机构；到2025年，婴幼儿照护服务的政策标准体系基本健全，社会婴幼儿照护服务供给明显增加。

- **2月26日** 省委、省政府印发《关于统筹推进疫情防控和经济社会发展工作的若干措施》，在按全年既定部署做好工作前提下，提出新的工作举措，统筹推进新冠肺炎疫情防控和经济社会发展工作。

- **2月28日** 广东省启动"广东消费扶贫月网上行"活动，现场举办共建扶贫协作产品交易市场、金融机构助力消费扶贫行动、采购扶贫产品等多项合作协议。

- **3月1日** 《广东省中小学生减负工作实施方案》正式实施，有效期5年，从学校、校外培训机构、家庭、政府、保障措施等5个方面共提出27项减负举措。

- **3月2日** 省委、省政府发布《关于加强乡村振兴重点工作决胜全面建成小康社会的实施意见》，明确2020年乡村振兴重点工作任务，突出坚决打赢脱贫爱国和攻坚战，加快补齐农村全面建设小康社会的突出短板，强化重要农产品稳产保供、基层组织建设等共7个方面44项重点工作。

- **3月5日** 广州出版的国内首本疫情防控志愿者培训教材——《防疫志愿服务培训教材》由南方日报出版社出版，电子书亦同步开放下载，供全国防疫志愿者免费阅读。

- **3月10日** 广东省消费者委员会（简称"消委会"）发布《2019年度广东消委系统消费投诉分析报告》。2019年全省各级消委会受理和处理消费者投诉37.3576万件，同比增长36.48%，占全国消协组织投诉总量的45.48%；全年为消费者挽回经济损失约5.28亿元。两项数据再创新高，继续居于全国首位。

- **3月10日** 珠海中山大学附属第五医院凤凰山病区工程正式落成交付。作为国内首个永久结构形式的应急医院，凤凰山病区工期仅为25天，建筑面积约1.56万平方米，包含CT、ICU、检验科等，可提供300张病床、约160间病房及2间手术室。

- **3月13日** 全省决战决胜脱贫攻坚推进会召开，要求聚焦重点地区、重点人群、重点工作由省领导牵头挂牌督战，压实责任，确保不折不扣完成剩余脱贫攻坚任务，做到不漏一户，不落一人。3月19日，省扶贫开发领导小组召开会议，聚焦上半年剩余相对贫困人口全部脱贫、相对贫困村全部出列的目标任务，推动脱贫攻坚各项工作落实落地，审议并原则通过《省内脱贫攻坚挂牌督战实施方案》和《广东省东西部扶贫协作全面加力行动方案》。

- **3月16日** "保供稳价安心·菜篮子车尾箱工程"启动活动在广州市举行。这是广东深入学习贯彻习近平总书记重要指示精神，统筹推进疫情防控和经济社会发展的创新举措，优化线上线下融合的新零售销售模式，在后抗疫时期推广无接触安心购物方式，切实解决疫情影响下农产品消费"最后一公里"问题，让更多老百姓便捷、安全、放心地购买畜禽蛋奶和蔬菜等农产品，全力做好"菜篮子"产品保供稳价工作。

- **3月16日** 省林业局办公室印发《广东省林业局关于推进自然

教育规范发展的指导意见》。这是我国出台的首个省级自然教育工作指导意见，提出广东将建设全国自然教育示范省，着力建设一批有标准、有课程、公众参与度高的自然教育基地；开展常态化自然教育活动，打造一批具有岭南特色的自然教育品牌。

- **3月18日** 省民政厅决定，依托"粤省事"微信小程序在线办理社会救助业务的覆盖范围，从原来的深圳、肇庆、清远、惠州4个试点城市扩展至全省，让困难群众足不出户就能申请社会救助。这是切实做好疫情防控期间社会救助政策落实工作、保障社会救助服务畅通、同时避免救助窗口人群扎堆的重要举措。这一多部门合力打造的电子授权模式属全国首创。

- **3月23日** 经省委、省政府同意，广东省9部门联合印发《关于应对疫情影响加大对中小企业支持力度的若干政策措施》，着力促进中小企业复工复产，让企业尽快"动起来"，明确规定各地不得对中小企业设置歧视性条件，要立即修订和清理本地不合理限制性措施；鼓励有条件的地市集中采购防控物资向中小企业提供；实施线上"南粤春暖"活动，引导网上求职。

- **3月30日** 珠海市市场监督管理局和珠海市交通运输局鼓励指导珠海市出租小汽车行业协会制定并发布《出租小汽车消毒技术规范》（T/ZHCZ1—2020）团体标准。这是国内首个出租小汽车消毒规范，填补了国家标准和行业标准的空白，有效增加企业复工复产所需标准的供给，切实解决市民在选择出租车作为出行交通工具时担忧的问题，也为规范出租车的日常消毒处理、保障乘客出行安全提供技术支撑。

- **3月31日** 省十三届人大常委会第十九次会议表决通过新修订的《广东省野生动物保护管理条例》，率先将"全面禁食野生动物"明确写入地方性法规，禁食范围为国家重点保护野生动物和其他陆生野生动物，包括人工繁育、人工饲养的陆生野生动物，以及有关法律禁止食用的其他野生动物；大幅提高对食用野生动物行为的惩罚力度，最高可处罚野生动物及其制品价值的20倍罚款。条例于5月1日起施行。

- **4月3日** 省民政厅印发《关于落实农村留守老年人关爱服务工作助力决战决胜脱贫攻坚的通知》，提出建立健全农村留守老年人基础数据库，以县（市、区）和不设区的地市为单位，2020年6月底前建立农村留守老年人定期巡访制度，基本形成农村留守老年人关爱服务体系。

- **4月7日** 省委全面深化改革委员会印发《关于完善重大疫情防控体制机制健全公共卫生应急管理体系的若干意见》，要求从体制机制上创新和完善重大疫情防控举措，健全公共卫生应急管理体系，切实提高应对突发重大公共卫生事件的能力水平；争取到2022年底初步建成职能明确、分工合作、运转顺畅、衔接有序的公共卫生应急管理体系，到2025年底全省公共卫生应急管理软硬件建设、应对重大突发公共卫生事件的能力达到国际先进水平。

- **4月8日** 全省实施乡村振兴战略工作推进会在广州召开,要求各地各部门咬定"三年取得重大进展"的阶段目标,衔接"五年见到显著成效"要求,扎实精准推进乡村振兴战略,全力将农业农村短板变为"潜力板";要全面加强党的领导和党的建设,为实施乡村振兴战略提供坚强政治保证。

- **4月9日** 省检察院和省司法厅共同举行线上新闻发布会,宣布联合在全国率先出台《关于加强行政检察与行政执法监督衔接工作的意见(试行)》,双方将定期相互通报行政检察和行政执法监督案件的受理、办理情况,相互抄送相关案件的法律文书。机制建立后,可及时将办案中发现的行政机关一些有违法苗头性、倾向性的问题,通过司法行政机关依托内部监督机制予以纠正。

- **4月10日** 省政府印发《关于深化我省环境影响评价制度改革指导意见》,提出优化区域规划环评、试行环评豁免、告知承诺制、简化环评内容等措施,同时,省生态环境厅配套出台豁免环评和重点管理行业名录。这次环评改革是广东力度最大的一次,既落实"放管服"要求,又从严管控重污染项目建设,推动环境保护和经济发展相协调,服务好广东经济高质量发展。

- **4月10日** 广东省养老服务部门间联席会议第一次会议在广州举行,审议成员单位职责任务分工,推动养老服务工作高质量发展。会议提出:从今年起,连续3年每年培训4万名养老护理员;实施"南粤家政"工程,完善养老护理员职业技能培训标准。同时,加快研究制定养老产业发展规划,将其纳入经济社会发展总体规划;加快布局养老产业链,促进养老与旅游、保险、地产等业态融合;发展老年服务用品产业,形成一批有影响力的"广东制造"品牌;从2021年开始,各级政府要将本级用于社会福利的彩票公益金按不低于55%的资金比例,用于支持养老服务体系建设。

- **4月13日** 省发改委等多部门联合印发《广东省关于促进农村消费的若干措施》,着力推动汽车、家电下乡,并完善农村基础设施建设,是积极应对疫情影响、提振经济的重要举措。

- **4月16日** 作为广州市全面复工复产重点项目之一的广州恒大足球场在番禺正式开工,球场总建筑面积约30万平方米,可容纳10万人观赛,总投资超120亿元。计划2022年底前竣工并投入使用。届时,这一球场将成为世界上最大的顶级专业足球场,建成后将力争申办2023年亚洲杯的开幕式。

- **4月17日** 省民政厅发出《关于开展社会服务机构不规范行为专项整治工作的通知》,决定从4月中旬至11月30日,对全省性社会服务机构(民办非企业单位)不规范行为开展专项整治,整治重点包括法人治理、服务规范、社会信用、安全责任4个方面,进一步规范社会服务机构行为,促进社会服务机构健康有序发展。

- **4月20日** 省民政厅等11部门联合印发《广东省生活无着的流浪乞讨人员救助管理服务质量大提升专项行动方案》,着力在照料服务、救助寻亲、街面巡查、落户安置等关键环节上提升质量,优化服务,推进建立更加成熟的救助管理服务体系;要求各地在做好新冠肺炎疫情防控和滞留人员身体条件允许的前提下,对已查明身份信息的受助人员,协助返乡。同时,集中开展一次长期滞留人员落户安置行动,并建立易流浪走失人员信息库。

- **4月21日** 广东自贸试验区挂牌5周年。其对标国际高标准规则体系,不断完善开放型经济新体制,成为全国开放程度最高、发展速度最快、营商环境最优的地区之一。5年来,广东自贸试验区在投资开放、贸易便利、金融创新、粤港澳合作、政府管理体制等领域形成了527项改革创新成果、202项制度创新案例,其中38项全国首创,6项成为全国最佳实践案例。

- **4月21日** 省高院召开全省法院加快推进"一站式"诉讼服务体系建设视频会议。会议强调,加快推进"一站式"诉讼服务体系建设,必须充分发挥制度优势,坚持完善多元解纷机制,着力防范化解风险,依法维护社会大局稳定;全面推进网上立案、网上调解、网上快审,以"一次办好"为目标,提档升级诉讼服务,以更高的标准、更便捷的服务满足群众需要。

- **4月28日** 省文明委办公室组织召开广东省倡导文明健康绿色环保生活方式行动协调会,推动落实落细省文明委部署的《广东省倡导文明健康绿色环保生活方式行动方案》要求,倡导开展推广文明餐饮、提升环境卫生、倡导文明出行、普及绿色生活、深化移风易俗、规范文明娱乐、促进心理健康等"七大行动"共18项主要内容。

- **4月29日** 省十三届人大常委会第二十次会议表决通过《广东省学校安全条例》，在全国率先通过立法明确赋予教师教育惩戒权，2020年9月1日起施行。条例包括校园安全管理、校园周边安全管理、校外实习安全管理、安全教育与培训、教育惩戒与违法处理、突发事件与人身伤害事故处理等方面内容，明确教育惩戒的边界，指出中小学生校内违规，教师可批评但不能体罚等。

- **1月至4月** 广东国考断面水质优良率和劣V类比例，首次全部阶段性达到考核目标。

- **5月2日** 省政府在全国率先发布《广东省行政检查办法》，2020年6月1日起施行，为全国法治政府建设提供了新经验。其中规定行政检查包括日常检查和专项检查两类，遵循依法实施、权利保障、高效便民、廉洁透明的检查原则，防止随意检查、检查扰企、执法扰民。

- **5月6日** 广东统调负荷达到1.00025亿千瓦，年内首次突破1亿千瓦大关，相比去年同期增长24.48%，成为今年全国首个负荷破亿千瓦的省份，较去年全省负荷首次破亿提前了9天。主要原因是广东省的复工复产有序推进，叠加今年高温天气提前到来，让系统负荷不断攀升，之前受疫情影响较大的第三产业用电量增长迅速。

- 5月7日　广州海关在全国首创口岸移动式一体化生物安全方舱在广州白云国际机场T1航站楼率先应用，防范新冠肺炎等境外疫情输入风险，实现保护工作人员、保护旅客及保护环境的"三保护"功能。海关关员在方舱里按区域开展流行病学调查、样本采集、病例留观、快速检测等检疫工作。

- 5月8日　省委、省政府发布《广东省建立健全城乡融合发展体制机制和政策体系的若干措施》。这是广东对中央《关于建立健全城乡融合发展体制机制和政策体系的意见》的贯彻落实，目的是加快建立工农互促、城乡互补、全面融合、共同繁荣的新型工农城乡关系，促进城乡融合发展，实现乡村振兴和农业农村现代化，其中提出了全面取消城区常住人口300万以下的大中小城市和小城镇落户限制等重要举措。

- 5月13日　广州客流量大、服务面广的公交车B27路作为全国首条5G快速公交智能调度试点线开始运行，实时传输公交客流、运营调度、安全提醒等10余类信息，实现5G公交智能排班、全景视频监控等20多项应用功能。通过客流信息采集精准发车，线路在高峰期的运力节省了约10%。

- 5月14日　省委办公厅和省政府办公厅印发《广东省贯彻落实〈数字乡村发展战略纲要〉的实施意见》。目标是：到2025年，数字乡村建设取得重要进展。20户以上自然村光网实现深度覆盖，5G网络实现农村重点区域普遍覆盖，乡村产业数字信息化得到应用，城乡"数字鸿沟"明显缩小。培育形成一批特色农村电商典型企业，基本形成乡村智慧物流配送体系。乡村网络文化繁荣发展,乡村数字治理体系日趋完善。到2035年,持续推动数字乡村建设取得长足进步;到本世纪中叶,全面建成数字乡村,助力乡村全面振兴,全面实现农业强、农村美、农民富。

- **5月14日** 昆柳龙直流工程全线贯通,这是南方电网投资建设的世界首个特高压多端混合直流输电工程线路,全长1452公里,横跨云南、贵州、广西、广东。投产后将新增800万千瓦的通道送电能力,每年可输送云南清洁水电约330亿千瓦时到粤港澳大湾区和广西负荷中心,相当于减少标煤消耗约1000万吨,减排二氧化碳2660万吨。

- **5月14日** 中国人民银行、中国银行保险监督管理委员会、中国证券监督管理委员会、国家外汇管理局发布《关于金融支持粤港澳大湾区建设的意见》,主要包括:大力推进粤港澳三地金融市场互联互通、拓宽粤港澳三地资金流通渠道、大力发展金融科技、加快金融基础设施建设。它将惠及广东、香港、澳门和其他境外的企业、个人、银行机构、非银行业金融机构,有助于服务国家战略,纾解实体经济困难,增强防范金融风险能力。

- **5月17日** 本日是第三十个全国助残日,广东残疾人社会保障和公共服务水平持续提高,各级残联积极协助有关部门,落实"一人一案"的脱贫攻坚方案,确保全省贫困残疾人如期高质量脱贫。全省特殊教育学校达141所,适龄残疾儿童入学率达到93%;全省已建成1485个社区康园中心,今年将实现全省乡镇、街道全覆盖；全省逾25万建档立卡贫困残疾人脱贫，脱贫率达98.99%。

- 5月18日　省委办公厅、省政府办公厅印发《广东省自然灾害防治能力建设行动方案》发布，提出：到2021年，灾害风险调查和重点隐患排查工程、重点生态功能区生态修复工程等9项重点工程建设目标基本完成，工程防御能力显著增强，自然灾害防治体制机制不断完善，自然灾害防治能力大幅提升。"十四五""十五五"时期，自然灾害防治重点工程持续发挥效益。到2030年，高效科学的自然灾害防治体系基本健全，自然灾害防治能力实现现代化。

- 5月20日　省政府发布《关于培育发展战略性支柱产业集群和战略性新兴产业集群的意见》，提出打造十大战略性支柱产业集群和十大战略性新兴产业集群，到2025年瞄准国际先进水平落实"强核""立柱""强链""优化布局""品质""培土"六大工程，打好产业基础高级化和产业链现代化攻坚战，培育若干具有全球竞争力的产业集群，打造产业高质量发展典范。

- 5月28日　全国首个5G如约招呼站在广州正式落成并投入运营。作为客运站的"简约版"，招呼站具备传统客运站的发车功能，选址更加灵活，可覆盖传统客运站辐射不及的范围。而5G技术的传输便于后台系统实时掌握现场车流、人流情况，实现科学有效调度和安全管理。

- 5月28日　省交通厅印发《广东省高速公路网规划（2020—

2035年）》，到2035年，广东将建成总里程经1.5公里的高速公路。这是广东为贯彻实施《粤港澳大湾区发展规划纲要》和《交通强国建设纲要》，加快构建"一核一带一区"区域发展新格局，更好支撑全省经济社会和综合交通运输体系发展的一大动作，旨在形成布局更加合理、覆盖更加全面、功能更加完善、运行更加可靠的全省高速公路网络。

- **5月** 全省困难职工由2016年的16.4万户下降至6196户，目标是到2020年年底全省现有全国级建档困难职工全部实现解困脱困，同步迈入小康社会。自2016年全国总会做出城市困难职工解困脱困的决策部署以来，广东工会共筹集困难职工帮扶资金5.8亿元，帮扶困难职工76.2万人次。

- **6月3日** 全省农业重大建设项目启动与推进会暨广州市农业重大项目集中开工活动在广州举行，现场签署共同推进粤满仓澳大湾区"菜篮子"工程建设战略合作框架协议，相关单位合作共建粤满仓澳大湾区"菜篮子"交易平台，加快推进大湾区"菜篮子"工程建设和品牌、产品以及相关资源交易产业发展。全省有763个农业农村重大项目启动开工、推进建设，总投资达3568亿元。这是广东省贯彻落实习近平总书记在全国两会上的重要讲话和全国"两会"精神，着力做好"六稳"工作、落实"六保"任务的重要举措。

- **6月3日** 中国广核集团宣布，全球最大的电子束处理工业废水项目在江门市新会区冠华针织厂建成投运，标志着我国自主创新的电子束治污技术水平走在世界前列，并迈入大规模商业化应用阶段。该项目由中广核核技术发展股份有限公司建设，实现7台电子加速器联机运行，日处理废水量达3万吨。

- 6月14日　广州市增城区的华电福新广州能源有限公司的燃气冷热电三联供工程1号机组正式投产。这是中国首个双套H级燃机项目，其中2号机组也已进入安装阶段。H级燃气轮机是目前世界上燃烧温度最高、单体功率最大以及效率最高的燃气轮机，其联合循环发电净效率超过62%。该项目将成为粤港澳大湾区和广州市重要的能源支撑点，支持广州市加快建设新型智慧城市。

- 6月16日　省发改委印发《广东省2020年公共服务领域补短板项目计划》。针对2020年新冠肺炎疫情防控暴露出来的短板问题，广东加大在公共服务等领域的投资力度，总投资达2140亿元，年度计划投资814亿元。

- 6月22日　广东省首家公办特教幼儿园——珠海市特殊教育康复幼儿园开园，专门招收0—6岁学龄前脑瘫、智障自闭、听障方面的儿童，最大收训人数200人，最大开设班级数16个。

- 6月25日　省政府办公厅印发《〈关于提升产品质量标准水平支持企业"走出去"的若干政策措施〉的通知》，提出全面落实"质量为王"的价值导向，大力开展质量提升行动，着力打造"广东制造"金字招牌，扎实推进质量强省建设。

- 6月29日　国家毒品实验室广东分中心启用，实现了省委、省政府提出的"全国率先建成挂牌、率先投入使用"的目标。

该中心是中央"一个部中心、五个区域分中心"战略布局的重要一环,为华南地区提供芬太尼类物质等新型毒品的管控技术支持,并承担着规划、指导、推动广东省禁毒技术工作的相关职责。

- **6月30日**　2020年广东扶贫济困日暨"6·30"十周年总结活动举行,对10个爱心企业、10名爱心个人、10个社会组织予以通报表扬。近10年来,通过"6·30"活动,逾千家社会组织、近万家企业、100多万志愿者、2000多万爱心人士积极参与扶贫济困,全省各级累计认捐327亿元,成功对接近5000个扶贫济困项目。自2018年实施"万企帮万村"行动以来,全省9115个企业累计投入帮扶资金66.5亿元。